大学生入学教育导读

主　编　严木荣　蒋红怡　邹来华
副主编　冷炫鹏

吉林大学出版社

·长春·

图书在版编目（CIP）数据

大学生入学教育导读／严木荣，蒋红怡，邹来华主
编. — 长春：吉林大学出版社，2023.8
ISBN 978 - 7 - 5768 - 0330 - 3

Ⅰ. ①大… Ⅱ. ①严… ②蒋… ③邹… Ⅲ. ①大学生
－入学教育 Ⅳ. ①G645.5

中国版本图书馆 CIP 数据核字（2022）第 153774 号

大学生入学教育导读
DAXUESHENG RUXUE JIAOYU DAODU

作　　者	严木荣　蒋红怡　邹来华　主编	
策划编辑	吴亚杰	
责任编辑	杨　宁	
责任校对	殷丽爽	
装帧设计	英智信雅	
出版发行	吉林大学出版社	
社　　址	长春市人民大街 4059 号	
邮政编码	130021	
发行电话	0431-89580028/29/21	
网　　址	http：//www. jlup. com. cn	
电子邮箱	jdcbs@ jlu. edu. cn	
印　　刷	天津市蓟县宏图印务有限公司	
开　　本	787mm×1092mm　1/16	
印　　张	14	
字　　数	300 千字	
版　　次	2023 年 8 月第 2 版	
印　　次	2023 年 8 月第 1 次	
书　　号	ISBN 978 - 7 - 5768 - 0330 - 3	
定　　价	49.80 元	

Preface 前言

大学生入学教育是针对大学新生的特点而开展的涵盖"合理的转换指导""系统的心理指导""科学的规范指导""专业的就业指导"等的素质教育活动。成功的大学生入学教育必将对大学新生的思维方式、行为方式、表达方式产生深远的正面影响,必将对大学新生未来立足社会的生存能力、发展能力、完善能力起到积极的促进作用。

根据我国大学新生的实际情况,大学生入学教育的内容可以概括为以下六个方面:一是适应性教育,旨在帮助大学新生尽快熟悉学校,尽快适应大学生活,尽快完成从高中生到大学生的身份转换;二是专业思想教育,旨在帮助大学新生了解专业目标、课程设置、师资状况、就业前景等;三是爱国教育,旨在引导大学新生勤奋学习、增强报效祖国的责任感、自豪感、使命感;四是文明修养与法纪安全教育,旨在教育大学新生强化文明意识和法纪观念,争当文明、守纪的大学生;五是心理健康教育,旨在调适大学新生的各种不良心理,提高大学新生的心理免疫力,进而以健康的心态面对顺境与逆境的考验;六是成才教育,旨在启发大学新生合理制订大学学习计划、科学规划人生发展。

为此,我们组织了一批既有理论研究深度,又有实践探索经验的专业教师,精心编撰了《大学生入学教育导读》一书。本书全面总结了大学生入学教育的传统经验,也广泛吸纳了近年来有关大学入学教育的研究成果与实践心得,将适应性教育、专业思想教育、爱国教育、文明修养与法纪安全教育、心理健康教育、成才教育这六大教育融为一体,并适当增补了"安全教育""创新创业""教育帮扶""校园文化"等特色内容。

《大学生入学教育导读》由十二章组成:第一章是"梦的开始,走进大学";第二章是"融入环境,发展自我";第三章是"合理规划,专注学业";第四章是"自我管理,人际交往";第五章是"身心健康,快乐成长";第六章是"遵纪守法,注重安全";第七章是"积极进取,向党靠拢";第八章是"职业规划,亮丽人生";第九章是"创新创业,赢得未来";第十章是"教育帮扶,资助育人";第十一章是"传染疾病,科学预防";第十二章是"特色文化,品牌建设"。

在体例上,本书设计了"学习目标""学习重点""案例阅读""拓展阅读""测一测""相关链接"等。其中,"学习目标""学习重点"引导学生迅速把握各章的学习目标与学习重点,提高学习效率与学习质量;"案例阅读"注重典型性,通过对相关案例的阐释与解读,加深学生对某一理念的认识;"拓展阅读"选择可读性高、前瞻性强的材料,引导学生开拓视野、活跃思维;"测一测"为学生提供自我测试的相关方法,有助于学生更科学、更全面地了解自己;"相关链接"则安排与主题相关的专业延伸内容。

大学生入学教育是一个常谈常新的话题,与之相应的理论研究与实践探索始终没有停止。因此，这就需要我们站在适应未来社会发展的高度，站在培养国家高素质人才的高度，站在增强大学生创新创业能力的高度，去深化对大学生入学教育的理解与认识，使之更具针对性、普适性、可操作性。

本书由严木荣、蒋红怡和邹来华担任主编，冷炫鹏担任副主编。具体分工为：第一章、第十一章、第十二章由严木荣编写；第二章、第三章、第七章由蒋红怡编写；第八章、第九章、第十章由邹来华编写；第四章、第五章、第六章由冷炫鹏编写。严木荣、蒋红怡对全书进行了汇总、修改和统稿。

由于时间仓促与水平所限，本书肯定还存在一些不足，恳请广大读者批评指正，以便我们在再版时优化、完善。

编　者

Contents
目录

第一章

梦的开始 走进大学

学习目标

1. 了解大学与中学的区别,适应大学新生活。
2. 了解大学生常见心理问题,做到心中有数。
3. 熟悉辅导员的职责及高校辅导员角色定位。

学习重点

1. 从各方面适应大学新生活。
2. 避免环境、学习、生活、人际等方面出现的失落感。

第一节　关于大学

一、什么是大学

大学是随着人类文明程度的发展和国家的形成逐步建立起来的一种高等教育机构。大学的概念具有时代属性与地域属性。换句话说，不同的时代、不同的地域，大学的概念是有所变化的，而不是固定不变的。换言之，不同时代、不同国家，大学的概念是不一样的。

让我们来看一下中外名人对大学的阐述：

> 大学的荣誉不在于它的校舍和人数，而在于它一代又一代人的质量。
>
> ——科南特
>
> 大学是一个推动探索，使各种发现得到不断完善和证实的地方，是使轻率鲁莽也变得无伤大雅，使错误通过思想与思想之间、知识与知识之间的碰撞暴露于众的地方。
>
> ——纽曼
>
> 大学的教学和科研以追求真理为主旨，以国家和民族的长远利益、人类进步和人的完善发展、自由探索真理为办学主旨。
>
> ——费希特
>
> 大学是一种特殊的学校，学生在大学里面不仅要学习知识，而且要从教师的教诲中学习研究事物的态度，培养影响其一生的科学思维。大学生要有自我负责的观念，并带着批判的精神从事学习，因而能拥有学习的自由。而大学教师则是以传播科学真理为己任，因此他们有教学的自由。
>
> ——雅斯贝尔斯
>
> 研究不仅限于自然与应用科学，即人文科学亦应提倡，凡所以有利于苍生，无一不在大学范围之内也。
>
> ——竺可桢
>
> 大学和科学院应该体现一个民族或时代的胆识、志向和勇气：创前古未有，而后可以传世。
>
> ——赵鑫珊

由此可见，大学是教育、学习、研究学问、传承和创造文化的圣地，与知识、文化、文明、正义、真理是共存的。大学应该有一群睿智的学者，深厚的文化积淀使他们儒雅不凡。大学是青年理想中的知识殿堂，促使青年人健康、茁壮地成长。大学也是追求真理、探讨学术的圣地，真理插上翅膀在这里自由翱翔。大学就像知识的汪洋大海，可供青年人尽情地遨游、冲浪。

现代大学提供了一个场所、一种环境和一系列条件，让青年学子们在这里交流思想，切磋技艺，交流感情，增长经验和智慧，锤炼意志和能力，陶冶情操和品德，为建设更美好的国家打下坚实的基础。大学是座神圣的象牙塔,是大师云集的地方。一所大学能不能成为有名的学校,关键要看有多少优秀的高素质的教师,因为最吸引学生的是知识渊博、充满激情的老师。大学为教师和学生交流思想、研究学问提供了一种舒适、优雅、宁静的环境,挖掘大学生的聪明才智,培养具有创新性、对知识和生命充满热情的人才。大学并非与社会脱节的世外桃源。从某种意义上说,大学也是一个特殊的小社会,而社会也是一所特殊的大学。

对于青年大学生来说,我们要利用人生中最宝贵的这几年时光,系统地学习知识、掌握技能,全面地认识社会、感悟人生。这种相对稳定、相对宁静的学习条件殊为珍贵,往往一去不返。事实上,当青年人离开大学校园,走上工作岗位之后,绝大多数人直至老年,都很难再有理想的条件和标准的心态去全力以赴地学习相关的知识、掌握相关的技能。即使有这种学习的需求,也总是事与愿违,并感叹当年荒废大学生活的人生遗憾了。为了将来的生存、发展与完善,大学生一定不要错过这一人生最好的学习阶段。否则,终将后悔不已。

二、大学与中学的区别

当同学们怀着激动的心情,迈进大学校园的大门,这就意味着人生的一个崭新的开始。毋庸讳言,真实的大学生活总是和自己最初的想象有些许差距。这个转变不是从一所学校到另一所学校,而是从依赖走向独立、从幼稚走向成熟的一个过程。要想顺利完成这种转变,就必须清楚地认识到这一转变过程中发生的主要变化。

(一)培养目标不同

如果将大学与中学进行比较的话,我们就会发现,中学更偏重于基础教育,而大学则属于典型的专业教育。

中学教育是为使学生顺利通过高考的选拔进入大学学习的基础性教育,它强调对书本知识的牢记和掌握。大学则侧重于专业性教育,是为了学生今后的职业生涯,促进学生全面提升自己的专业技能与综合素质。大学教育的培养目标是培养某一领域的高级专业人才。大学阶段正是青年人的"三观"(世界观、人生观、价值观)逐渐形成并不断成熟的阶段。毫无疑问,大学阶段的"三观"将会直接影响和决定人的一生的生存、发展与完善。正是在这个意义上,大学更注重思想政治教育,引导大学生正确认识人类社会发展规律,正确认识国家前途命运,逐步形成崇高的人生信仰并为之坚定地奋斗。

(二)学习内容不同

中学侧重于准备高考,大学则专注于素质培养。中学的学习是为高考服务的,主要课程就是高考的那几门课,其余统称为"副科"。而且,中学课程之间很少有交叉和衔接,只要根据老师的要求反复练习,一般就能达到学习要求。但大学却不一样。简单地说,大学实行的是学分制。其中,必修课包括公共课、学科基础课和专业课,而选修课则由大学生根据自身的爱好与特长选择相关的课程。因此,大学的学习特点之一,就是大学生自由支配的时间较多,需要大学生具备更强的自觉性与规划性。

大学里学习的专业性强,课程设置复杂,学习内容广泛。大学老师各具特色,其共同特点之一就是他们会讲授许多教科书以外的知识。甚至存在这样的情况,有的课程根本就没有教科书。大学生除了要研读教科书外,还要研读各种参考书。此外,大学尤为重视实践训练。一个大学生只具备专业理论知识是远远不够的,还需要具备专业理论与实践相结合的各种实际能力。

(三)学习方式不同

　　中学学习有统一的教学大纲,课程相同,教学内容和要求明确,学生只需要按老师安排的进度和内容学习就可以。而大学里上课时间少,老师与学生接触时间短。课后不再有老师督促和安排,全凭学生自己管理时间。甚至于上课的教室都不再固定,需要在校园来回地穿梭寻找。授课和学习方式的转变,要求大学生具有很强的自主能力和自学能力。

(四)课余生活不同

　　大学的课余生活和中学有很大的不同,大学的课余生活比中学丰富得多。中学的任务就是专心学习,其他事情几乎都由父母操心。上大学就不一样了,大学生远离父母,学习与生活上的大小事情都需要自己处理、自己负责,要自己照顾好自己、自己管理好自己。

　　此外,为了鼓励大学生全面发展,大学校园内的各种活动层出不穷,堪称眼花缭乱。这其中,既有党组织组织的活动,也有团组织组织的活动,还有学生会、班委会组织的活动。大学校园中的学生社团非常多,大学生可以根据自己的兴趣、爱好,与投缘的同学组成各种大学生社团,开展丰富多彩的社团活动。在这个过程中,大学生可以迅速扩大自己的交际面,丰富自己的专业知识与专业技能,培养自己的社交能力与自我管理能力。

(五)学校管理不同

　　从中学迈入大学,这是人生旅途的又一新起点。与中学时代的生活不同,由于个人自由空间的豁然开朗、学习内容及方式的巨大变化、课余生活的极其丰富多彩,再加上父母不在身边,大学生必须学会科学的自我管理。大学里制定了各种规章制度,广泛涉及作息制度、课堂纪律、学籍管理、考试要求、违纪处罚、宿舍管理等。大学生严格遵守这些规章制度,将有助于维护大学校园的和谐稳定,有助于促进大学生圆满地完成自己的学业。在这方面,大学生既要端正自己的态度,培养遵守制度的意识,又要认真研读相关规章制度,做到心中有数。现实中,一些大学生对规章制度知之不多、知之不详,甚至已经违反了规章制度,被学校按规定退学了,自己还莫名其妙,由此给自己带来各种麻烦与苦恼。这一教训应当引起所有大学生的高度重视。

(六)人际交往不同

　　从中学到大学,人际交往的变化是巨大的。这不仅是指人际交往的范围大小,而且也是指人际交往的标准、性质等都发生了本质的变化。如果一个大学生仍然采用中学时期的思维方式、行为方式、表达方式去处理大学阶段的人际关系,必定力不从心,而且苦不堪言。

1. 人际交往范围扩大

中学时代,生活范围较窄,交往的圈子仅限于家人、老师、同学。到大学后,生活范围扩大了很多,涉及学习、生活、娱乐等方面。中学时代,往往以同学关系、师生关系为主。在大学里,除了朋友、师生、同学之外,还增加了很多角色和关系。例如,同住一个寝室形成的密切关系,同在一个社团或学生组织带来的半同学半工作关系,来自同一个省市形成的老乡关系等。

2. 人际交往的重要性提高

在中学阶段,学生的主要任务往往是考上一个理想的大学。因此,这一阶段的人际交往相对简单,学生每天的主要时间都在学校和家里度过,与社会的接触面很小,与社会的接触机会很少。同时,老师与家长还会有意识地减少学生的不必要的人际交往。但到了大学阶段,情况就发生了巨大的变化。学习仍然很重要,但人际交往的重要性逐步提升。父母不在身边,老师管理宽松,学生自由支配时间增多,各类课外活动应接不暇。在这一阶段,能否处理好人际交往问题,将对大学生在大学阶段产生重要影响。

3. 人际关系更趋复杂

人际关系不只是同学、朋友关系,而是和各种不同的人相处的关系。随着交往范围的扩大,大学生同时处在很多种关系中。更复杂的是,每种关系对大学生的要求、标准都不一样。

4. 人际交往标准改变

对于中学生来说,很多同学具有相似的生活环境、风俗习惯、成长背景。因此,中学阶段的人际交往主要是建立友谊,基本的衡量标准就是彼此之间的亲密程度。但对于大学生来说,大多数同学并非只记得同乡,而是来自全国各地。他们的思维方式、行为方式、表达方式都迥然不同,甚至就连语言、饮食、服装、睡眠上的差异都会导致大学生之间产生隔阂与冲突。显而易见,大学阶段的人际交往的目标应当是和谐包容,基本的衡量标准应是消除矛盾冲突的能力。

三、我的学校

宜春幼儿师范高等专科学校坐落于享有"月亮之都""亚洲锂都"之称的中国宜居城市——宜春市,宜春拥有高铁、高速公路、机场的"铁公机"式立体交通,区位优越、环境优美,先后获评中国优秀旅游城市、全国绿化模范城市、国家森林城市等称号。宜春文化底蕴深厚,初唐四杰之一王勃《滕王阁序》中的名句"物华天宝,人杰地灵",其人、其事、其物均典出宜春;唐代韩愈写下了"莫以宜春远,江山多胜游"的诗句赞美宜春;明月山温泉风景名胜区成为赣西首个国家5A级旅游景区。

学校拥有百年历史,最早可追溯到于1906年创办的高安师范传习所;2014年,经江西省人民政府批准设立为宜春幼儿师范高等专科学校,是江西省第一所幼儿师范高等专科学校。学校位于宜春市花博园前,交通十分便利,到高铁站18分钟车程,到高速路口5分钟车程,到机场2分半钟车程。校园占地面积1019亩,建筑面积40.4万平方米,投资规模 16.48 亿元,办学规模可容纳 1.5 万人左右。宿舍配有独立卫生间、空调、热水、洗衣机、吹风机、直饮水等生活设施,是一所鲜明特色的花园景区式校园。

近五年,学校教师主持完成省、市级课题 100 余项,公开发表学术论文 300 余篇,出版著作 80 余部;教师 70 余人次、学生 700 余人次参加各类比赛竞赛,荣获一等奖(第一名)80 余项、二等奖(第二名)60 余项、三等奖(第三名)80 余项。

学校面向全国招收高中起点三年制大专生,设有马克思主义学院、学前教育学院、初等教育学院、美术与设计学院、外国语学院、音乐舞蹈学院、体育学院、创新创业学院、继续教育学院 9 个学院和 1 个附属小学,开设了小学道德与法治教育、学前教育、小学教育、小学语文教育、小学数学教育、美术教育、小学英语教育、音乐教育、社会体育等 20 余个专业。

学校秉承优良的办学传统,依托良好的社会声誉,立足江西,辐射全国,积极努力办让人民满意的教育,得到社会公众的广泛认可。改革开放后,学校曾 9 次获得"全省文明单位"荣誉称号,被誉为"赣中师苑一杆旗";1997 年,被原国家教委确认为全国中师标准化学校;2000 年被江西省教育厅列为全省重点办好的 13 所师范院校之一;2005 年,经江西省教育厅评估认定为 21 所具备培养小学和幼师条件的院校之一;2005 年,学校在全省范围率先开展幼教、小教师资的定向培养工作;2019 年,再次被评为"全省文明单位",学前教育学院被评为"全省教育系统先进集体"、2020 年荣获"全省文明校园创建工作先进学校"、全省"节水型高校"称号;2021 年,学校荣获"第二届江西省文明校园"(赣西片区 14 所高校,我校是唯一一所)等称号。2021 年,学校专升本考取人数达 561 人,录取增长率达 20.9%。学校历来高度重视毕业生就业工作,在全省同类院校中就业率保持领先,学生教师资格证考试通过率也名列全省同类学校前列。目前学校已与沿海发达地区及省内外小学、幼儿园、企事业单位建立了良好关系,对顺利毕业的学生全部推荐就业。

第二节　适应大学

迈入大学校园的大门后,大学生面临诸多变化:社会角色变了;生活环境变了;学习方式变了;人际关系变了。概括地说,大学生会发现自己面临诸多挑战:一是自由支配时间多了,父母、老师很难时刻督促自己,更多还是要靠自觉;二是学习要求更高了,学习方法、学习能力甚至学习思维至关重要,继续沿用中学阶段的那套模式是行不通的;三是生活上处于相对独立的状态,很多事情都需要自己来决定、计划、安排;四是人际交往频繁,社会活动丰富,如何进行科学管理成为很多大学生面临的难题。

一、大学生常见的心理问题

从中学走来,迈入大学校园的大门,这就意味着大学生进入了人生的崭新起点。从某种意义上说,中学时代的苦乐、荣辱都暂时清零了,所有大学生又重新站在人生的起跑线上。今后的道路该怎样才能走得稳健、迅捷,每个大学生都必将给出自己的答案。面对新的学校、新的老师、新的同学、新的生活,大学生一定会感到兴奋、新奇、激动。但新鲜感过后,部分大学生会出现种种不适。

(一)环境上的不适应产生失落心理

1.理想与现实不一致产生失落感

在中学阶段,学生心目中的大学生活是非常浪漫且十分神秘的,甚至是完美的。在他们的印象中,大学生都是"天之骄子",在风光旖旎的大学校园里,接受学富五车、温文尔雅的教授的学业指导与人生指引,课余文化生活丰富多彩,还会邂逅美妙的爱情……

但对于相当一部分大学生来说,以上这种美好的憧憬往往会在现实中逐渐破灭。究其原因,一是他们对大学生活的实际了解不足,二是他们对大学生活的想象过于幼稚。很多大学生发现,进入大学后,最初的兴奋很快就消散了,代之而起的则是沉重的学业负担、严峻的就业形势、紧张的人际关系。有的大学生开始抱怨学校层级太低,设备不够高档,师资不够雄厚;有的大学生开始抱怨父母对自己关心不够,为自己选择专业时不够周全;有的大学生开始抱怨同学、朋友自私自利、庸俗市侩,感觉找不到真诚的朋友;有的大学生开始抱怨自己的恋爱对象过于自我,所作所为令自己寒心……总之,心中理想的大学校园与眼前的现实的大学校园差距颇大,让部分大学生心灰意冷,甚至失去了学习与生活的动力。年纪轻轻,就开始向往老年人的那种退休生活。面对这种情况,多数大学生经过反思,会积极调整,主动去适应大学的新环境。而有的大学生则情绪低落,感到前途渺茫、困惑、失望,从而形成失落心理,甚至产生退学的念头。

相关链接

关于生活

你改变不了环境,但你可以改变自己;你改变不了事实,但你可以改变态度。

你改变不了过去,但你可以改变现在;你不能控制他人,但你可以掌握自己。

你不能预测明天,但你可以把握今天;你不能样样顺利,但你可以事事尽心。

你不能左右天气,但你可以改变心情;你不能选择容貌,但你可以展现笑容。

你不能延伸生命的长度,但你可以决定生命的宽度。

2.自我评价失调产生失落感

进入大学后,在人才济济的新生集体里,有些同学从高中时的"尖子"变成大学里的"平庸之辈",昔日的优越感消失了,他们不再是老师、同学经常关注的对象,感觉自己由"优秀"变"平庸"了。这种地位上的落差和心理上的起伏导致大学生的自我评价偏低,感觉自己一无是处,有的甚至产生轻生的念头。

在高中阶段,衡量一个学生优劣的主要标准还是学习成绩。但在大学阶段,衡量标准开始多元化了。换句话说,学习成绩的优劣已经不是唯一的衡量标准,更看重的是综合素质与专业技能。一些中学阶段的尖子生到了大学之后,发现自己在人际交往、眼界学识、文体特长、组织才干等方面都不具备优势。于是,他们就逐渐分化了:有的善于反省、敢于尝试、乐于调整,很快就能适应大学阶段的学习与生活;有的则唉声叹气,怨天尤

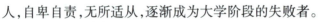

人,自卑自责,无所适从,逐渐成为大学阶段的失败者。

在大学生中,有些人来自农村或贫困山区。尽管他们在当地曾经是同类人中的佼佼者,有着光辉的过去,但进入大学之后,他们发现自己很多方面不如其他同学。学业上并不突出,这是曾经出类拔萃的他们难以接受的事实。经济上相对拮据,却偏偏被一些势利的同学嘲笑。有的因为带有浓重的乡音而被同学歧视遭人嘲笑,有的因为自己孤陋寡闻而不敢与同学交流。久而久之,他们就沉默寡言,甚至陷入自闭的泥潭,直接影响了正常的大学学习与生活。毫无疑问,他们的自我评价是非常消极的。

(二)学习上的不适应产生茫然心理

作为大学生,完成学业依然是不可忽视的重要目标。在这方面,多数大学生能认真对待自己的学业,努力将眼前的求学与未来的求职联系起来,学习上比较专注,没有荒废宝贵的学习时间。但由于对教学方式、竞争方式不适应,学习的盲目性也较大,渴望学习与盲目求知并重,很多大学生表现出一定程度的不适应。

1. 对教学方式不适应

有些大学生习惯了中学阶段的教学模式,总希望大学老师像中学老师那样,安排和规定自己的一切,以便按部就班地跟着老师的指挥走。但这种想法不仅偏颇,而且不切实际。结果,他们听课效果很差,不知道怎么做笔记,也不懂得怎样利用图书馆来强化专业学习。于是,他们的学习质量、学习效率低下,学习兴趣、学习热情也消失殆尽。调查表明,这种现象在大学生中极为普遍,应当引起大学生的高度重视。如果说中学阶段还停留在获取知识的层面的话,那么大学阶段必须在学习方法、学习能力、学习思维上下苦功。

2. 学习目标不明确

在中学阶段,学习虽然紧张、艰苦,但目标明确,老师的悉心指点、父母的全力辅助、同学的你追我赶,都让中学生疲惫而又坚定地朝着自己的奋斗目标不懈奔跑。因此,总体来讲,中学阶段的学习、生活还是紧张而充实的。

可是,进入大学后,很多大学生自认为理想实现了,大功告成了,反而一下子失去了继续奋斗的目标。这就像在隧道中一直努力前行,寻找出口。一旦走出隧道,拥抱光明,却发现自己茫然了,不知接下来该怎么办。

有的大学生认为,既然考上了大学,自己就应当告别艰苦奋斗的阶段,人生道路从此一马平川,什么都不用发愁了。于是,他们把大学当作休整、享受的“乐园”,认为高中吃了“苦中苦”,进入大学应当尽享“甜上甜”,要尽情地放松一下,将来就等着做“人上人”了。因此,他们胸无大志,迟到早退甚至旷课成了家常便饭,课上不做笔记,课下不做作业,考试作弊,甚至有意交白卷。还有一些大学生不清楚专业学习的具体目标与衡量标准,学习犹如“盲人骑瞎马,夜半临深池”,始终处于浑浑噩噩之中。

没有可行的、现实的、具体的奋斗目标,是一些大学生心生迷茫的关键原因,出现了明显的“学习动力危机”。

大学生未来的就业是“双向选择”,将来要找一份理想的工作,要在事业上干出一番成就,想过自己想要的生活,就要从眼下开始努力。正所谓“九层之台,起于垒土”,从进入大学的第一天起,所有的大学生都站在同一起跑线上,他们真正意义上的人生竞争才刚刚开始。因此，请从现在就开始努力吧。否则，在不远的将来，你一定会为自己的错误理念与不当言行付出惨重的代价。到那时候，一切都难以挽回了。

3. 对竞争方式不适应

大学阶段的学习完全不同于中学阶段的学习。表面上看，大学的学习氛围非常宽松，老师、父母都很难监督你、约束你。实际上，一些大学生荒废了一个学期，一事无成，也并非不可能。但实际上，从竞争的角度来看，大学阶段的竞争更加激烈。只不过这种竞争是隐形的，往往外松内紧；是全方位的，并非只是单纯的考试成绩。与中学阶段的学习相比，大学生遇到学业上的问题，主要靠自己去钻研。当然，也可以向老师和同学请教，但很少有人会主动指导你。是否制订学习目标、学习计划，制订怎样的学习目标、学习计划，都取决于你自己。上课即使不听讲，大学老师也未必都会像中学老师那样去督促你。你都是大学生了，难道还要别人去替你思考、代你规划吗？显而易见，大学里并非没有竞争，而是方方面面、时时刻刻都在竞争。你所想的每一个念头，你所说的每一句话，你所做的每一件事，都决定了你在人生竞争的道路上的位置与结局。因此，大学生必须站在人生的未来的生存、发展与完善的高度，去深刻认识大学阶段这几年的至关重要性，促进自身专业技能与综合素质的全面提升。

（三）生活上的不适应产生焦虑心理

据相关调查显示，相当一部分大学生存在各种原因导致的焦虑心理。大学生离开朝夕相处的父母，离开了长期生活的家乡，来到大学过集体宿舍生活，自然要迎接方方面面的难题与挑战。毫不夸张地说，相当一部分大学生在进入大学之前，甚至连衣服都没洗过。这才出现父母在大学附近租房照顾大学生日常生活的怪事，甚至有大学生居然将换下的脏衣服邮寄给父母清洗，因为他们完全不具备基本的生活自理能力。有的大学生家境贫寒，父母节衣缩食也无法为他们提供理想的生活条件。巨大的经济压力让一些大学生无心学习，更由于衣食不如他人，往往在同学面前抬不起头。有的大学生家境富裕，父母提供的生活条件也极为优越。但这些大学生毫无节制与规划，花钱如流水，导致"经济危机"。在大学里，老师多是上完课就离开了，往往与大学生保持一定的距离，中学阶段的那种师生情谊似乎不复存在。很多大学生在学习上遇到瓶颈，又无法得到及时的指导，学业成绩偏低。有的大学生饮食不习惯、睡眠不规律，甚至还身患疾病。有的大学生除了上课，不知该如何选择课外活动。此外，大学里的同学来自五湖四海，沟通、交往的难度都不低，分歧、冲突无处不在。因此，很多大学生心里有话无处倾诉，身边有事没人商量，焦虑感便自然产生了。其具体表现就是郁郁寡欢、束手无策、心情烦躁、痛苦不安，有的甚至厌食、失眠、染疾，严重影响学习与生活。

（四）人际关系上的不适应引发孤独感

虽然大学阶段的人际关系比较单纯，但相对于高中阶段而言，却发生了一些变化。一方面，由于大学生来自不同的地域及成长环境，性格、习惯、想法各不相同，同学之间相互还不了解，交往中的自我保护意识较强，因此交往比较谨慎，情感得不到充分表达，导致人际交往趋于失败。如此一来，就会产生孤独感，甚至觉得大学还不如高中，自己原来有那么多的好朋友，现在却没有值得推心置腹的同学。

另一方面，一些大学生固有的性格特征，诸如自私自利、自卑自怯、自高自大等，也会给正常的人际交往带来阻碍。尤其是一些独生子女，过去一向生活在众星捧月的氛围之中，自认为是家里的宠儿、学校的功臣、社会的精英，往往以"天之骄子"的定位与他人交往，不善于包容他人，很容易产生各种矛盾。

现实中，许多大学生陷入一个尴尬的境地：他们渴望与同龄人沟通、交往，但结果却屡屡失败。于是，他们对人对己都极度失望，倍感压抑，越来越习惯于独来独往的生活方式，很少与其他同学有正常的交流。其中一部分大学生在现实生活中屡屡碰壁之后，就逐渐迷恋上网络，在虚拟世界里寻找现实中难以得到的知音，而对待现实世界则更加冷漠。

案例阅读

李某某，女，18岁，大一新生，来到学校心理咨询中心倾诉心中的苦恼："自从进入大学，我远离自己的父母和过去的朋友，非常迷茫。目前，虽然大学的学习生活基本稳定，但早就失去了最初的兴奋。同学间也隔阂重重，每天倍感孤独。每天行尸走肉般在校园中游荡，日子平淡得就像白开水一样。在这里，我感受不到家庭的温暖，简直就是生活在一个陌生的世界里。每次洗澡都要长时间排队，换下的衣服也得自己洗。最糟糕的是水土不服，学校的饭菜实在难以下咽。我只好向父母诉苦，可他们也无可奈何。"

点评：案例中的李某某的遭遇在大学生中是比较普遍的。在新的学习环境和生活环境下，大学生都会面临一个相似的问题：如何迅速适应大学的学习与生活？首先，大学生要正视与克服自己的缺点与不足。道理很简单，正是这些缺点与不足使这些大学生难以适应大学的学习与生活。如果能充分发挥自己的优势，最大限度地克服自己的劣势，那么自己的适应能力自然会逐渐提升。与其自卑，不如改变。其次，要明确目标，制定规划。每个人的情况不同，不存在完全通用的奋斗目标与奋斗规划。这就需要大学生从自身实际出发，扬长避短，想方设法去适应环境。在这个过程中，大学生对自己不要过分苛刻，要允许自己"犯错误""走弯路"。只要目标明确，行动持恒，就一定有水到渠成、时至花开的那一天。最后，要善于结交一些志同道合的朋友。有了志趣相投的朋友，大家就可以分享快乐、分担烦恼，就可以集思广益、互惠双赢。

毋庸置疑，大学生往往具有极为强烈的自尊心与归属感，往往需要从团队中获得情感支持。但由于大学生正处于青春期，很容易出现自我保护的闭锁心理，他们在结交朋友时，往往习惯于采用中学时代的标准与模式。这就导致部分大学生的交友趋于失败，总觉得别人与自己格格不入。很多时候，相当一部分大学生开始被动等待，不再愿意主动与他人沟通、交流。

此外，中学阶段，上大学几乎是所有学生最热切的目标。在这个统一的目标下，找到志同道合的朋友比较容易。但进入大学后，各人的目标和志向会发生很大的变化，要找到一个在某一方面与自己有共同追求的朋友，往往需要较长时间的努力。

二、如何适应大学的生活

大学生刚入校后难免在环境、心理、习惯等方面不适应,从而产生失落感。要适应大学新生活,理应从以下六个方面下工夫。

(一)做好充分的思想准备

对于大学生来说,来到大学最大的变化就是生活环境的变化。过去可能是单居一室,现在是多人群居共住一室;过去可能是家里唯一受宠的"小霸王",现在面对的个个都是个性张扬的"小皇帝";过去在父母身边衣食无忧,现在处处、事事都得独自处理。所有的这些对大学生来说,都是一次严峻的考验。

来到大学,步入新的集体,开始独立生活,要做好充分的思想准备。一是做好集体生活的思想准备。一个人,生活离不开集体,创业更离不开集体,集体主义精神是当代大学生必备的素养。实践证明,大学里的集体生活对于培养大学生的集体主义观念至关重要。现在,很多大学生是独生子女,从小没有兄弟姐妹,长大了也不知道如何与他人相处。因此,大学里的集体生活相当于给这些独生子女补上了人生的重要一课,对于大学生一生的成长都是大有裨益的。二是做好独立生活的准备。一个人不可能一辈子都靠父母的关照。大学生已经进入成年期,就应当有成人的意识、成人的见识和成人的责任,勇敢地开始属于自己的生活。

总之,大学生进入大学,远离了父母,有了一片属于自己的天空,一定要珍惜机会,加强锻炼,为今后更好地适应社会奠定坚实的基础。

(二)熟悉校园环境,品味校园文化

1. 新生要尽快熟悉校园地形

有的新生很善于观察。他们进入大学的第一件事,就是安顿好自己的行李;第二件事,就是尽快熟悉学校及其周边的情况。毕竟,这是自己未来几年学习、生活的地方,越早熟悉,就越早适应,何乐而不为呢? 至于具体了解的对象,应当包括教室、图书馆、食堂、商店等。

相比之下,很多大学生安顿好自己的行李之后,就开始茫然地发呆,躺在床上睡大觉。结果,到校已经好多天了,还不了解基本情况。结果,食堂开饭时间不知道,不是去早了就是去晚了;学校有几个大门不知道,要么找不到捷径,要么经常迷路;遇到任何问题,也不好意思问人,显得异常拘谨,说话少、走动少、表现少,很快就成为竞争场上的落伍者,不仅损害了自己的好形象,而且也破坏了自己的好心情。

2. 新生要多向高年级的同学和同乡请教

一般说来,高年级中的同学和同乡都很乐于帮助师弟师妹,也很乐意将自己的经验教训告诉新生。新生如能明白这个道理,不仅能在与高年级的同学和同乡的交往中提升沟通、交际能力,而且也很容易在他们的帮助下迅速化解自己面临的各种难题。

3. 担任一定的班级工作

有些新生受中学时期的一些观念的影响,认为担任班级工作会影响自己的学习。这

种看法是偏颇的。是否会影响自己的学习,关键不在于是否担任班级工作,而在于自己如何去处理好两者之间的关系。如处理得好,就能相得益彰;如处理得不好,就会两败俱伤。因此,只要自己确实具备相应的服务意识与管理能力,完全可以担任一定的班级工作。在这个过程中,即使稍有挫折,也并非一无所得。最起码,你能借此尽快适应大学生活,也能与更多的人打交道,并且有助于提升自己的专业技能与综合素质。一旦做出一些成绩,就能赢得老师、同学的赞赏,就能进一步强化自信心,为自己的未来创造更好的发展机会。

一些大学生将大学想得过于理想化,一旦面对现实,就会产生深深的失落感、幻灭感。有的大学生开始怨天尤人,埋怨学校师资稀薄、设备陈旧、资料匮乏,埋怨父母的武断选择,埋怨同学的自私冷漠。有的大学生甚至想退学回家……事实上,面对令人失望的现实,大学新生必须勇敢地抛弃自己所有不切实际的幻想,一切从实际出发,从自身的优势与劣势出发,做出最有利于自己的明智选择。毫无疑问,人是会受到环境的影响的,但环境并不是决定因素。否则,为什么同一个老师却能教出优生与差生?为什么同一所大学却能走出成功人士与失败分子?究其原因,关键还在于自身的努力与选择。

(三)养成良好的生活习惯

大学阶段堪称人生最珍贵的学习阶段,也是人一生中身心状态最佳的时期之一。对于大多数身心健康的大学生来说,养成良好的生活习惯将有助于自己在大学阶段顺利地完成学业,逐步提升自己的专业技能与综合素质,进而受益终身。

1. 合理安排好每天的作息时间

大学生必须拥有科学的作息制度,这将有助于有规律的学习与生活。在这种情况下,大脑神经系统的兴奋和抑制就会科学地、和谐地交替进行。事实证明,这对促进大学生的身心健康是至关重要的。研究表明,很多大学生存在一个致命的弱点,那就是懒散。大学生一旦陷入懒散的境地,就缺乏学习的兴趣与生活的动力,整天百无聊赖,在浑浑噩噩中荒废宝贵的光阴。还有的大学生晨昏颠倒,白天在宿舍睡懒觉,晚上去网吧打游戏。如此恶性循环,身心都越来越不健康。由此导致的后果远远超出他们的想象,甚至会影响他们今后的求职生涯与身体健康。这真是"一步错,步步错"啊。一些大学生的神经衰弱、烦躁不安、萎靡不振、疑神疑鬼、郁郁寡欢,都与作息不规律密切相关。

2. 开展必要的体育锻炼和文娱活动

在紧张的学习之余,大学生应适当参加一些必要的体育锻炼和文娱活动。这样做,不仅有助于缓解压力,而且有助于优化心态、促进健康、增加生活乐趣、提高学习质量。至于具体的体育锻炼方式与文娱活动方式,则因人而异。最好选择自己最喜欢、最感兴趣、最有优势的项目。所谓"一张一弛,文武之道",说的就是这个道理。

3. 养成科学的饮食习惯

当前,相当一部分大学生存在饮食不良的现象,需要引起高度重视。一是随意饮食。所谓随意饮食,就是指饮食不规律。很多大学生不愿早起,结果来不及吃早饭便赶去上课。久而久之,有的大学生干脆取消早餐。看似节省了时间,却损害了身体,降低了学习效率。二是暴饮暴食。一些大学生往往不按时就餐,等食堂供应结束才去,结果只能胡乱找点东西填饱肚子。更多时候,他们或者饮食过量,或者饮食严重不足。这种不规律饮食的坏习惯必须尽快纠正,否则对身体的危害是非常大的。营养学研究表明,早餐不仅不可少,而且还必须吃得好。此外,切忌偏食,要注重营养的全面。

4. 戒除抽烟、酗酒、沉迷游戏等不良生活习惯

抽烟有害身体健康,这是人尽皆知的事实;酗酒不仅伤身,而且有损大学生的文明形象。一些大学生进校后,放松了对自己的要求,把"烟酒"看作交朋友的手段、抖派头的标志,在寝室吞云吐雾,朋友聚会不醉不休。还有的大学生沉溺于电脑游戏,不仅浪费时间,影响学习质量与学习效率,而且严重影响了身心健康。

5. 学会理财

很多父母有一个不太好的习惯,总担心孩子钱不够花,便将孩子一个学期的生活费全部交给孩子。如果是懂得节制、善于规划的大学生,这是没有问题的。但关键在于,大多数大学生并不具备理财意识与理财能力。结果,由于不再受父母督促,很多大学生盲目消费,甚至花钱如流水。很快,一两个月过去,一个学期的生活费就所剩无几,进而引发一系列的问题与矛盾。有些大学生虽然不乱花钱,但不善于理财,钱总是用不到点子上,看似很节约,实际上冤枉钱也没少花。为此,大学生必须学会理财,对自己的钱财进行统筹安排。不进行必要的规划,再多的钱也会不够用。从某种意义上说,对钱财的管理与对时间的管理是相似的,"用钱如用兵"也是极有深意的。在战争史上,那些以少胜多的名将之所以能取得胜利,恰恰不是因为兵多,而是因为他们善于规划。"用兵要用到点子上,用钱要用到刀刃上",说的就是这个道理。

树立健康文明的消费方式应从三方面去努力。一是根据客观实际,以保证生活学习的正常需要为前提,仔细分析一下,哪些钱是必须用的,哪些钱是完全不必用的,哪些钱是可用可不用的。必须用的就用,不必用的就不用,可用可不用的就缓一缓再用。这样一来,三类情况只选择一类,自然从容不迫。否则,这三个方面的钱都用,肯定会陷入拮据的境地。二是协调好物质消费和精神消费之间的关系。三是以自己的劳动提高自身的经济能力。

(四)适应大学的管理方式

大学的管理较高中有很大区别,对大学生的管理主要依靠大学生自律。大学讲究依法管理、民主治校,坚持用制度管人、用制度管事,建立了一系列规章制度。从入学时学籍的取得到毕业时毕业证的办理,从学业与学制的规定到社会实践活动的要求,从先进的评定到违纪的处理,从教室的管理到食堂、宿舍的管理等,对涉及大学生的方方面面都形成了系统而具体的规范。大学重视校风建设,倡导维护公平,在纪律面前一视同仁,杜绝"说人情""徇私情"的现象。

只有科学、严格的管理,才能使大学形成良好的校风、学风。身在其中的教师们才会以育人为本,学生们才会以成才为志,教育教学的目标才会真正实现。因此,大学生一定要主动适应大学的管理方式。

1. 主动调整心态

有的大学生习惯于过去的高强度管理,到了大学与老师见面少了,老师的要求也少了,感觉没有受到重视;有的大学生认为高中辛苦这么久,到了大学就该享受了,大学就应是一个自由的地方,对大学的纪律要求感到浑身不自在;有的大学生觉得大学的自主管理的约束力很低,就放松了对自己的要求。这些想法、说法与做法都是不合适的。大学生步入大学,一定要明确大学管理与中学管理的差别,了解大学管理的特点,主动调整好自己的心态。

2. 自觉学习规章制度

大学生进入大学之后,会接受学校组织的入学教育,其中的重要学习内容之一就是各项规章制度。但是,由于大学生在思想上不重视,往往达不到预期的效果。要想严格遵守规章制度,就要全面了解规章制度;要想全面了解规章制度,就要认真学习规章制度。只有这样,你才能知道哪些事能做、哪些事不能做,违反了相关规定会受到怎样的处罚。只有牢记规章制度,才会在思想上构筑起防线,在行为上自觉维护。

3. 严格遵守校纪校规

大学的校纪校规的出发点是为了大学生成才,是为了维护大学生的利益而制定的。每一名大学生都有义务自觉遵守学校的规章制度,学校明文禁止的事一定不要做。大学生已基本成年,对自己的行为应当勇于负责。做任何事都要将其可能导致的后果想清楚,绝不能存有侥幸心理,认为别人不知道,发现了也没人管。一旦东窗事发,悔之莫及。对于其他同学存在的违纪违规行为,要给予及时的劝导;对重大违纪违规行为,要及时向学校反映。

(五)适应大学的学习

从中学阶段跨入大学阶段,大学生面临学习环境、学习内容、学习形式、学习方法等方面的重大变化。在这种情况下,大学生必须想方设法去尽快适应大学阶段的学习。

1. 尽快树立学习目标

新生入学后,在学习方面,当务之急就是尽快明确自己的学习目标,切实制定自己的大学生涯规划。学习目标可以分为远期目标、中期目标、近期目标,既层次井然,又条分缕析。以远期目标为例,究竟是大学毕业之后继续深造,还是找一份好工作,或是自主创业,这些都要进行缜密的思考。无论确定哪个阶段的目标,都要根据大学生自身的实际情况,认真考察大环境所给予的机遇和所存在的陷阱,从中寻找到最适合自己的奋斗目标与人生定位。要制定一份详细的大学生涯规划,要将大而宽泛的目标分解成小而明确、详细的目标,这样才能体会到大学学习与生活中的充实感和成就感。当然,随着实践的深入与认识的深化,各个阶段的目标与规划都需要逐步优化。

案例阅读

1984 年,日本选手山田本一夺得东京国际马拉松邀请赛冠军。不久,他又一次夺得国际马拉松邀请赛冠军。原本名不见经传的他一下子成为记者追逐采访的热门人物,大家都想知道他成功的秘诀。但可惜的是,不善言辞的他面对记者的盘问,居然毫无经验可谈,令记者和广大观众百思不得其解。多年以后,在他退役之后所撰写的自传中,人们终于找到了答案:

"我之所以能在身体素质相似的运动员中脱颖而出,两次夺得世界冠军,秘诀只是我的一种不为人知的做法。其实,我的做法很简单,每个人都能做到,只不过没有多少人知道而已。每次比赛前,我都会顺着比赛路径沿途走一遍,将各种醒目的标志记录下来。我会在纸上画出路线图,并标注每一个醒目的标志。比如说,第一个醒目标志是银行;第二个醒目标志是大树;第三个醒目标志是红屋……就这样,我从比赛的起点一直画到比赛的终点。做好这项工作之后,我就心中有数了,坚信自己平时的刻苦训练一定能换来优异的比赛成绩。比赛正式开始后,我会拿出百米冲刺般的最佳速度,全力以赴地冲向第一个目标。达到第一个目标后,我又会继续以最快的速度冲向第二个目标……就这样,我一个又一个目标地取得成功。最终,40多公里的赛程,我跑得很轻松,甚至感觉越跑越有劲儿。事实上,我最初并不懂得这种方法的妙处。那时,我和其他运动员一样,一起跑就将目标定在40多公里外的那条终点线上。结果,我只跑了几公里就疲惫不堪。在我看来,同样是我,由于方法的不同,决定了心态的不同,最终产生了完全不一样的比赛成绩。"

2. 主动学习

如果对比中学与大学的学习方式,我们大致可以这样区分:中学阶段的学习属于被动式学习,大学阶段的学习属于主动式学习。明确了这个本质区别,大学生就应当努力适应大学的学习方式。大学学习的基本特点有三个:一是专业性较强;二是大学生自由支配的时间较多;三是学习质量往往取决于大学生的计划能力与自学能力。事实上,大学生的学习条件是非常优越的。在大学里,开放的图书馆、雄厚的师资力量、多元的学术讲座都是普通中学所无法比拟的。在这样一个优质的学习环境中,大学生没有理由不充分利用这些资源,逐步提升自己的专业技能与综合素质。

3. 培养自学能力

大学生要想取得学业的成功,既需要勤勉努力,也需要掌握科学的学习方法和足够的自学能力。当前,"学会学习"已经成为21世纪优秀人才的必备能力。与这一宏观背景相适应,大学生的学习必然要经历三个阶段的质变:第一阶段是"不会",这是目前大多数大学新生的现状;第二阶段是"学会";第三阶段是"会学"。21世纪的教育理念就是学习终身化、终身学习化,各种类别与各种级别的学习将伴随人的一生。大学生要想成为其中的佼佼者,就必须具备基本的自学能力,因为这种自学能力将使大学生终身受益。

4. 学会探索性学习

在大学阶段,中学时立竿见影的那种死记硬背的学习方法已完全不适用了。大学阶段注重培养的是大学生对专业知识与专业技能的灵活运用,以及综合素质的全面提升。为此,大学生必须学会探索性学习。大学生不能将自己视为老师的录音机、教材的复印机,而应将自己视为对大千世界的人、事、物进行不懈探索的研究者,视为对国家与民族、社会与人生、科学与真理进行不懈探索的研究者。当然,这个层次很高,需要脚踏实地地走好每一步。最初阶段,可以在三个方面下苦功:一是向专家与教授、老师与同学请教,求知若渴;二是关注所有成功人士的思维方式、行为方式与表达方式,从中揣摩出普适性广、针对性强的经验与技巧,转化为自身的本领;三是充分发挥自身的优势与特长,最好选择社会客观存在的空白领域,选择他人不关注也不擅长、自己感兴趣也最擅长的项目,作为终生奋斗的目标,运用创新思维,力争在探索性的学习过程中获取探索性的研究成果。

拓展阅读 ···

成功者眼中的大学生活

有一位成功人士在回顾自己的大学生活时,无比感慨地说:"上天是公平的,不会亏待任何一个人。即使你现在吃了很多的苦,看似处境依旧,但只要你坚持到底,最终一定会大有收获。退一万步说,即使最终失败了,你实际上也获得了他人不具备的人生阅历、人生财富。"

当年,这位成功人士考进大学时,成绩平平。有人直言不讳地问他:"你上大学时成绩很一般,考上的那所大学也不理想。但你最终成为一个出色的企业家,这是为什么?你觉得读大学有用吗?"

他坦然回答:"我觉得读大学是非常有用的,对我影响很深的是大学的这四年。虽然我连研究生都没考上,但我觉得这四年收获很大,最大的收获就是我的学习能力显著提升。中国的教育确实存在不少问题,很多时候我们总强调学习很多知识,但却很少去学习文化。如果是单纯的知识,就不必非到大学里去学不可。我坚持认为,一个年轻人应该有考上大学的理想,一定要好好珍惜在大学里的这几年宝贵的时光。在大学里,有那么多和你一样有理想、有抱负年轻人,这其实就是你进入社会之前的一个很好的课堂。以我为例,我在大学里当过学生会主席。后来,我发现自己在大学里锻炼出来的为人处世的能力对我帮助很大。于是,我不断地把大学里掌握的学习方式应用到自己的工作中。一个人的学习没有止境,也是没有特定时间、没有特定地点的。但社会这所大学一定会让你不断学习,甚至到你离开这个世界之前,每一天你都在学习。你每一天都会遇到新情况、新知识、新问题,这就促使你不断地去研究、去认识、去探索。有人说,终于拿到博士学位了,终于完成学业了。错了,其实你的模拟测试刚刚结束,你的实践才刚刚开始。所以,社会这所大学能够让你实现自己的理想,并在实践中不断提高自己。"

(六)学会处理人际关系

人活在世上,就离不开社会,离不开他人,也离不开与人相处。法国作家罗曼·罗兰认为,生命之所以能够显示出全部的价值,就得益于那些志同道合的朋友。在我们的人生黑夜中,充满智慧的友爱无疑是那最宝贵的光亮。由此可见,和谐的人际交往关系在人生中的分量。

　　大学有着比中学时代更加丰富的人际关系,适应新的环境,建立一种和谐、融洽的人际关系,是拥有快乐、充实的大学生活的前提。

📋 案例阅读

　　一只猫头鹰正在专心地飞,一只斑鸠拦住了它:"你要到哪里去?"猫头鹰回答:"我要去东方。"斑鸠问:"为什么要去东方?"猫头鹰说:"这个村子的人可恶极了,居然说我的叫声难听。所以,我决定离开这里去东方。"斑鸠说:"你当然可以去东方,如果你能彻底改变自己的叫声的话。否则,东方的人也会讨厌你的叫声的。"

　　点评:生活中类似猫头鹰这样的人是很多的,这些人与周围的人处不好关系,却不从自身寻找原因,只是通过频繁地更换地方来摆脱困境。殊不知,自己不从根本上改变,就是走遍天下,也依然是个不受欢迎的人。他们失败的真正原因,就在于不会与人共处,不能做到善待自己,愉悦他人。所以,无论走到哪里,人们都会讨厌他,不会接纳他。

1. 尊重差异,求同存异

　　大学新生之间的关系是比较微妙的。一般说来,刚开始时,由于大家非常陌生,彼此之间往往表现得谦虚、宽容,并且互相关心、互相帮助。但随着时间的推移,出现了"物以类聚,人以群分"的现象,彼此之间的距离就有远有近,彼此之间的感情就有深有浅。这时候,你会对其他同学有更多的了解,包括他们的优点与缺点。当其他同学的言行与自己格格不入时,你要学会求同存异,接受别人与自己的不同,不能按照自己的好恶标准去衡量、要求别人。如果将自己的想法强加于人,就很难获得和谐、融洽的人际关系了。要学会换位思考,更好地尊重、理解别人。当然,如果同学的行为确实妨碍了自己,也不必委曲求全,可以委婉地提出意见。

2. 心胸开朗,积极交往

　　心理学研究表明,人的行为往往取决于自己的心态。大学生应当心胸宽广,积极地与同学交往。在这个过程中,要以诚相待,促使对方对自己产生信赖感、安全感;要讲求信用,促使对方心甘情愿地与自己交往;要宽容豁达,促使对方与自己始终保持良好的人际关系。在此基础上,还要做到"三主动":一是主动向他人致意;二是主动与他人讲话;三是主动帮助别人。尤其在帮助别人时,不要总想到对方怎样回报自己,而要深刻体会"助人为快乐之本"的内涵。

3. 掌握人际交往的技巧

　　常言道:"多个朋友,多条路。"每个大学生都希望构建良好的人际关系,在和谐的人际交往中快乐地生活、快乐地成长,为此就必须掌握基本的人际交往的技巧。这与专业知识与专业技能的提升一样,也是需要潜心学习、不断实践的。

案例阅读

清华学子的成功经验

从接到大学录取通知书起,准大学生便开始憧憬大学生活的美好场景。但是,他们中的很多人并未意识到大学阶段与中学阶段的本质区别,因而导致有的学生中学得高分、大学却不及格的反常现象。针对这个问题,记者采访了几名品学兼优的清华学子,请他们以"过来人"的身份畅所欲言,公开他们在大学阶段的学习和生活的成功经验。

合理分配时间,培养个人能力

阿利亚来自新疆,她是哈萨克族人,凭借695分的成绩考入清华大学自动化专业。那一年,清华大学在新疆一共招了30多人。阿利亚对记者说:"进入清华之后,我的学习压力比高中时的压力还要大。高中时,我的成绩在班里位居前十。当时,全班同学竞争激烈,大家都渴望考上一所理想的大学。结果,考入清华后,竞争更激烈了。道理很简单,因为清华大学聚集了全国各地的优秀学子,我一点也不敢松懈。与中学相比,大学提供了有助于学生全面发展的宝贵舞台。我一边加强专业知识、专业技能的学习,一边积极参加各种社团活动。这两年来的最大收获,就是学会了如何自己管理自己。我每周都要提前规划好下一周的时间安排,妥善处理好专业学习与社团活动的关系,做到两不相碍,相得益彰。时间虽然有限,但我们可以合理利用时间、科学管理时间。这就是我最大的心得。"

不能只学习而两耳不闻窗外事

来自湖南的黄志民被保送研究生后,直接攻读博士学位。他告诉记者:"刚进清华时,我便被丰富多彩的校园生活惊呆了。记得第一学年,我总共报名参加了五个社团。就连放寒假也不闲着,作为唯一一名本科生随博士团去参加企业调查。由于花费了太多的时间用于社团活动,学习时间大为缩减。结果,大一第一学期有一门课程居然只考了70分。这件事如当头棒喝,让我头脑清醒起来。我意识到,有必要重新规划,妥善处理好专业学习与社团活动的时间冲突问题。第二学期,我选择了两个社团,很快收到了学业进步的良好效果。大二那年,是我心态最好、成长最快的一年。最让我感觉欣慰的是,自己学会了思维转换,无论做什么事,都能在高度专注的状态下进行。我认为,对于大学生来说,专业知识与专业技能的学习是最重要的。同时,既然大学具备如此优越的发展平台,大学生就应当借助一切机会锻炼自己的实践能力。据我观察,一些中学里的尖子生进入大学后,普遍存在目标缺失、动力不足的问题。究其原因,他们往往觉得多年辛苦终于得到了回报,人生理应转苦为乐,不必再坚持过去那种奋斗状态了。于是,他们完全松懈下来,大学期间很难有什么收获。有些大学生自学能力偏弱,在中学时习惯接受老师和家长的督促,存在严重的依赖感。一旦在大学里自由支配自己的时间,他们反而无所适从。再加上大学里的课外活动多元化,缺乏自制力的大学生很难将心思用在自己的学业上。当然,也有的大学生对自己要求过高,从进入大学的第一天开始,就只关注考研、就业这两件事。他们两耳不闻窗外事,看似利用了每一分每一秒去学习,其实得不偿失。大学不只是学习的场所,更是塑造人格、提升素质的场所。事实证明,完全不参加社团活动的大学生,将来在社会上往往存在某种程度的能力缺失与性格偏执。大学也是一个小社会,不与人交往怎么行呢?"

有差距不怕,努力赶上去

海南姑娘蒙宇靖以723分的高考成绩考入清华大学建筑系。蒙宇靖对记者说:"大一时,我们海南学生常常被认为不如其他省份的学生。尤其是数理化,差距非常大,学习十分吃力。但我不服输、不认命,始终没有松懈。平时,我经常到建筑系馆学习设计、画图,锤炼自己的基本功。为了圆满完成作品,熬夜是家常便饭,甚至有凌晨4点才入睡的情形。尽管大一时成绩不理想,但成绩一直在持续上升中。天道酬勤,勤能补拙,我始终坚信这一点。"

找好定位,放平心态

作为陕西西安的学子,胡穆之凭借优异的成绩被保送为清华大学本校研究生,取得硕博连读的机会。他对记者说:"本科期间,我当过班长、生活委员、校团委组长。如今,我已经是学校辅导员了。在我看来,中学与大学有着天壤之别。中学学习紧张,虽然辛苦,但学习目标是非常明确的。大学里,自由支配时间很多,却往往因为失去明确的目标而陷入迷茫状态。清华大学非常重视新生入学教育,其根本目的就是引导大学新生尽快进入一种相对理想的奋斗状态。毋庸讳言,能进清华大学的都是中学里的优秀人才。但这些优秀人才也有一个天生的致命弱点:欠缺必要的挫折教育。他们在中学时期往往是众人关注的中心,头上闪现着成功的光环,失败的经历很少,相应的承受挫折的能力较低。有的大学生仅仅因为老师的一句批评的话,当场跳楼自杀。这说明,一些大学生的心理素质太差,无法承受各种失败。人生的道路非常漫长,谁会避开挫折与失败呢?人生不如意者,十之八九。因此,我认为,大学生除了常规的学习之外,还要高度重视心理素质的培养。要找好自己的定位,正确看待人我之分,正确对待自己的优势与不足。只有这样,大学阶段才能真正充实起来。"

第三节　辅导员

所谓辅导员,是指那些专职从事大学生的思想政治教育、日常管理、就业指导、心理健康、学生党团建设等工作的教师。在一般情况下,每个辅导员可以管理一个班级。但出于工作的需要,有的辅导员会一人管理几个班级。

一、辅导员的主要职责

1. 思想政治教育。引导大学生深入学习习近平总书记系列重要讲话精神,深入开展中国特色社会主义、社会主义核心价值观教育,坚定中国特色社会主义道路自信、理论自信、制度自信和文化自信,牢固树立正确的世界观、人生观、价值观。针对大学生的行为特点与思想状况,帮助他们妥善解决思想认识问题、价值取向问题、学习生活问题、择业交友问题。

2. 党团和班级建设。积极挑选、培养大学生骨干,积极培养、教育大学生入党积极分子,积极开展大学生党员的发展、教育、管理、服务工作,积极指导大学生党支部和班级团体的具体工作。

3. 学风建设。全面调查了解大学生的专业状况,引导大学生培养学习兴趣,修正学习习惯,优化学习方法,提升学习能力。鼓励大学生积极开展课外科技学术实践活动,发展创新思维。

4. 大学生日常事务管理。注重新生入学教育、毕业生教育,做好日常管理和服务工作。组织大学生军训,评选奖学金、助学金获得者。指导大学生办理助学贷款,参与勤工俭学活动,并切实做好困难大学生的帮扶工作。

5. 心理健康教育与咨询工作。联合学校心理健康教育机构,对大学生进行心理健康教育,普及心理健康知识,培养大学生理性、乐观的健康心态。对存在心理问题的大学生,进行及时排查和有效疏导。

6. 网络思想政治教育。借助先进的新媒体技术,将传统的思想政治工作优势与现代的信息网络技术有机融合,构筑大学生网络思想政治教育阵地。引导大学生提升网络素养,创作网络文化作品。强化与大学生的网上互动,侧重开展思想引领、学习辅导、心理咨询等活动。

7. 校园危机事件应对。积极开展大学生安全教育,最大限度预防校园危机事件。参与制定学校危机事件应对预案,并定期进行总结研究。一旦出现校园危机事件,迅速采取措施,稳定局面,避免事态恶化,并第一时间按程序上报。

8. 职业规划与就业创业指导。指导大学生进行职业生涯规划,引导大学生树立科学的就业理念,鼓励大学生到祖国最需要的地方建功立业。

9. 理论和实践研究。潜心学习思想政治教育的理论,定期参加学术交流活动,参与各级各类思想政治教育项目研究。

二、高校辅导员的角色定位

高校辅导员必须承担对大学生进行"传道、授业、解惑"的职责,成为大学生心灵世界的引路人,成为大学生职业规划的指导师,成为大学生的良师益友。

(一)充当大学生心灵世界的引路人

从本质上说,高校辅导员所从事的大学生思想政治教育工作涉及大学生的心灵世界的建设。大学生的思想、理念、见解直接决定了他们的思维方式、行为方式与表达方式。在当前的大学生思想政治教育中,高校辅导员必须成为大学生心灵世界的引路人,切实担负起指明大学生思想政治学习正确方向的神圣职责。

(二)担任大学生职业规划的指导师

大学生在大学里不仅要获取新知识、掌握新技能,而且还要为今后的求职生涯打下坚实的基础。在这方面,高校辅导员必须承担起提升大学生职业技能、引导大学生身份转变的重要职能。换句话说,高校辅导员要充当大学生的职业规划的指导师,为他们的就业提供全方位的服务。

(三)成为大学生的良师益友

高校辅导员的第三个定位,应当是大学生的良师益友。大学生面临各种难题,有时很难找到合适的人倾诉自己的烦恼。这时候,高校辅导员就应当以良师益友的身份出现在他们面前,为他们排忧解难。在大学生面临的各种难题中,高校辅导员尤其要关注两个关键问题。一是大学生的学习模式的转变。很多大学新生还习惯采取中学阶段的那套学习方法,往往不适应大学阶段的学习。事实上,中学的学习往往按部就班,中学生往往在老师的指挥下进行学习;大学的学习则注重自觉学习、主动学习,老师常常只是对大学生进行必要的提示,不可能像中学老师那样严格督促。因此,高校辅导员应当发挥自身优势,引导大学生尽快完成学习模式的转变,学会时间管理,培养自学能力。二是大学生的心理问题的化解。当前,存在不同程度的心理问题的大学生非常多,直接影响他们的大学阶段的学习与生活。高校辅导员应当凭借自身的学识与阅历,引导大学生增强心理素质、修正不良心态,建立和谐、融洽的人际关系。

第二章

融入环境　发展自我

学习目标

1. 注重专业能力、社交能力、管理能力、创新能力的培养。
2. 参加校园活动,如国防教育与军事训练、校园文化活动。
3. 积极投身社会实践,如大学生校园勤工俭学、实习实践。

学习重点

1. 迅速融入大学的学习生活环境,全方位、宽领域地发展自我。
2. 借助军训、文化活动、勤工俭学、实习实践来提升综合素质。

第一节　提升综合素质

一、专业能力的培养

现实社会中,任何人的创业成功都是在某个领域或某个行业上取得成就。没有专业特长的人要取得创业成功,会有很大的困难。所以,大学生要想培养自己的专业能力,就需要做到以下两点:一是喜爱自己选择的专业,并努力学好专业知识,为创业打好理论基础;二是善于将专业理论知识的学习与专业实践能力的提升有机地结合起来,敢于尝试、善于总结。

二、社交能力的培养

要提高自己的社交能力,首先要找出社交的干扰。现实生活中,每个人在与别人的交往中都可能遇到这样那样的困惑。因此,正确找出自身困惑来源于哪方面,有助于对症下药,解决自身存在的问题。其次,要建立正确的心态。在与人交往的过程中,面对他人与你不一样的想法,要用包容的心态去面对。遇到比自己能力强的同学、朋友,不要自卑,要学习他人的优点,同时正常发挥自己的特长及能力,不要因为与对方"不投缘"就拒绝与其交往。

三、管理能力的培养

培养管理能力可以从很多方面进行努力,尤其要在两个方面下功夫。一是学会掌控自己的时间。首先,要仔细研究自己的时间究竟用到了哪里。其次,仔细分析哪些事情根本不必做,哪些事情可以由别人代为而不用亲力亲为,哪些事情可以通过改进方法提高效率。最后,取消浪费时间的活动,将有效的时间用来处理更重要的事情。二是学会用人所长,而非事事亲力亲为。真正优秀的管理者会首先考查一个人最擅长做什么事,再根据他的长处来安排工作。

四、创新能力的培养

创新是创业精神的核心,学生要通过保持个性发展和好奇心,勇于突破前人、突破书本、突破难题,积极培养科学精神,训练创新思维,提高创新能力。

拓展阅读 ••

我努力读书的原因是——

通过读书，找到灵魂上的契合，而后知道自己并不孤单。这样的感受，相信你我都有过。一本书有时很像洋葱，一层层剥开，不知不觉中模糊了视线。因为字里行间，我们看到了自己的过去与未来。

哪一本书中的人物，让你看见了自己？

1.《红楼梦》里的林黛玉

在曹公笔下，她是"行止见识，皆出我之上"的裙钗中最特别的那一个。很多人不喜欢她的多愁善感，使小性、闹脾气，天生一副促狭嘴，讽人损人不着痕迹……

但她让我看到人性中的纯粹。不擅于假面，不屑于圆滑，聪敏如她，岂不知这样的人生走起来更顺风顺水。可是她偏不，被现实挫伤也要交付真心。在爱与死亡之间，选择孤傲而决绝地活。

2.《月亮与六便士》里的查尔斯

人世漫长得转瞬即逝，有人见尘埃，有人见星辰。查尔斯就是那个终其一生在追逐星辰的人。年前，我自己也是下了很大的决心，辞掉了行政工作，离开了生活 7 年的城市，奔赴南方做一名自由插画师。梦想有多耀眼，现实就有多锋利。虽如此，也想勇敢一次，不走泯然众人的路。

3.《人世间》里的周秉昆

秉昆不是家里最优秀、最被寄予厚望的孩子，却是风雨中为全家撑起一方烟火的人。相较于哥哥姐姐的"出息"，他显得有点愚笨。纵使为家付出最多，也理所当然地被忽略。读到他那句"这辈子最大的心愿，就是让爹妈满意我"，顿时泪如雨下。他让我想到了自己的童年，想到了我和父母的情感关系，这么多年的奋斗努力，只想得到他们的认可。

4.《围城》里的方鸿渐

方先生，像我在生活里拖拽的影子。时而自卑，时而羞愧，时而优柔寡断，没有什么打拼世俗的本事，也没有扭转人生的好运气，仅仅是循规蹈矩地活着。抓不住幸福，最后把生活过得一地鸡毛。作者借助书中人物，对方鸿渐进行了一针见血的评价："你并不讨厌，也全无用处。"

5.《人间便利店》里的古仓小姐

古仓小姐18年以来一直在一家便利店上班，从没换过工作，也没谈恋爱结婚，每天机械般地重复着上班、下班，一个人生活。身边的人总觉得她不正常，而她清晰地知道自己内心的秩序。我阅读她的那几个小时里，就像是在阅读我自己的生活。

6.《飘》里的郝思嘉

其实，每个女孩子在少女时期内心都有一个艾希礼，与其说爱上对方，不如说爱的是自己的想象。只有经历了岁月，走到最后才会明白最登对的是白瑞德——那个洞穿了你的真实面目,还会爱上你的人。

7.《傲慢与偏见》里的伊丽莎白

我身边有很多朋友,是像伊丽莎白这样的女孩子。有才华,有主见,用心生活,懂得照顾自己。即便承受寂寞的代价,也从未潦草相爱;即便无人欣赏,也努力活得自在。为自己而活,不管那个人,最终有没有,来不来。

8.《包法利夫人》里的爱玛

世人评判爱玛虚荣,我却独爱她的觉醒与真实。小镇的庸常人生让人窒息,她所居住的小楼和包法利先生都无不死气沉沉,让人厌倦。她渴望浪漫与新鲜,小镇却像污泥一般死死地扯着她试图飞扬的心,虽然她的飞扬也只是轻浮而毫无意义的挣扎。当日子沉闷琐碎,想寻觅有活力的生活没有错。在这个层面上,每个人都能在包法利夫人身上看到一部分自我。

9.《堂吉诃德》里的堂吉诃德

每每提到堂吉诃德,大多数人都会产生某种面对风车巨人自始至终坚持理想主义的悲壮代入感。为了心中的理想,踏上冒险之途,闹出了许多笑话,出尽了洋相,屡战屡败,屡败屡战,直到一命归西。这样的折腾的人生有意义吗?我觉得书中给出了很好的解释:若不疯魔,生命之火也就熄灭了。

10.《山月记》里的李征

"我深怕自己本非美玉,故而不敢加以刻苦琢磨,却又半信自己是块美玉,故又不肯庸庸碌碌,与瓦砾为伍。于是我渐渐地脱离凡尘,疏远世人,结果便是一任愤懑与羞恨日益助长内心那怯弱的自尊心。其实,任何人都是驯兽师,而那野兽,无非是各人的性情而已。"思想总是延宕了行动,这好像就是在说我。

11.《平凡的世界》里的孙少平

孙少平的精神追求未必有人欣赏,因为这是他的个人选择。在他的精神世界里,他一言一行都一丝不苟,因为他心目中的自己是一个有尊严的高贵的人。他不愿意扮演某种角色,去迎合世俗的涂抹。路遥先生说:"习惯了被王者震撼,为英雄掩目,却忘了我们每个人都归于平凡,归于平凡的世界。"我所追求的,是在平凡中活出辽阔,于平庸中唱出赞歌。

读书是我们走近伟大心灵最短的距离。通过阅读,你会惊奇地发现:你的悲欢,你的境遇,你面临的选择,不是时间与人海中的孤例。很久前,这些感受就已被书中的人间所演绎。于是,痛苦、无助和遗憾找到了出口,一件一件地被理解,被安慰,被温暖。你不是一个人、没有同类,这个星球上存在着与你相似的灵魂。

第二节　参加校园活动

一、大学生国防教育与军事训练

(一)大学生国防教育

所谓国防,是指一个国家确保主权、领土完整而进行的防御侵扰、制止颠覆的军事活动。国防既是一个国家的生存、发展与完善的安全保障,也是一个国家固有的基本职能。从历史上看,国防伴随着国家的产生而产生、发展而发展、消亡而消亡。就其本质而言,国防属于国家的防务,与所有的国家部门、社会组织、全体公民息息相关。作为高校国防教育的重要组成内容,军事课是开展爱国主义教育的重要途径。与科学文化教育、思想道德教育、心理素质教育不同的是,高校国防教育往往通过系统军事训练、军事理论课及不同类级的国防教育,引导大学生加强道德修养、拓宽知识面、提升体能,起到其他教育形式难以替代的特殊作用。

(二)大学生军事训练

对于军训的学生来说,队列堪称必修课。借助严格、规范的队列动作、队列队形、分列式和阅兵式训练,大学生将逐步掌握队列动作和队列队形的要领,逐步养成良好的军旅生活习惯。

1. 内容

(1)稍息;

(2)立正;

(3)跨立;

(4)停止间转法;

(5)三大步伐的行进与立定;

(6)步法变换;

(7)坐下、蹲下、起立;

(8)脱帽、戴帽、敬礼;

(9)整理着装、整齐报数;

(10)分列式训练;

(11)阅兵式训练;

(12)唱军歌。

2. 目的

引导大学生具备标准规范的军人姿态和刚强果断的军人气概,培养勇敢顽强的作风和令行禁止的组织纪律观念。

3. 队列练习中的常见术语

(1)队形:队列的形状。主要包括横列、纵列、二路纵队、四路纵队等。

(2)列:在一条直线上,左右排列形成的队列。

(3)路:在一条直线上,前后排列形成的队列。

(4)间隔:左右相邻之间的空隔,一般约10厘米。

(5)距离:前后相邻之间的空隔,一般约75厘米。

(6)横队:按列排成的队形。正面大于侧面,分为一列、二列、三列等。

(7)级队:按路排成的队形。纵深大于正面,分为一路、二路、三路等。

(8)伍:各伍人数与列相等时叫满伍,各伍人数少于列数的叫缺伍。

(9)基准战士:按规定列队站在排头的或指挥员指定的军人。

(10)翼:队列两端,左端为左翼,右端为右翼。

(11)轴翼:分队通过行进变换时,处于转变内侧的一翼称为轴翼,另一翼为外翼。左转弯、左后转弯走时,轴翼在各列左端;右转弯、右后转弯走时,轴翼在各列右端。

(12)步幅:一步的长度。

(13)步速:每分钟行进的步数。

4. 军训饮食注意事项

(1)多喝水

长时间集中军训时,很少有喝水的时间。再加上天气炎热,很容易导致皮肤晒伤。因此,军训时一定要注意多喝水。但在喝水时要注意,切忌军训一结束就大量喝水。否则,肠胃难以承受这种突然的刺激,就容易引发腹痛。最好先休息一会儿,再慢慢喝水。

(2)合理安排三餐

军训期间,早餐、午餐必须吃饱。如果吃不饱,就没有足够的体力去应对一整天的密集训练。不过,晚餐可以适当少吃一些。

(3)拒绝刺激性食物

军训之后,大学生往往发现自己的皮肤黑了很多。一般认为,这是被紫外线晒伤的。其实,不合理的饮食也可能是原因之一。军训期间,不要吃刺激性食物,如太油、太咸、太辣的食物,以免导致肌肤色素沉淀。

(4)多吃富含维生素 C 的水果

军训期间,要适当多吃一些富含维生素 C 的水果,帮助身体有效地对抗紫外线。

5. 军训中常见的身体问题

(1)中暑

在军训中,很容易出现中暑。所谓中暑,是指由于高温或引起高热的疾病导致人体体温调节功能紊乱而发生的一种综合征。很多时候,军训大学生是在烈日下进行操练的,由此产生的中暑属于日晒型中暑。究其原因,是在日光的直接暴晒下,损害了中枢神经。中暑的症状有轻重之分,具体包括先兆中暑、轻症中暑、重症中暑。所谓先兆中暑,是指在高温环境中出现的轻微的头晕、头痛、耳鸣、眼花、口渴、无力。所谓轻症中暑,是指在先兆中暑的症状的基础上,进一步出现升温、面红、胸闷、恶心、呕吐、大汗等症状。

所谓重症中暑,是指突然昏厥、抽风、烦躁、口渴、疼痛等。一旦出现中暑,必须立刻停止训练,迅速脱离高热环境。最好转移到通风地段,解开衣扣,选择平卧,用冷水毛巾敷头,也可饮用清凉饮料。如症状迅速得到缓解,就可继续归队训练。如症状无法在短期内缓解,就要送医就诊。

（2）感冒

一般说来,感冒分为上呼吸道感染和急性鼻炎、咽喉炎等。感冒后,如果出现打喷嚏、鼻塞等症状,只要休息静养一段时间,就能依靠人体的免疫力恢复。如果喉咙发炎,可适当服用药物。如果发烧,最好尽快去看医生。

（3）腹泻

军训期间,有些大学生会出现腹泻,但原因各不相同。有的人是吃了腐烂食物,有的人是饮食习惯改变后引发肠胃不适,有的人是因为喝了生水或过凉的饮料。一般情况下,如果腹泻症状不太严重,只是感到恶心,可以多喝盐水。如果腹泻严重,就要及时就医。

（4）外伤

军训时不慎出现的常见外伤包括扭伤与擦伤。如果扭伤不严重,可擦红花油或贴膏药,但要注意休息。如果属于开放性伤口,就需要及时清洗,并用过氧化氢或酒精消毒。如果症状严重,最好及时就医。

（5）抽筋

如果是小腿抽筋,可先将小腿放平,抓住脚掌把筋拉直。如果不能彻底痊愈,可在24小时后用跌打酒按摩。

（6）脚底起泡

脚底起泡后,可用酒精消毒,用针扎两个孔,将水挤出。之所以强调扎两个孔,是为了避免扎一个孔导致水泡脓液流出不彻底。溃疡面较小时,可以选择自然恢复。溃疡面较大,就要用纱布包扎。

（7）红眼病

红眼病是一种急性病毒性眼病,具有很强的传染性。一般早期会有瘙痒感、烧灼感,以后出现刺痛或剧痛,畏光,水肿,并伴随大量分泌物。为了避免眼内分泌物污染传播,不要在公共场所与他人共用毛巾。关键是做好个人卫生防护,不借用患者的物品,不用手揉眼睛,并注意勤洗手。

6. 参加军事训练

（1）明确军训目的,端正军训态度

大学生之所以要参加军训,目的在于使大学生树立保卫祖国的观念,储备具有较高文化素质的后备兵员。大学生必须明确军训的目的,端正军训的态度,认清自身肩负的重任,将军训提高到实现个体自我完善的高度。在此基础上,大学生要全身心地投入军训之中,高标准地严格要求自己,按照军训规范,提升军训实效。

（2）高要求、高标准投入军训

①熟悉军训的训练规范、作息要求和相关纪律。一般说来,军训具备两大特点。一

是强制性,具体表现在训练、生活、作息都有严格的纪律,必须无条件遵守。二是艰苦性,具体表现在军训的训练、生活需要付出艰辛的汗水,承受较强的身心压力。

②在军训中,要切实做到"认真"二字,即按照军训要求,严格训练,高质量完成教官布置的训练任务,严守军训纪律,积极维护纪律的威严,从每一件小事做起,力求达到军训标准。

③在军训中讲究方法,注重效率。大学生要针对自身实际,善于观察、善于反思、善于总结,并取他人之长补己之短。

(3)虚心请教军训教官,积极完成军训任务

军训课与其他课程相比,既有区别,也有共通之处。在军训课上,难免会遇到各种问题,单靠自己的力量不容易迅速解决。如能虚心请教军训教官,就能及时得到军训教官的高效指导。一是认清军训特点、军训目的,缩短自身素质与军训规范之间的距离。二是汇报自身实情,促使自己在军训项目上不断进步,积极完成军训任务。三是学习军训教官的优点。

(4)不怕苦、不怕累

不怕苦、不怕累是我党我军的优良传统。与日常学习、生活、锻炼相比,军训确实又苦又累。要想圆满完成军训任务,大学生就必须具备不怕苦、不怕累的精神,克服一切挫折,战胜一切困难,接受军训的洗礼,练就为人民服务的过硬本领。

(5)积极参加军训中的各项活动

军训有单调的一面,也有丰富的一面。军训期间,往往会为大学生安排各种丰富多彩的活动。对此,大学生要将这些活动也视为军训活动的重要组成部分,在学会知识和掌握本领的同时,陶冶自己的情操,开阔自己的视野,因而要在各种军训实践中了解社会,增长才干,不断完善自己。

📋 **案例阅读**

"最美退役军人"10名先进人物事迹简介

1. 王启荣,男,1957年4月出生,中共党员,广西壮族自治区那坡县烈士陵园原园长。

1978年入伍,1980年退伍。1979年,曾作为国防民兵哨所哨员参加边境作战,不幸被地雷炸伤,落下终身残疾。1980年10月,他成为那坡县烈士陵园的一名专职守陵人,一守就是36年。1980年的烈士陵园还处在筹建阶段,一座荒丘野岭临时安葬着900多位英烈。就在极为简陋的条件下,王启荣开始了陵园管护工作。建园工作十分艰难,土地平填、陵墓整理、栽花种树全是人工劳作,王启荣用愚公移山的韧劲,一点点挖土砌坟、种下花木,为烈士安下新坟,让烈士遗体有了好的归宿。王启荣始终把陵园安全工作放在第一位,他坚持每天巡山不少于两次,几十年如一日,及时发现排查安全隐患上百次。他对安葬在陵园里的900多名烈士的个人资料、墓地位置都了如指掌,每年清明节期间到陵园瞻仰烈士的有数万人,王启荣总是热情接待、详细介绍陵园概况和英烈事迹。多年来,他不改初心,守护着牺牲的战友的英灵,先后被表彰为"全区民政系统先进个人"

"全区民政系统优抚事业单位先进个人""自治区民政系统先进个人",2016年7月被自治区党委、自治区人民政府、广西军区表彰为"自治区爱国拥军模范"。

2. 王明礼,男,1964年1月出生,中共党员,贵州省思南县东升森林种养家庭农场场长。

1981年入伍,1984年4月30日参加边境作战,勇打头阵,被炮弹炸断双腿,成为四级伤残军人,受到中央军委通令嘉奖。1985年退役回到家乡贵州省思南县,在县总工会工作,期间先后被选派到思南县孙家坝镇石门坎村、大坝场镇花坪村等村开展帮扶工作。他以"党支部+退伍军人+企业+基地+农民"的模式,创建思南县退伍军人创业就业示范基地,成立了贵州省思南县鼎盛生态农业开发有限公司,下辖思南县晨曦生态农业专业合作社、思南县森林种养家庭农场等企业,成为农村退伍军人决战脱贫攻坚、决胜全面建成小康的大舞台;通过实施"党建+基地+民兵组织建设"模式,推动企业做大做强。如今,基地带动872户3 288人致富,特别是带动336户贫困户脱贫,走上致富路。在安置退伍军人就业方面,王明礼注重凝聚拥军情,根据退伍军人的意愿,尽力把企业所在村的退伍军人安排到基地就业。王明礼退伍三十多年始终与大山为伴,以退伍军人创业就业基地为家,奋战在脱贫攻坚第一线,践行着富国强军的使命担当,在退役人生的二次起航中留下了一道精彩的航线。

3. 王贵武,男,1959年3月出生,中国民主建国会会员,天津市银座集团有限公司董事长。

1978年入伍,1980年底复员回乡,1997年成立天津银座集团有限公司。20年前,他尊认了10位"98抗洪"烈士的母亲为自己的母亲,2008年,又尊认了在汶川地震抢险救灾中牺牲的6位烈士的母亲,代替烈士为母亲尽孝,他不仅从生活上扶持帮助烈士家庭,而且从情感上给予烈士母亲安慰和精神力量,与母亲们结下了深厚的母子情,这超越血缘、地域、时空的亲情和孝心,已经延续了20年。在照顾烈士母亲的同时,他还积极关心支持部队建设,先后将大量资金投入"双拥"工作。1999年,他捐献100万元,在家乡建起了一座1 600平方米的银座学校。王贵武先后荣获"天津市劳动模范""天津市文明市民标兵""天津市双拥模范""全国优秀复员退伍军人""全国国防教育先进个人""全国爱心献功臣行动先进个人"等称号,并荣获首届全国道德模范提名奖、"全国十大孝亲敬老楷模",作为优秀退役军人代表参加了建国50周年、60周年国庆观礼活动。

4. 甘露,女,1969年11月出生,中共党员,广东省广州海关归类分中心副调研员、海关三级关税专家。

1991年从原国防科学技术大学毕业后,到原广州军区高等专科学校任教。2000年转业,分配到广州海关关税处,2001年3月调任至广州海关归类分中心工作至今。转业18年来,甘露实现了从外行到专家、从军人到海关关员的"华丽转身"。自2008年起,甘露先后30次作为中国海关代表参加世界海关组织(WCO)协调制度国际会议,并成为第一位担任世界海关组织协调制度审议分委会主席、协调制度委员会主席的中国人,先后荣立海关综合治税工作个人二等功,获评"全国模范军队转业干部""全国巾帼建功标兵""全国三八红旗手""全国海关榜样""广东省道德模范"等荣誉称号。2017年5月,甘露同志当选为党的十九大代表。

5.刘传健,男,1972年11月出生,中共党员,四川省四川航空股份有限公司飞行部重庆分公司飞行分部责任机长,b类教员、公司检查员。

1991年入伍,2006年从部队退役加入四川航空股份有限公司,现已安全飞行13 926小时。飞行27年来,他始终牢记确保飞行安全这一最高职责,把安全飞行规章标准踏踏实实地落到每一个航班飞行的全过程,先后执行过多个重要航班保障任务。他飞行品质高,安全记录保持良好,未发生过一起人为原因导致的不安全事件。2018年5月14日驾驶3U8633航班于重庆江北机场起飞,进入成都区域,在9 800米高空发生驾驶舱风挡玻璃爆裂脱落、座舱释压的紧急情况,生死关头,他沉着果断处置险情,确保了机上119名人员生命安全。

6.李志强,男,1964年6月出生,中共党员,沈阳黎明航空发动机有限责任公司高级技师。

1981年入伍,1983年退役,成为黎明航空发动机有限责任公司总装车间的一名装配工人,现任该公司发动机装配厂总装工段"李志强班"班长。李志强所在的总装工段,肩负着航空装备的装配任务。李志强从提高团队工作效率、缩短装配周期入手,开创了所承担产品装配生产组织的先河。他相继攻克了航空装备装配六大关键技术,实现工艺创新126项,自行研制工装工具312件,推动技术创新项目32项,申报发明专利50余项,开展技术攻关项目106项;先后解决科研装配技术难题52项,首创并推广航空装备管路校正与安装的"李志强操作法",提高装配效率20%以上。李志强先后获得2011年国务院颁发的政府特殊津贴,2011年辽宁省"五一奖章"、2012年辽宁省劳动模范、2014年全国"五一劳动奖章"、2015年全国劳动模范、2017年"盛京金牌工匠""辽宁工匠"等荣誉称号。

7.吴洪甫,男,1941年4月出生,中共党员,河北省广宗县件只乡槐窝村村民。

1959年入伍,1965年退役,退役前为空军某部标图员。1962年9月9日,一架美制"U-2"高空侦察机由平漂岛上空窜入江西省鄱阳湖上空,吴洪甫迅速把"U-2"飞机的航迹标在标图板上并传给指挥部,三枚导弹直冲云霄,敌机瞬间便被击落,这是世界上首次用导弹击落"U-2"飞机,吴洪甫等人记大功一次。退役后,即使在儿子致残、母亲瘫痪、妻子股骨头坏死、日常生活举步维艰时,他也守口如瓶,从不向家人提当年战斗经历,也不向政府提要求。那时关于中国击落"U-2"的故事,地方上传得很离谱,村里有些人多次到家里要他证实或者讲述相关细节,但他总是说自己一直在后勤部门工作,这些事一点也不清楚。他把立功证书压到箱底,严守国家机密和军事机密37年。2011年7月被广宗县文明办评为"广宗好人",2012年8月被邢台市文明办授予"邢台好人"称号,2018年9月荣获中国好人榜"助人为乐好人"称号。

8.吴惠芳,男,1960年10月出生,中共党员,江苏省张家港市南丰镇永联村党委书记。

1980年吴惠芳考入南京炮兵学院,毕业后到杭州某部队工作,1984年参加边境作战,1998年率领部队赴九江抗洪抢险,2002年任驻浙某师政治部主任。2005年,吴惠芳选择自主择业回到家乡永联村,他勇于创新,探索建立适合城镇化乡村的治理模式,将过去村委会一元治理模式转变为多元、立体的乡村治理结构;提出永联村新农村建设"六个化"标准和美丽乡村建设"四美"标准,发展旅游业带动致富。他恪尽职守,成立劳务公司,帮助多名低能劳动力就业,每年筹集捐赠1 000万元关注帮助弱势群体。永联村先后获得"全国文明村""全国先进基层党组织"荣誉称号,他先后获得"全国乡村旅游致富带头人""江苏省优秀共产党员""江苏省最美复转军人""江苏省劳动模范"等荣誉称号。

9.沈汝波(已故),男,1960年7月出生,中共党员,河北省秦皇岛市海港区先茂社区工作人员。

1978年入伍,1984年退役,在部队期间定下"一生要做十万件好事"的目标。退役后,沈汝波将每件举手之劳的小事都认认真真做好,捡垃圾、扫楼道、巡小区、清广告、掏水井等。他虽然离开了部队,但依然保持军人本色,一言一行严格要求自己,一心一意服务百姓、服务社会,即便被确诊为食道癌,他做好事的脚步依旧没有停下。2018年5月4日,当时还依靠仪器和药物维持生命的沈汝波,做了一生中的最后一件好事:向来探望他的患病志愿者李永花捐出500元治疗款。6月1日凌晨,沈汝波因病去世。随着生命的定格,他的一生一共画下2万多个正字,做了11万余件好事。

10.宋玺,女,1994年3月出生,中共党员,北京大学2012级本科生。

2015年入伍,前往南海某新兵训练基地,在新兵训练实战考核中,以全优成绩加入海军陆战队,成为一名侦察队队员。2016年底,在远航的中国海军第25批护航编队中,宋玺作为唯一的90后巾帼陆战队员,赴亚丁湾、索马里执行护航任务。2017年5月至7月,她随护航编队执行顺访任务,作为舰员代表参与了舰艇开放日引导、对外文化交流、甲板招待会等活动。宋玺以干练的作风、浓厚的艺术修养、流利的英文交流展现了大国海军的良好形象。作为海军陆战队退役军人,也作为一名北京大学学生,2017年退役回校继续学业的她受到社会关注,在青年人中起到了很好的正面引导作用。

二、大学校园文化活动

(一)校园文化活动的内涵

作为高校精神文明建设的重要组成部分和高校校园文化建设的载体,大学校园文化活动是展示高校办学质量的重要方面,也是提升师生对思想、知识、能力的运用的重要实践。换句话说,大学校园文化活动既体现高校精神,也体现教育品位。大量实践证明,全方位、宽领域、多层级、高质量的校园文化活动对大学生具有极强的吸引力和凝聚力,必将促进大学生自我发展、自我完善。

(二)校园文化活动的意义

1.有利于大学生充分发挥潜能

大学生参与校园文化活动,有助于个性的自由发展、潜能的全面挖掘。尤其是校园文化活动中的艺术节、读书节、科技节、体育节等,对于大学生的全面发展与健康成长必将产生积极的促进作用。

2.有利于锻炼大学生的组织能力和工作能力

任何一个校园文化活动都离不开精心的计划、周密的部署、准确的落实,都对大学生的组织能力和工作能力提出较高的要求。在这个过程中,大学生既能充分体会到责任感和成就感,也能逐步完善工作理念、工作思路、工作方法,全面提升专业技能与综合素质。

3.有利于推动素质教育的发展

21世纪是典型的知识经济时代,大力倡导素质教育。作为素质教育的重要阵地,校园文化活动将有效地推动素质教育稳健发展。实践证明,校园文化活动为素质教育的实施提供了广阔的平台,引导大学生在潜移默化中接受教育,陶冶情操,提升素质。

(三)校园文化活动的类别

1.大学生艺术活动

大学生艺术活动的宗旨,就是传播先进文化、弘扬民族精神,建设积极、健康的校园文化,充分发挥大学生的主动性和创新精神,发展大学生的艺术特长,发现并培养艺术人才。在通常情况下,大学生艺术活动以届为单位,每届的主题都不同,如"我的中国梦""青春·使命""创青春·全民阅读"等,大学生艺术活动将根据活动项目设计不同的展演种类,如艺术表演类、艺术作品类、书画摄影类等;根据参加对象设置不同分组,如艺术类专业的学生与非艺术类专业的学生等。另外,大学生艺术活动还会设置奖项,评选优秀组织奖、指导教师奖、优秀创作奖等,颁发给获奖的学校或学生团体。

2.大学校园体育活动

大学校园体育活动既能培养大学生的健康体魄和完美人格,又能给予高校体育工作生机与活力,更有助于推动校园体育文化的长足发展。一般说来,大学校园体育活动具有以下特点。

(1)参加者的自愿性和广泛性。大学校园体育活动的开展,决定了参加者的自愿性和广泛性。所谓自愿性,是指大学生应当自觉自愿参加,凭借自己的兴趣和爱好来选择体育活动项目。所谓广泛性,是指大学生都应积极参与符合自身意愿和自身条件的校园体育活动,而不能理解为只是少数大学生致力于提高体育竞技比赛成绩。

(2)活动的主动性。在大学校园体育活动中,大学生要高度重视运动认知和情感体验。具体说来,就是更新学习理念,调动主观能动性,养成科学锻炼的习惯,增强开展终身体育的意识。

(3)活动内容的丰富性。由于大学生来自四面八方,每个人都存在着差异。另外,他们参加课外体育活动的动机也不尽相同,有的是为了增强体质,有的是为了健美身形,有的是为了化解消极情绪,有的是为了提升专业技能。因此,要根据这些差异,设置丰富的体育活动项目。

(4)组织形式的灵活性。大学校园体育活动的实质是促进大学生的身心健康,在组织形式上要更加灵活多样,以各系别、班级、学生会、社团等学生组织机构为群体,自筹自办各种形式多样、实施灵活的体育活动。

3.大学生社团活动

（1）如何选择大学生社团。从某种意义上说，大学生参与社团活动是步入社会前最好的磨炼。大一新生跨进大学的校门，就会发现大学生社团活动层出不穷，令人眼花缭乱。这时候，该怎样做出合理的选择呢？一是根据自己的兴趣、爱好做选择。大学社团种类繁多，未必都是自己感兴趣的。二是全面了解自己决定参加的社团的情况。只有对相关情况了如指掌，才能在参与活动中大有收获。三是选择时避免草率和贪多。在大学里，问题不仅仅是"我想要做什么"，更要面对的是"我能够做什么"的问题。四是对自己有信心。在上大学之前，除了学习之外，大部分学生很少参加社团活动。踏入大学，来到了一个新的环境，这个时候就更需要对自己有信心。自信是做好每一件事情的前提，面对机会要学会去争取。

（2）如何利用大学生社团锻炼自己。从某种角度来看，一个社团就像一个特殊的舞台。在这个舞台上，你能获得各种锻炼的机会，有助于提升专业技能与综合素质。首先，要有锻炼意识。参加社团活动的主要目的，还在于锻炼自己，促使自己全面发展。其次，要有一定的目标与计划。否则，锻炼的价值就很难最大限度地发挥。最后，要持之以恒。很多时候，要想有更大的收获，就必须拥有一颗恒心，要学会坚持和执着。

（3）学校社团活动展示

①手工制作协会。为丰富学生课余生活，发挥动手创造能力，手工制作协会举办"以爱之名"手工比赛。大学生可以借助各种形式，将自己的情感艺术化地注入手工作品中，以此表达真情，努力创新，突破自我，充分展示个人才能。

②乒羽协会。为体现运动精神，丰富校园生活，乒羽协会举办了乒乓球"友谊杯"比赛。旋转、扣杀，一拍一球皆乒乓技能；创新、超越，举手投足皆热血精彩。乒球竞赛，强身健体，乒出快乐，乒出精彩，拼出校园风采。

③演讲与口才协会。有时候，会不会感觉有千言万语汇集到了嘴边，却无从诉说？有时候，会不会感觉有满腹经纶，却不知道怎么表达？演讲可以磨炼自己的语言技巧，让自己的表达更加流畅，让自己的肢体语言更加丰富。在这里，你可以与我们一起，锻炼自己，充实自己。语言是一门艺术，怎样说话、怎样交流、怎样完整地表达自己的意图和想法，这就是语言的魅力。在这里，你可以畅所欲言。我们倡导"敢说、能说、会说"，而这就是口才的含义。没有人生来就是演说家，但我们可以通过自己的努力去变成敢说、敢表达的人。第一次上台，或多或少都有些拘束。随着时间的推移，你就会逐渐适应并且能够在台上畅所欲言。演讲与口才协会更像一个大家庭，你可以在这里随意说出你的所知、所感、所言。

④礼仪协会。礼仪协会通过传播礼仪，努力推进校园精神文化建设，在日常训练中沉淀积累，并在礼仪活动中以十二分的热情，圆满完成各项礼仪活动，传播当代大学生的精神面貌。为了引导新成员尽快融入礼仪协会这个大家庭，礼仪协会于每周六下午五点半在舞蹈房进行仪态训练。其目的，一是让成员学习礼仪，培养更好的仪态；二是希望成员了解礼仪，培养新时代大学生的礼仪仪态和良好修养。协会的日常训练活动不仅能提高成员的自身素养，更能促进成员之间的交流与团结。

⑤茶艺展示活动。茶艺展示活动包括品评茶叶技法、鉴赏艺术操作、领略美好意境等，是一个内容与形式有机统一的文化活动。礼仪协会的茶艺展示活动充分弘扬中国传统文化，为学校文化增光添彩。

⑥篮球协会。篮球协会主要负责篮球运动的宣传、组织工作，旨在为篮球爱好者提供篮球赛、球艺切磋、组织训练、组队观赛、裁判培训、解说指导等优质服务，让篮球爱好者结交更多热爱篮球的朋友。篮球协会通过日常训练，让大学生掌握一定的篮球运球技术和技巧，懂得一些篮球发展的基本情况，进一步培养对篮球的兴趣爱好，培养终身体育的习惯与意识。

⑦环保协会。环保协会旨在开展环保宣传和教育活动，唤醒大学生埋藏在心底的环保意识，不断增强大学生参与环保的社会责任感，有效提升大学生的环保意识。在社团的知识讲授活动中，引导大学生关爱环境，确立绿色环保意识，为净化、美化学校环境出谋献策。

4. 大学生志愿者服务活动

自从共青团中央发起实施中国志愿者行动以来，大学生志愿者服务活动在全国高校广泛开展，参与成员众多、活动内容丰富，成为推动和谐校园建设的重要助力。大学生志愿者服务活动的覆盖面很广，包括各种公益爱心活动、大型社会活动等。大学生积极参加志愿者服务活动的主要作用，体现在以下几个方面。

（1）升华精神境界。大学生通过参与志愿者服务活动，积极为社会贡献自身的才学、智慧，充分发挥自身的作用、优势，不仅获得自我实现的需要，而且增强了社会责任感，使个人的精神境界得到升华。

（2）充实业余时间。大学生可利用空余时间，参加符合自身兴趣与自身条件的志愿服务活动。在这个过程中，大学生可以认识不同领域、不同年龄的志愿者，增进友谊、增长学识。这样做，不仅拓展了社交圈子，而且更新了人生理念与专业思维，进而得到全面发展。

（3）提供学习机会。大学生参与志愿服务活动后，必然会接触更多的未知事物、各类人物，获得众多的、珍贵的学习机会。只要持之以恒，善于反思、总结、完善，就能逐步提升自己的组织协调能力、沟通交际能力、服务管理能力，形成适合自己的工作方法。

📋 **案例阅读**

学校青年志愿者服务活动展示

学校团委积极组织和发动广大同学在校期间参加暑期大学生"三下乡""返家乡""青马班暑期基层实践服务"等社会实践活动，引导团员在社会中彰显先进性。团委组建"青马班暑期基层实践服务"团队，深入基层开展乡村振兴、疫情防控、照顾留守儿童和空巢老人等工作。7个团总支依据各院特色，分别开展了不同形式的社会实践活动，受到社会各界的一致好评。团委在志愿服务中，力争实现常态化、制度化，引导青年团员不断在为人民服务中茁壮成长、在艰苦奋斗中砥砺意志品质、在实践中增长工作本领。

一、返乡社会实践

（一）19 数教三(1)班詹江山

在新型冠状病毒肺炎疫情防控期间，我校詹江山同学积极响应福建省建瓯市迪口镇迪口村党委、村委会的号召，积极参与迪口村路口人员出入管控值班及流动劝导工作。此外，他还积极参与福建省建瓯市迪口镇迪口村开展的第七次人口普查入户工作。

（二）19 语教五(1)班李慧

我校李慧同学积极参与所在村村委会组织的志愿活动，积极走访慰问村里的贫困户，体现了新时代大学生的责任与担当。

（三）19 语教三(3)班王素平

暑假期间，我校王素平同学积极参加县政协组织的大学生暑期志愿服务活动。

（四）19 小教三(4)班刘丹

暑假期间，我校 19 小教三(4)班刘丹同学与自己的五人支教团队来到当地的茶园，参加了当地组织的为期十四天的支教活动。

（五）17 小教五(2)班刘聪

2020 年 7 月，我校 17 小教五(2)班刘聪同学来到汪家圩乡燕溪村委会，开始她的暑期社会实践活动。村委会安排她进行材料整理和信息录入工作。

（六）16 小教五(2)班熊雨欣

今年暑假，我校 16 小教五(2)班熊雨欣同学希望为家乡建设贡献自己的微薄之力。于是，她报名参加了筱塘乡政府暑假社会实践服务活动，承担了脱贫攻坚普查、建档立卡户走访等工作。

二、寒假志愿服务

（一）初等教育学院团总支篇

为全面贯彻落实团省委《关于寒假期间组织动员大学生志愿者参与疫情防控等志愿服务的工作提示》的精神，展现我校大学生风貌，在我校进行"校、院、班"三级动员后，幼专青年们纷纷投身基层，不退缩、勇担当、展作为，用实际行动书写以"奉献、友爱、互助、进步"为宗旨的志愿精神，展现幼专青年的担当。

18 小教五(2)班团支部汤乐：2021 年 1 月 31 日，我校初等教育学院团总支 18 小教五(2)班团支部汤乐同学主动向当地青年志愿组织报到，积极参与高安市瑞州医院的疫情防控志愿活动。根据志愿活动负责人的安排，汤乐同学在医院前台帮忙，主要负责发放核酸检测报告。

20 语教三(3)班团支部彭思媛：我校初等教育学院团总支 20 语教三(3)班团支部彭思媛同学主动到社区报到，全身心投入到疫情防控一线工作中。彭思媛同学主要负责记录社区人员出入情况、查看车辆通行证、为进出人员测温与消毒、劝阻外来人员进入社区、宣传疫情防控知识等工作。

20 数教三(3)班团支部朱嘉欣：2021 年 1 月 24 日，初等教育学院团总支 20 数教三(3)班团支部朱嘉欣同学和朋友前往社区服务中心报名参加志愿者活动。他们提醒车主有序停放车辆，并给每栋楼换上新的灭火器，排除安全隐患。

（二）外国语学院团总支篇

20英教三（2）班团支部周妮：2021年1月20日，外国语学院团总支20英教三（2）班团支部周妮同学主动到当地武宁县人民医院进行志愿者登记，积极参与疫情防控志愿服务，具体负责测量出入医院人员的体温。

20英教三（3）班团支部何雨杰：春节期间，去银行取钱的人较多，银行人流量增加，人口更加密集，疫情防控工作难度加大。了解到这一情况，外国语学院团总支20英教三（3）班团支部何雨杰同学主动到当地农商银行报到，以志愿者的身份参加疫情防控工作。何雨杰同学主要负责测量银行客户体温、帮忙取票、维护现场秩序、帮助老年人办理业务等工作。

20英教三（3）班团支部金明：社区安全需保证，幼专青年来帮忙。寒假期间，外国语学院团总支20英教三（3）班团支部金明同学到社区报到，成为社区志愿者。根据社区负责人的安排，金明同学主要负责社区人员的体温测量及疫情防控的宣传工作。

三、"青马班"大学生骨干暑期社会实践

为响应共青团江西省委《2021年江西省"青马工程"大学生骨干暑期基层实践锻炼专项活动工作指引》的精神，我校团委组织学员代表参加此次活动。

青马20思政班袁戴宇杰：疫情就是命令，防控就是责任。针对近期部分地方疫情的发生，我发动当地居民全面排查中高风险地区返乡人员，并切实做好防疫台账。人多力量大，社区上下齐心协力，严防严守。

20思政班桂榛榆：暑假期间，许多人都会去游泳。为宣传防溺水安全知识，社区开展了防溺水安全宣传活动。我作为社区志愿服务人员，积极协助社区开展活动，为社区工作尽自己的一分绵薄之力。

19数教五（2）班袁丁：暑假期间，村里的留守老人都独自在家中生活，村委会暂时也没有设置相关的活动中心和健身场所。我在村委会参加志愿服务，发动身边朋友关心身边的留守老人。由于老人不会使用智能手机，我们便帮助他们和远在外地打工上班的子女远程视频，给他们送温暖。

20英教三（2）班万雅琴：我们社区有不少留守儿童。现正值暑假，很多小学生、初中生在家学习。我作为参与大学生暑期实践活动的学生之一，发动本社区大学生参与志愿服务工作。我们利用自己的专业知识与专业技能为留守儿童释疑解惑，对他们进行学习辅导，为社区服务贡献自己的一分力量。

19英教三（3）班黄蕾：为践行尊老的传统美德，丰富生活体验，增长社会经验，我发动身边朋友前往附近的敬老院，看望老人并为他们做一顿饭，让他们体会到家庭的温暖，给予他们更多的陪伴。

20小教五（4）班吴凤娇：暑假期间，由于疫情的影响，有些老人的子女不能从外地回来看望老人。留守的老人也十分担心在外的子女，但并不会使用智能手机。作为社区服务中心的志愿者，我积极发动身边的群众一起去留守老人的家中看望他们，与他们聊家常，帮他们干农活，并用自己的手机让老人们和他们的子女视频聊天。

19语教三（8）班周林生：暑假期间，社区中的小学生都在社区活动，社区服务中心设置了相关活动中心及图书阅览室供社区学生学习交流。在社区社会实践活动期间,我发现社区缺乏相关指导人员。为此,在社区服务中心志愿服务的我便发动朋友发挥自己大学专业特长,来社区阅览室为社区学生进行暑期学习辅导,为社区服务贡献自己的一分力量。

20小教三(10)班韩思婕:暑假期间,村里的孩子们大多待在家中,家长忙于工作,无暇照顾孩子。因此,我主动申请在村委会开设学习小课堂,并组织村中大学生对小朋友们进行辅导,希望能对孩子们有些帮助。同时,也锻炼了自己的专业能力。

第三节　投身社会实践

一、大学生社会实践活动

所谓社会实践,也称假期实习或校外实习,有助于大学生加深对本专业的了解、确认适合自己的未来职业、增强自己的就业竞争优势。一般说来,勤工俭学、做家教比较适合经济困难的学生。如果不强调经济因素,那么就可以选择文工、支教、支农方面的实践活动,既锻炼自身的专业技能、提升自身的综合素质,又向社会奉献了自己的爱心。当然,更多的大学生往往选择与专业密切相关的单位实习。

二、大学生校园勤工俭学

所谓勤工俭学,简单地说,就是指大学生一边读书,一边工作。现实中,大多数参加勤工俭学的大学生是出于经济考虑,希望借助勤工俭学来缓解家庭经济压力。至于那些家境较好的大学生,他们参加勤工俭学的目的主要是增加社会经验、丰富人生阅历。

(一)兼职家教

要想从事兼职家教的大学生,必须具备突出的专业功底和较强的沟通能力、讲解能力。兼职家教的优点是工作时间相对灵活,工作环境相对优良,工作待遇相对稳定,既能锻炼口才、训练思维,又能获得经济效益。兼职家教的缺点是单纯重复陈旧知识,对专业提升帮助不大。

(二)兼职服务生

一些快餐品牌店社会形象良好,要求兼职服务生身心开朗、反应敏捷。这对大学生来说,无疑是一种有益的实践。其缺点是薪水不高,劳动强度偏大。

(三)兼职促销

很多企业会利用周末和假日进行产品促销。大学生参与这种兼职促销,一般不会与学习时间冲突,还能锻炼人际沟通能力。兼职促销的缺点是劳动强度较大,经常需要长时间站立,花费相当的时间和体力。

（四）兼职礼仪

兼职礼仪的优点是薪资较高，能激发大学生的上进心。在上岗之前，往往会接受严格的形体培训。这对大学生自我形象的塑造大有益处。其缺点是存在一定的安全风险，需要大学生具备足够的安全防范意识。

（五）兼职导游

兼职导游的优点是工作时间灵活，不与学习时间冲突，报酬丰厚，一般包括基本工资加提成，还可以在工作中广交朋友。兼职导游的缺点是工作强度大，有时一天只能休息三四个小时，不适合身体素质差、意志薄弱的大学生。

三、大学生实习实践

在高校的培养方案和教学计划中，大学生实习实践是一个必不可少的重要环节。大学生实习实践将课堂教育与社会实践有机地结合起来，旨在增强大学生的实践能力，提升大学生发现问题、分析问题、解决问题的能力。尤其是毕业实习，是组织大学生到实习现场参与针对性较强的实际工作，综合运用所学的专业知识与专业技能，开展独立工作，进而得到思想上、业务上的全面锻炼。对于大学生来说，实习实践更像一个起点，而不是一个终点。事实上，大学生经受实习实践的锻炼正是一个自我探索、自我认知、自我完善、自我超越、自我实现的过程。在这个过程中，大学生会清楚地发现自己的专业喜好、素质倾向与发展领域。这对于大学生完善职业生涯规划、缩短职场适应期是大有裨益的，不可等闲视之。

第 三 章

合理规划　专注学业

学习目标

1. 明确学习的目标和计划,利用好大学丰富的学习资源。
2. 认识大学生学习的专业性、自主性、多元性和创新性。
3. 注重课前预习、课堂听讲、课后复习,优化学习习惯。

学习重点

1. 充分利用图书馆资源与网络资源,掌握相应的方法与技巧。
2. 熟悉适合大学的学习方式,掌握六种行之有效的学习方法。

第一节　大学学习概述

一、明确学习的目标和计划

某大学进行了一次大一新生的调查,主题是"入学后的最新愿望"。调查结果显示,40%的受访者希望拥有多元化的文娱生活,55%的受访者表示自己并没有明确的愿望。事实上,很多大一新生刚刚结束了紧张的高考,一下子松懈下来,并不清楚自己的最近目标。有的大学生习惯于随大流,凡事总是跟着别人走,根本就没有主见。久而久之,他们才发现自己已经荒废了人生中最宝贵的学习时光,于是又后悔不迭。更重要的是,如果大学生整天在喝酒、打牌、玩游戏中度过,或者整天睡懒觉,或者整天谈情说爱,必将对大学生今后的学习、生活、工作产生长远的消极影响。

现实中,很多大学生在临近毕业时,往往会感叹大学生活的不如人意:"如果一切都能重新开始,我一定会选择不一样的学习、生活方式。"要想避免这种毕业时的遗憾与烦恼,大学新生就应尽快制定大学期间的学习、生活规划。尤其在学习上,一定要有积极明确的目标和切实可行的计划,为圆满完成大学学业打下坚实的基础。

(一)制定学习目标的原则

1.学习目标要适合自己

制定学习目标时,应对自己各方面的能力有一个正确的评估,了解自己的特长和兴趣所在,决定自己的发展方向。

2.学习目标要难易适度

学习目标一定要难易适度,过于简单的学习目标达不到促进学习的效果,难以实现的目标则会挫伤学习的积极性。难易适度的学习目标应该是大学生在经过刻苦努力以后能够达到的,这样的学习目标才具有激励和指引作用。

3.学习目标要相对集中

学习目标一定要相对集中,不能过于分散,原则上一次只能制定一个目标。尽管许多大学生的兴趣很多,爱好广泛,但由于一个人的精力是有限的,要成为一个专业人才,就只能选择一个主攻方向。只有目标集中,才能集中精力,确保目标得以实现,学习取得成功。

4.学习目标要长短结合

学习目标要注重长短结合,也就是既要有长期目标,又要有近期目标,甚至有时还需要制定中期目标。学习目标应当具有系统性,这样才便于脚踏实地地逐步实现,让大学生体验到目标实现的喜悦,鼓足干劲去追求更高层次的学习目标,进而可以循序渐进地接近远期目标。

5.学习目标要贴近社会

学习的最终目标还是要用自己的学识与智慧去服务社会,使自己得到社会的认可。因此,大学生学习的专业知识和专业技能应该是实在、实用、新颖的,要适应时代的发展和社会的需要。基于这一考虑,大学生的学习目标必须立足于当下社会,着眼于自身未来,而不要过分追逐那些热门专业。

(二)学习计划的制订

1.学习计划要符合学习情况、生活习惯

一般说来,学习计划包括具体措施、时间范围、进展速度、内容要求等。每个人的学习情况与生活习惯都是不一样的,计划对每个人来说都不是固定统一的。别人的方法再好,也未必适合自己。在制订学习计划时,最终还是要根据自己的学习情况、生活习惯而定。

2.学习计划要定时、定量

学习计划一定要定时、定量。所谓定时学习,就是每天在相对固定的时间按照计划认真学习,不能轻易改变。所谓定量学习,就是在定时学习中,不仅要有学习的表现,而且要强调一定的学习效果。人每天能接受的知识量是有限的,而这个限度又是因人而异的。大学生要根据自己的能力,规划出每个时间段应学习的具体内容。否则,在学习计划中,只有时间的计划,而没有量的计划,不利于学习效率的提高,也达不到学习的预期效果。

3.学习计划要落到实处

学习计划的制订是一回事,学习计划的执行又是一回事。即使学习计划制订得非常完美,如果不能落到实处,那便没有实质意义。在制订学习计划时,可以将计划列成表格、画成图形,贴在自己经常能看到的地方,以便时刻提醒自己、约束自己。学习计划制订后,一般不要随意变动,以免打乱已有的学习计划。坚持一段时间后,可以通过反省、总结,来进一步完善自己的学习计划。

📋 案例阅读

清华学霸的八大秘诀及学习计划表

秘诀之一:合理的学习计划

什么是合理的学习计划? 对此,不同的人会有不同的看法。清华学霸认为,关键是要做到长计划、短安排。首先,要树立一个相对长期的目标。这样一来,就有了明确的奋斗目标。其次,还要树立一个短期的目标。这个短期目标必须切合实际,必须是通过自身的努力完全能够实现的。等这个短期目标实现之后,再树立新的短期目标,以便一步步地向长期目标靠近。在学习计划中,一定要明确学习、锻炼、饮食、睡眠、娱乐的具体内容与顺序。

秘诀之二:高效的课堂听讲

在课堂上,听讲效果直接决定了学习效果。要想成为学霸,就要在课堂上做到跟老

师、抓重点、当堂懂。所谓跟老师，就是跟着老师的思维走。为此，上课之前，应适当进行预习。所谓抓重点，就是抓课程重点，也是抓自己的疑难重点。所谓当堂懂，就是力争在课堂上解决大部分问题，不要总是寄希望于课后再来慢慢消化。否则，每堂课的内容都成了夹生饭，都要靠课后弥补，学习就会陷入异常被动的尴尬境地。

秘诀之三：摒弃题海战术

印象中，学霸似乎都喜欢搞题海战术。但清华学霸认为，应当摒弃题海战术。毫无疑问，一定数量与质量的做题练习是必不可少的，没有量的积累就没有质的飞跃。但是，如果搞题海战术，反而会让自己手足无措。题是永远做不完的，但题型是相对有限的。因此，关键是善于反思、善于总结。每做一道题，都要进行归类，整理出相应的解题思路。每过一段时间，都要进行阶段性总结，不断调整和完善自己的学习计划。

秘诀之四：找出重点和疑点

在预习中，要及时将重点和疑点找出来。带着这些重点和疑点去听课，将事半功倍。在课堂上，一旦老师讲解到自己所关注的重点和疑点时，一定要全神贯注，力争理清老师的思路。如果听了老师的讲解依然糊里糊涂，就要利用一切机会去请教老师，得到老师的个别辅导，尽快将预习中找出的重点和疑点弄清楚。事实证明，如果忽视重点和疑点，学习的效率和学习的质量就会大打折扣。

秘诀之五：注重团队学习

现代的学习也需要学习伙伴，不能认为学霸的学习就是单打独斗。一方面，每个人都有不足，都应当虚心向他人请教。另一方面，每个人都有自己的优势，值得我们借鉴。即使是学霸，也是需要学习团队的。例如，老师、其他学霸就往往具有自己所不具备的优势。即使是水平偏低的普通同学，你也能从他们身上感悟到问题的关键所在。事实上，你在帮助、辅导其他同学的过程中，自己的收获也是非常显著的。教别人学要比自己学的层次高得多，有助于提升自己的认识水平，也有助于促进同学间的友谊。

秘诀之六：课堂上多发言

目前，大多数大学的教学模式还是集体授课。尽管集体授课有其优势，但弊端也是显而易见的。其中，最大的弊端就是难以实现因材施教。如果大学生一时没有理解到位，就会严重影响后续的听讲效果。道理很简单，大学老师很少关注大学生的理解进度，需要大学生自己去调整、弥补。课后当然可以进行调整、弥补，那课堂上该如何调整呢？其中一个有效的办法就是在课堂上多发言，有助于老师针对自己关注的问题予以阐释。尤其在老师安排集中提问时，一定不要错过这个宝贵机会。否则，课后自己琢磨也未必有好的结果，即使请教同学，也不如请老师解答更为权威。

秘诀之七：有问题及时找老师

很多时候，你觉得自己已经会了，但是再做类似的题目的时候，还是很不顺手。这说明你对这些问题所涉及的专业知识和专业技能还没有完全理解。在这种情况下，你似乎可以不去请教老师，因为自己已经解决了。但即使是这个时候，你仍然可以向老师请教。你可以将自己遇到的疑难问题与探索过程告诉老师，老师会迅速诊断出你存在的问题及问题背后隐藏的专业知识与专业技能上的不足。弄清这些，远比做对一道题要关键得多。

秘诀之八:将不会的知识点记下来

即使是学霸,也不可能无所不知、无所不晓。恰恰相反,越是水平高的大学生,他们所探索到的未知问题就越多。同时,世间万物都存在反复。有些问题,这次没有出现,下次却可能出现。为避免这种情况,大学生就要养成记录的好习惯,将自己易犯的错误、未知的知识、薄弱的技能等都详细地记录在本子上,随时翻翻,开动脑筋,不断提升自己。调查研究表明,优秀学生之所以能在考试中取得好成绩,关键原因之一是他们时刻关注自己所不会的知识,并想方设法弄清楚。而这一切的前提,当然是首先要将不会的知识点记录下来。

以下为清华学霸的学习计划表,值得我们研究、借鉴:

8:20—9:00　　　 第一节课
9:00—9:10　　　 课间休息,背一首古诗
9:10—9:50　　　 第二节课
9:50—10:10　　 课间休息,背诵英语单词
10:10—10:50　　第三节课
10:50—11:00　　课间休息,预习下节课的内容
11:00—11:40　　第四节课
11:40—12:40　　午餐,欣赏一篇美文
12:40—13:40　　睡午觉
13:40—14:10　　去教室的路上
14:10—14:50　　第一节课
14:50—15:00　　课间休息,自由安排
15:00—15:40　　第二节课
15:40—15:50　　课间休息,看书
15:50—16:30　　第三节课
16:30—17:30　　去图书馆看书
17:30—18:10　　吃晚饭
18:10—22:00　　晚自习,以做题为主,以背诵为辅,巩固知识点,同时整理一天所学的知识,做好第二天的预习工作
22:00—23:00　　洗漱、就寝

二、充分利用大学丰富的学习资源

大学是培养德智体美全面发展的中国特色社会主义事业合格建设者和可靠接班人的有效阵地。为使大学生更加全面地发展,各高校均注重加强自身的软硬件建设。特别是在学习方面,学校拥有丰富的学习资源,从加强教师培训到扩充图书馆资源,从强调课堂教学效果到搭建网络资源平台,努力为大学生提供更全面、更丰富的学习资源。

（一）善于把握课堂教学

在课堂上，要善于从老师的讲授中区分出哪些是完全掌握的知识，哪些是新的知识，哪些是经老师讲解后自己才理解或加深理解的知识，哪些是听讲后仍然不理解的知识。同时，还要注意领会老师讲授时所采用的方法，从中获取有价值的东西。要善于把握老师讲授的基本内容，并学会记笔记。记笔记并不是机械地记录老师讲的每一句话，而是以补充课本内容为原则，把要点、难点和有用的知识记下来。

（二）充分利用图书馆资源

大学生从入学开始，就和书籍结缘。不仅要依靠教材完成学业，还要从大量书籍中探寻必要的知识，熟悉门径，培养自学能力，从而获得更丰富、更广泛的文化知识。图书馆作为管理图书和交流信息的专门场所，是大学生自学、深造的第二课堂。因此，大学生要学会充分利用图书馆。但是，刚入学的大学生面对浩瀚的书海，常有束手无策之感，不知道怎样才能找到自己需要的图书。因此，了解文献资料类型及图书馆的组织结构并学会图书目录检索，是打开图书馆知识宝库的金钥匙。

1. 文献资料类型

图书馆收藏的出版物分为图书、期刊、物种文献资料、微缩资料、视听资料、机读资料六大类型。

（1）图书以印刷物为主，也包括手抄本、小册子。

（2）期刊是有统一名称的连续出版物。核心期刊一年以后装订成册，以备查用，称过刊。

（3）物种文献资料是出版形式比较特殊的科学技术文献资料，具体包括科学报告、政府出版物、会议文献、专刊文献、学术论文、技术标准、产品样式等。

（4）微缩资料也称微缩复制品，包括微缩胶片、胶卷和微缩卡片等。

（5）视听资料，如电影、电视或视频文件、录音带或音频文件等。

（6）机读资料是只能由计算机写入和读出的资料。

2. 图书的检索方法

图书馆的外借室里，有一排排整齐的目录柜，抽屉中的卡片按规定排列组合。这就是卡片目录，是帮助读者选择藏书和利用藏书的工具。

（1）分类目录及其检索方法

所谓图书分类，就是根据图书的学科内容或读者对象、文种、编辑形式、体裁等特征来分门别类地组织图书。类是代表着一组在性质上相同或相近的事物的汇总，一类图书就是一组在某种性质上彼此相近的图书。类在图书分类中习惯上又称为类目。每一个类目必须有一个相应的名称来表示该类的性质，这些名称就叫类名，如"数学""历史""文学""艺术"等。各个类目用特定的符号（如数字、字母）来标记，这些符号就叫分类号，如 A123 等。在搜索自己需要的图书时，可按照属类，逐渐缩小范围。

（2）书名目录及其检索方法

书名目录是按照图书书名排序的目录。中文书名目录一般采用书名的首字笔画由少到多依次编排,笔画相同时,再按"一"(横)、"丨"(竖)"、"(点)、"丿"(撇)、"フ"(折)的顺序排列。在具体利用时,只要记准书名、读对发音或弄清笔画和起笔笔形,就可以很快查到需要的图书。

(3)著作目录及其检索方法

著作目录是按照图书著作的姓名或集体著作的字序组建起来的目录。如果你知道著作的名称,就可以按著作目录查找。著作目录也是用著作的名称的汉字笔画多少和笔形来排列的,其查找方法与书名检索方法相同。

总之,要找有关某一方面、某一问题的书时,可查分类目录;要找某一具体的书时,可查书名目录;要找某人的著作时,可查作者目录。不论按照哪一种目录查,当找到要借的书的卡片时,在借书单上写明索书号和书名,多卷书注明卷次,即可在借书处办理借书手续。

此外,随着现代科学技术的发展,很多学校还利用电脑进行图书检索,写出作者姓名,电脑就可以为你检索,在屏幕上显示检索结果,大大提高了检索速度。图书馆是一个完整而又复杂的系统工程,只了解图书卡片目录的检索还不能充分利用图书馆,必须了解图书馆的藏书范围、特点、数量,了解图书馆为读者服务的内容、方法、图书借阅方法和规则(如怎样领取借书证与阅览证、开馆和闭馆时间、借阅册数、借书期限、借书手续、特种书借书方法)等。

(三)注重网络资源的应用

网络已经成为当前必不可少的学习资源之一,在大学生的学习、生活中发挥着不容小觑的作用。近年来,随着网络的普及,网络资源不断丰富。大学生通过网络,可以快速查到所需的文献资料及本专业的相关知识和前沿科技。

1. 网络资源便捷丰富

网络资源具有查找方便、资源丰富等特点。大学生可以利用网络迅速查找与学习相关的文献和资料,寻求学习中遇到的难点和疑点讲解。

2. 网络资源快速更新

随着网络技术的快速发展,很多科研成果和前沿科技第一时间出现在网络上,大多数权威期刊、专业图书等纷纷推出网络版本。这就为大学生学习知识创造了十分便利的条件。

3. 网络资源与图书馆资源相结合

网络资源虽然有其独特的优势和便利,但它不能代替图书馆等传统的学习资源。书上的知识通常是经过实践验证的,具有完整的科学体系,相对于网络中部分有待考证的资源,其可信度更高。因此,在学习过程中,将网络资源与图书馆资源充分结合,能够帮助大学生更有效地学习。

4. 网络资源利弊共存

首先,尽管网络资源十分丰富,但内容鱼龙混杂,需要大学生认真选择,区别真伪。其次,网络资源更新迅速,但有些需要实践验证的内容很难区别其科学性,也就无法参考使用。最后,过分依赖网络资源会导致大学生失去自主思考的能力,久而久之,会产生懒惰心理,不利于大学生思维的开发和利用。

(四)善于和老师、同学沟通

比起图书馆和网络资源,授课教师的作用更加明显。他们不仅为大学生传授专业知识和专业技能,还会为大学生答疑解惑。因此,各学科的任课教师是大学生身边最好的学习资源。大学生可以随时向他们请教问题,从而得到系统和全面的解答。平时接触最多的莫过于自己的同学了,遇到问题可以第一时间请教自己的同学。在日常学习中,由于每个人的学习能力、学习方法及学习侧重点不同,对一些知识点的理解也会有所不同。这就需要大家多沟通、多探讨。

第二节 大学生学习的特点和方法

一、大学生学习的特点

大学生的学习具有专业性、自主性、多元性和创新性等特点。

(一)专业性

大学生的学习活动是一种以具备专业知识和专业技能为特征的社会活动,旨在将大学生培养成为高级的专门人才。在中学里,各年级开设的主要课程基本相同,只是程度稍有差异。而大学则不同,大学是专业教育阶段,学生首先是按专业区分的。大学生在入校前或入校后一段时间内,必须根据自己的爱好及特长选择一定的专业,各专业的教学内容、教学安排及培养目标存在较大差异。大学生一旦选定了专业,确定了主攻方向,就必须对该专业的知识有较深的了解,能较好地掌握和运用专业知识,以适应学校培养专门人才的目标需要。同时,不同学科之间是有联系的,是相互渗透的。只有广泛涉猎各学科领域,才能扩大自己的知识面,才能实现"一专多能",形成最佳的知识结构,以便更好地适应社会对人才的需求。

(二)自主性

大学生的学习虽然按照教师的要求进行,但不像中学生那样被动地完成教师布置的任务,而是有相当大的自主性。教师课堂讲授要求做到少而精,势必要求大学生课外自学更多的内容。大学生自我支配的时间较多,而且在教学以外的时间,授课教师和班主任或辅导员一般不对学生学习什么、怎样学习做出具体规定,学生可以根据自己的需要、兴趣、特点自主安排,可以自由选择教室、阅览室、图书馆进行学习。同时,学分制的实行使得大学生拥有广阔的选课空间。

离开了教师的检查和督促,这就要求大学生具有高度的学习自觉性和较强的学习计划能力,合理安排好学习时间。

（三）多元性

大学生的学习脱离不了课堂学习，课堂教学仍是主要的学习途径，但已不像中学那样几乎是唯一的途径。除课堂教学外，大学生可以通过各种途径和渠道开展学习。例如，社会调查、参观考察、查阅文献资料等都为拓宽大学生的知识面提供了必要条件。

（四）创新性

大学生身处21世纪的创新时代，被誉为"创新一代"，理应具备创新品质，敢于探索、勇于拼搏。大学教育必须重视培养大学生的创新能力，大学生的学习也应具有研究和探索的性质。大学生应积极关注最新学术动态，将学习方式和思维方式从死记硬背转向汇集众家之长、确定个人见解的方向转变，这是人生求学过程中的一次大飞跃，需要树立独立思考、探索创新的精神，培养创造性。在大学这种学术气氛浓厚的环境中，大学生要逐渐激发一种重新组合各种知识，重新解释已有现象的创新愿望，从而产生探索和创新的需求。

📋 案例阅读

"最美大学生"李莎：风雨磨砺，青春出彩

作为华南理工大学新闻与传播学院2019届本科毕业生和第二十一届研究生支教团成员，李莎曾在广西龙胜县龙胜小学支教。李莎的老家在四川大巴山脚下，家境贫寒。但她自小就不服输，深信"知识改变命运"。毕业之际，她毅然决定到山区支教，点燃更多孩子的求知求学、成长成才的火种。支教期间，她坚持逐一家访，翻山越岭也在所不辞。平时，她关爱班里的每一个孩子，为留守儿童解决了各种各样的困难，给予他们母亲般的温暖……2020年5月，李莎在回校途中遭遇意外，年仅21岁。中央宣传部、教育部将李莎等10名大学生评为2020年"最美大学生"。

点评："越是痛苦的东西越会让人飞速成长，坚韧是我最骄傲的品格。"这是李莎生前的自我评价。事实上，坚韧的品格点亮了她短暂而光辉的一生。李莎无论做什么事，都会全力以赴，做到最好。每次家访，她都不会放弃最偏远的学生家。志不求易者成，事不避难者进。只有选择最难走的那条路，才能最大限度地激发青春的风采。对于2020年的10名"最美大学生"来说，坚韧是他们共有的品格。新冠疫情防控期间，南京医科大学学生倪杰毅然加入江苏援鄂医疗队，一干就是几十天。她说："青春就要经得起磨炼。只有经历破茧而出的痛苦，才能拥有化蝶起舞的幸福。"上海交通大学学生刘智卓深入治沙一线，5年中，固定黄沙2000余亩，造林3000余株。重庆财经职业学院学生于婷婷一边上学，一边照顾病重的养父，成绩依然名列前茅……眼望星空，脚踏实地，这就是当代"最美大学生"的精彩人生。

（来源：《人民日报》2021年1月29日）

二、大学生学习方法

实践证明,大学生能否圆满完成自己的学业,不仅取决于勤奋刻苦,还取决于学习方法。在同等勤奋刻苦的前提下,学习方法的不同往往起着决定性的作用。只有掌握和运用科学的学习方法,才能在学业上事半功倍。从某种意义上说,大学学习与其说是学知识,不如说是学方法。大学学习的特点决定了学习方法与中学有本质的不同。大学生常用的、科学有效的学习方法主要有以下几种。

(一)循环学习法

大学生的学习成效往往与记忆能力密切相关。研究表明,遗忘存在先快后慢的特点。因此,如能及时复习,就有助于加深记忆。事实上,在学习过程中,记忆力再强的人也难以做到对所学的内容一次性记忆下来。循环学习法要求大学生在大脑中的新信息尚未消除印记前,及时复习、整理相关学习内容。采取这种"学习—复习—再复习"的学习方法,往往能达到巩固记忆的理想效果。

(二)四环节学习法

所谓四环节学习法,就是通过把握学习内容之间的联系,按照精读材料、编写提纲、尝试背诵、有效强化这四个环节,尽快掌握相关学习内容。所谓精读材料,就是对重点、难点、疑点进行分析、综合,并把握其内在联系。所谓编写提纲,就是在理解的基础上,将知识点、知识线、知识面梳理清楚,最终形成严密的知识体系。所谓尝试背诵,就是对学习材料进行迁移内化,尝试背诵、记忆、分析、推理。所谓有效强化,就是运用最简短的语言,将提纲进一步压缩,以增进理解、加深印象。

(三)框架式学习法

所谓框架式学习法,是指对相关学习内容进行梳理,归纳成框架,以便于理解和记忆。例如,在学习某一学科时,就可以根据该学科的知识体系,构建一个知识框架。拥有了这个知识框架,今后学到的每一个新知识都能纳入这个框架里,放在最合适的位置上。这样一来,不断地向这个框架增加新的信息,并经常在头脑中呈现这个框架的内容,整理信息,调整信息的位置,这样就会取得更好的学习效果。

(四)设问推导学习法

所谓设问推导学习法,是指在学习过程中,要针对遇到的问题,养成设问的好习惯。这里面,大致分为两种情况。一是前人已经提出但尚未解决的,我们就要敢于再问,力争解决。二是前人从未提出的,我们更应勇敢去问,不要怕错。即使我们的问题看似幼稚,也没有关系。事实上,只有多提问题,才能逐步提升提问的水平。现实中,学习较差的大学生往往提不出有价值的问题,这就是一个证明。为了培养创新思维,可以采用最常见的五种设问推导法,即比较法、反问法、逻辑法、变化法、启发法。

(五)螺旋式学习法

所谓螺旋式学习法,就是放弃传统的平铺直叙的知识积累方式,而代之以循环知识单元进行螺旋式的学习。这样一来,每一次螺旋都会比前一次螺旋更高一层,有助于大学生不断提升自己的专业技能与综合素质。这种学习方法往往选择大学生最感兴趣的学习内容,以基本概念、基本公式、基本现象为起点,搜索、整理与之相关的基本知识、基本理论、基本技能。经过一个阶段的学习,基本概念得到诠释,基本设想得到完善。在每一次螺旋中,都会遇到新概念、新问题,于是就以此为新起点,进行更高层次的螺旋学习。这种学习法的优点有两个:一是有助于大学生在螺旋中学到新知识、新技能;二是有助于大学生培养和提升自主查阅、自主整理书报刊网的相关资料的能力。

(六)理论与实践相结合的学习方法

无论采用什么学习方法,大学生都要善于将理论与实践有机地结合起来。与中学阶段的学习有所不同,大学阶段的学习更注重理论与实践的结合。即使是他人已经在实践中证实并升华的理论,也需要进一步在实践中检验其真实性。为了更好地领悟理论知识的内涵,大学生应充分利用实训、实验、课程设计、实习等实践活动,将所学理论运用于实践,在实践中培养实际操作能力、思维创新能力、解决实际问题的能力,真正做到学以致用。

以上介绍的几种学习方法,都是他人经验的总结。借鉴他人经验,可以少走弯路,提高学习效率。但是,由于每个人的思维方式、行为方式与表达方式不同,学习方法也会因人、因时、因地而异。

北大新生代表的六字学霸经验

在北京大学开学典礼上,谢欣颖作为新生代表发表入学感言,介绍了自己的学霸经验。

一、谢欣颖的6字学习方法之"专心"

说到专心,很多人都会嗤之以鼻,认为自己完全能够做到,根本谈不上是什么"学霸经验"。但是,又有多少大学生能像谢欣颖那样,在听课时进入一种高度专注的忘我状态,思维随时与老师保持同步?谢欣颖认为,这就是自己学习效率高、学习成绩好的主要原因。谢欣颖进一步解释说,专心也应当表现在勤学好问上。一旦遇到疑难问题,就要第一时间去请教老师、同学,不问到完全明白绝不罢休。哪怕不吃饭、不睡觉,也要在当天解决这些疑难问题。事实上,课间休息时间,谢欣颖总是向老师问东问西,直到疑惑彻底解除。

二、谢欣颖的6字学习方法之"反省"

知错能改,是一个人学习时最宝贵的品质。而会反省,则是谢欣颖另外一个优中之优的优点。在遇到容易弄错的知识点或是平时容易做错的题时,她都会归纳到一起反复复习,让自己的丢分点变成得分点。过去,谢欣颖的语文成绩偏低。为了克服自身的短板,谢欣颖做了大量的习题,逐步总结答题规律,寻找自己出错的原因。久而久之,语文不再是她的短板,反而成为她的强项了。谢欣颖感慨,她的所有经验都是在错误中总结出来的。

三、谢欣颖的 6 字学习方法之"爱好"

谢欣颖的爱好之一,就是阅读。通过高效阅读,她逐渐拥有了很多课堂之外的专业知识与专业技能。谢欣颖的爱好之二,就是音乐。她最擅长的钢琴已考过 10 级。为了缓解学习压力,谢欣颖还喜欢运动。尤其是爬山,不但有助于缓解心理压力,而且可以强身健体。

所以,从谢欣颖的 6 字学习方法中,你领悟到了什么呢?是不是感觉有一些似曾相识的感觉呢?

其实,大多数学霸的学习方法都是相似的,因为他们大都懂得自律、自我纠错和自我减压。所谓自律,就是"专心"那一段;所谓自我纠错,就是"反省"那一段;而自我减压,就是"爱好"那一段。

从现在开始,你也可以成为一个懂得自律、善于自纠、学会减压的人,逐步走上成功的光明大道。

第三节　合理规划学习

一、有效地利用课堂

听讲看似简单,却很少有人真正做到位。所谓善于听讲,就是能从老师的讲授中分清旧知识与新知识、易理解的问题与未理解的问题、自己的收获与自己的困惑。如果连这些都不清楚,就根本谈不上善于听讲。

从某种意义上说,善于听讲也可以理解为善听与善思。所谓善听,就是善于把握老师讲授的基本内容、基本理念、基本思路、基本方法。所谓善思,就是善于通过深入的思考将老师所传授的东西内化为自己的东西,完成从"他知"到"己知"的迁移过程。

听课时,要学会记笔记。记笔记并不是机械地记录老师讲的每一句话,而是以补充课内容为原则,把要点、难点和有用的知识记下。大致来说,有四种主要的记笔记的方法:一是列提纲;二是列表格;三是在课本上做评注、补充;四是在教材上标注重点内容及学习心得。

二、课前预习、课后复习

(一)课前预习

对大学生来讲,预习并非熟悉一下教材文字,而是要首先把握相关内容,然后提出自己对该方面内容所存在的疑问。这样一来,不仅能起到先入为主的直观效果,而且能够保证自己在课堂上集中注意力,随时保持思维活跃。

（二）课后复习

1. 及时复习

科学家发现，人类的遗忘进程呈现出先快后慢的特点，识记材料往往在第一天忘记最多，然后再逐渐减少。根据这一规律，复习必须及时，才能事半功倍。具体说来，当天学习的内容必须当天复习。否则，就会花费更多的时间，效果也不尽如人意。

2. 分散复习

所谓分散复习，是指将复习资料分为几部分，分别在相隔不太长的时间内进行复习，直到完全记熟为止。由于这种复习方式是随时进行的，如果只复习一次，很难取得预期的效果。因此，必须多次重复，通过循环记忆，来提高复习效率。

3. 多元复习

复习不等于简单重复，否则很容易产生枯燥感，也很容易导致大脑皮层抑制，反而不利于复习。要想最大限度地提高复习效率，就要适当变换方法、形式，也可提出新的理解要求，以培养学习兴趣。要尽量使用多种感官，将复习变成看、听、说、做有机融合的活动，促使复习内容在大脑皮层留下深刻的痕迹，并与视觉区、听觉区、言语区、动觉区建立理想的神经联系。

三、培养良好的学习习惯

理念决定心态，心态决定行为，行为养成习惯，习惯造就性格，性格决定命运。由此可见，你的习惯决定着你的未来。为此，大学生应培养良好的学习习惯。

（一）自学的习惯

与中学阶段相比，大学阶段更需要养成自学的习惯。在大学里，老师是引路人，大学生才是学习主体。因此，学习中存在的大量问题都需要大学生自己去解决。尽管大学生也可以向老师、同学请教，但这种请教并不单纯，仍需要建立在大学生自学的基础之上。当然，自学的习惯不等同于自学的能力，光有良好的自学习惯而没有较高的自学能力，一切仍无济于事。但是，显而易见，自学习惯的培养是自学能力的提升的基本前提。学习层次越高，自学的意义越重要。因此，大学生应有意识地培养自己的自学习惯。

📋 **案例阅读**

35 岁保安的逆袭之路

"愿你走出半生，归来仍是少年。"伴随着年龄的增长，很多人年少时期的梦想便忘记了，做事没有了年少的热情。不过，也有很多人遭到社会的毒打后，依然还是少年，用少年心对待所有事情。

众所周知，高考是决定我们命运的考试，通过高考实现人才的分流。每年，走在高考的独木桥上，总是几家欢喜几家愁。毋庸讳言，一个人若是高考名落孙山，很多人都会认为他这辈子差不多就算交代了。

而那些高考失利的人，除了一小部分对自己有信心的学生走上了复读之路，大部分的学生会安于现状，以后找一份普普通通的工作，过着毫无波澜的一生。

他们逐渐被生活磨平棱角，忘了自己少年时的"大学梦"。但也有与众不同的人，即便在平凡的岗位上摸爬滚打很多年，依然不忘初心，用实际行动书写一段传奇的人生。

最近，有一位保安出现在大众的视线中。他自考七年，最终圆了大学梦，获得安徽大学本科学历。他就是齐永章。

据齐永章回忆，他在小学和初中时，学习成绩优异，父母也非常放心，对于他的学习几乎没有插手，觉得凭借这样的成绩，他完全可以顺利考上大学。

可好景不长，进入高中后，因为是住校，家长管不了他。成绩不错的他有些飘飘然，沉迷于游戏，玩心越来越重。高考的结果可想而知，他落榜了，只考了300分的成绩。他选择了复读，一复读就是六年，但都没能如愿进入大学的校门。

迫于经济的压力和邻里乡亲的流言蜚语，他选择参加工作，找了一份大学保安的工作。但大学梦一直埋藏在他的心里，从未随着时间的推移而减少半分。看到校园里的大学生们幸福的大学生活，他更加坚定了考大学的想法。于是，他又一次拿起课本，准备报考成人高考。因为大学的便利条件，他开始了"蹭课"之路，并且还成为校园里的蹭课名人。就这样，他利用工作之余蹭课，一有空就看书。周围的同事都觉得他魔怔了，他却乐在其中。功夫不负有心人，他成功考取了安徽大学的本科学历。但是，这并不是他学习的终点。如今，他还要准备考研。

他的故事告诉我们，平凡的人也能拥有灿烂的人生。与他的情况类似的励志故事还有很多，如清华大学厨师8年背诵5本英语教材，山西大学楼管阿姨自学4门外语后考上哈尔滨师范大学……

他们的经历固然励志，但背后其实也隐含着很多成年人的无奈——少壮不努力，老大徒伤悲。年少轻狂不知道学历的重要性，等到高考失利或踏上社会就傻眼了。

心中有梦，就要勇敢追梦。除了尽量把握高考的机遇，还可以通过参加成人高考来圆自己的大学梦。不过，也不要产生一种错觉，认为通过成人高考轻而易举。参加成人高考，往往需要一边工作，一边备考，这要比少年时期的学习付出更多的努力和艰辛，而且成人自考学历的含金量大，考试难度不低，对毅力和耐心都是很大的考验。

对于下定决心参加自考的学生，这里建议：一旦做出了选择，便只顾风雨兼程。只有不放弃学习，才能彻底改变自己。挤出时间用学历来改变命运，好好努力，足够优秀，世界都将为你让路。

（二）总结归纳的习惯

知识本身有点、线、面、体之分。其中，点状知识往往是分散、孤立的。要想促使点状知识转化为线状知识、面状知识、体状知识，就离不开总结归纳的习惯。尤其是要想形成知识体系，就必须学会总结归纳。例如，学完一章知识之后，就要梳理这一章的内在逻辑关系，勾画知识树，将各章中分散、孤立的知识点连成线、制成面、结成网，促使这些知识在大脑中趋于系统化、规律化、结构化。将来需要运用这些知识时,你就会得心应手、游刃有余。

(三)反思的习惯

看书、做题、查资料,都是必不可少的学习方式。但在这些过程中,反思的习惯是必须培养的。离开了反思,学习就会流于表面,学习成绩也很难迅速提高。究其原因,是反思有助于了解自身的学习进展与问题所在。否则,对自己所处的学习状态一无所知,这种学习就是低效的学习。只有通过反思发现自身的不足,才能想方设法去解决问题,提升自己的学习水准。此外,反思的习惯也往往与学习计划的制订、完善密切相关。总之,离开反思的学习是原地踏步的学习,不可能取得理想的学习效果。

(四)学会拒绝

时间有限,你不一定要答应所有人的请求,拒绝做一些消耗时间并且会阻止你完成计划的事,并不代表你不好相处。例如,朋友周末找你陪她去逛街买衣服,但你原计划在周末复习英语准备周一的考试。如果陪朋友去逛街,就得耽误不少复习时间。在这种情况下,就要对朋友说声"对不起",和她说清楚你得准备周一的考试。

案例阅读

贾平凹作品:学会拒绝

行走于世间,接纳或拒绝,爱或不爱,放弃或执着……

每个人都应有接纳与宽容之心,但也要学会拒绝。

我拒绝麻木。虽然生活的磨砺让太多的热情化作烟云,但不能让感情磨出老茧。如果没有云让眼神放飞追逐,那么生活还有什么乐趣?

我拒绝永远明媚的日子。因为那是虚幻的梦境,痛苦可以让我成长、让我坚强。生活中的阴雨与风雪使我能清醒地在春梦中看清脚下的路。

我拒绝折下那朵盛开的小花,那是在毁灭美的生命。一枝脆弱的纤细花茎,经过多少挣扎与痛苦才盛开出美丽,怎忍心为个人的私欲而去毁灭别人的幸福。我只求远远地望着,默默祈祷那自然的奇迹开遍人生的每个角。我拒绝用青春去赌明天。那弥足珍贵的季节,怎能经得起一掷千金。千金可以收回,但无论是一小时、一分钟……失去了便无处可寻了。青春属于自己,把握它,运用它,珍惜它,才能收获金秋的硕果。

我拒绝成为那窗台上惧怕风雨的温柔花,它们只能隔着玻璃窗,感叹多变的天气。有朝一日,有风从虚掩的窗户掠过,那娇弱的苦心便瓣瓣凋零了,落一地遗憾和伤心。我欣赏那些与男人并肩的女性,凭自己的聪慧和魅力,得到世界的尊重和生活的地位。我欣赏那有几分豪气的女人,靠自己的双肩挑起生活重担,出得厅堂,下得厨房,卷起袖子能杀鸡宰羊,却也有万缕柔肠能营造一片温馨。

我拒绝生活中的痛苦,虽然我无力去阻挡要降临的事。曾听过一个故事:有人去找禅师求得解脱痛苦的方法,禅师让他自己悟出。第一天,禅师问他悟到什么?他不知,便举起戒尺打他一下。第二天,禅师又问,他仍不知,禅师举戒尺又打了他一下。第三天,他仍然没有收获,当禅师举手要打时,他却挡住了。于是,禅师笑道:"你终于悟出了这道理——拒绝痛苦。"

我拒绝为满足虚荣、得到金钱与地位而不惜以青春、美丽甚至感情为祭品。人生中充满诱惑,也同样遍布着歧途与陷阱。女人的美丽是自然的恩赐,是真、善、美的化身,宛如一块无瑕的美玉,决不能被世俗污染,女人要靠自己的能力与才智取得应有的地位和尊重。

我拒绝倾听罗密欧与朱丽叶式的故事。虽然他们爱得壮烈,但终究是悲剧的结局。我只求现实中的爱有一点浪漫,有几缕微风,有短暂的雷雨也无妨,始终是平淡而幸福的喜剧。

我拒绝向岁月祈求,流着泪埋怨时光的无情。虽然,青春已无声地在日历中一页页翻飞不见了,生活已把经历写在我的眼角,染白长长的青丝,但我相信女人的青春在于她的心境。美丽易逝,魅力永存。

我拒绝目的明确的爱情。爱是无法用语言说明的,一段让人辗转难眠、牵肠挂肚、见面时又相对无言的情感遭遇,经过多少欢笑与泪水、缠绵与零落,只为表达一个难以启齿的字——爱。我喜欢平静地望着爱人眼中的自己,微笑着面对幸福,不言不语,携手同行。我拒绝被爱炙伤,拒绝让激情疯狂燃烧后,苍白的灰烬被失望的冬季耗尽青春的余温。

拒绝肤浅,接纳深沉。拒绝憎恶,接纳宽容、关怀和容忍。拒绝虚伪,接纳真诚。拒绝假、恶、丑,而接纳真、善、美……生活中,一条充满诱惑的大路在脚下延伸着,只有学会拒绝才不会步入歧途。

(五)切磋琢磨的习惯

同学之间的学习交流和思想交流是非常重要的。《礼记·学记》里讲"独学而无友,则孤陋而寡闻",就是这个道理。遇到问题,应养成切磋琢磨的习惯,互帮互学、展开讨论。这样一来,每个人都可以吸取别人的优点,最终大家都能得到提高。

(六)勤于观察的习惯

观察是一种有目的、有计划且比较持久的知觉过程,是知觉的高级形态。人们认识事物、获得系统的知识,都是从观察开始的。通过观察,大学生发现了各种自然现象之间的内在联系。通过观察,大学生了解了物质、能量的转化。通过观察,大学生得到了视觉享受,愉悦了性情,陶冶了情操,融入了这个世界,全身心地享受了生活。知识不仅可获取,而且可在观察中活跃起来,知识借助观察而得以丰富。一个有观察力的大学生,往往会取得较好的学业成绩。

四、充分利用时间

大学期间,除了上课、睡觉和集体活动之外,其余的时间机动性很大。因此,科学地安排好时间对成就学业是至关重要的。

（一）安排好作息时间

根据自己的身体和用脑习惯安排好作息时间，明确在大脑清醒时做什么、大脑疲惫时做什么。

（二）珍惜零散时间

大学生活丰富多彩，零散时间较多，可以充分利用。例如，晚上洗漱之后还未熄灯，可以背几个英语单词；走在校园的路上，可以听听英语听力或构思一下论文结构等。

（三）要有自己不被干扰的时空

安排每周、每天不被干扰的时间，专心做自己认为重要的事情。如每天晚餐后，安排一段不被打扰的时间，在自习室里做好预习、复习工作。

（四）培养胆量

人的胆量虽然与先天遗传因素有关，但也可以通过后天培养和训练养成，多实践，多行动。所谓多实践、多行动，就是敢于做自己想做的事，培养自己临危不惧、泰然自若地应对各种突发事件的能力。要多和有胆量的人接触，向有胆量的人学习，学习他们的勇敢精神和大胆行事方式。事实证明，这是培养胆量的有效途径。

（五）培养毅力

培养坚强的毅力是事业成功的基础。如何培养呢？一是凡事都要学会坚持，不能因为困难而放弃。二是加强体育锻炼。积极参加体育锻炼不仅可以增强体质，而且可以增强心理承受能力。三是一心一意做好每件事，"三天打鱼，两天晒网"的心态无助于毅力的培养。

📢 **拓展阅读** ●●●●●●●●●●●●●●●●●●●●●●●●●●●●●●●●●●●●●●●

拼搏是最美的人生状态

"就在落地的那一瞬间，我感受到真正的成就感。""我希望自己能在不远的将来，达到一个新的高度。"……在北京冬奥会上，中国体育健儿在冰雪赛场上纵横驰骋，用激情点燃青春，用奋斗诠释成功。

习近平总书记深情寄语运动员："人生能有几回搏？拼搏是值得的。不经一番寒彻骨，怎得梅花扑鼻香？"新时代的中国运动员在冬奥会赛场上，凭借着超强的自信、超高的技艺，与世界各国的运动员同场竞技，表现出顽强拼搏的意志品质和开放包容的精神风貌。这就启迪我们，拼搏才是最美的人生状态。

毋庸讳言，拼搏本身未必都能梦想成真，但成功者往往付出了超越常人的艰辛努力。无论是科技工作者的创新发明，还是体育健儿的摘金夺银，无论是英雄豪杰的丰功伟绩，还是平民百姓的勤勉努力，都堪称一首激动人心的奋斗进行曲。

拼搏所彰显的是坚韧不拔的意志。世界上没有一蹴而就的成功，没有从天而降的幸运，有的只是百炼成钢、百折不挠，有的只是永不言败、永不言弃。究其根源，还是得益于"自信人生二百年"的非凡勇气，得益于"咬定青山不放松"的高度专注，得益于"千磨万击还坚劲"的无比顽强。从屠呦呦获诺贝尔生理学或医学奖,到南仁东带领团队建"中国天眼",再到黄大发率众在绝壁凿出"生命渠"……令人感佩的传奇故事不胜枚举,同时昭示我们:事业的成功总是孕育在奋力搏击、敢于胜利的征途上。

对于真正的奋斗者来说,有"春华"才有"秋实"。正所谓:"时至花开,水到渠成。"让我们不负历史、不负韶华,在新时代的新征程上续写新的璀璨华章。

(来源:《人民日报》2022年2月17日)

自我管理 人际交往

学习目标

1. 了解自我管理的范畴,即学习管理、生活管理、身心管理、人际管理。
2. 认识大学生人际交往的重要价值,掌握大学生人际交往的原则与方法。
3. 熟悉大学生恋爱的特点,树立正确的恋爱观,摆正学业与恋爱的关系。

学习重点

1. 加强大学阶段的自我管理,掌握大学学习、生活的主动权。
2. 明确大学生进行社会适应的途径,学会人际交往危机管理。

第一节　大学生的自我管理

在当代青年中,大学生是一个特殊的群体。从大学生的人生历程来看,大学阶段也是大学生学会为人处世的重要阶段。从某种意义上说,这是大学生真正社会化的一个过渡阶段。因此,大学生要想在今后干出一番事业,就必须增强自我管理意识,提升自我管理能力。

具体说来,大学生可以从学习管理、生活管理、身心管理、人际管理等方面进行自我管理的实践。

一、学习管理

(一)确立目标

无论处于人生的哪一个阶段,都要学会确立目标。大学生尤其应当为自己设定一个奋斗目标,促使自己为实现这个奋斗目标而不懈努力。大学生离开了父母与老师的督促,变得相对自由,缺乏自律的大学生就很容易放纵自己。其表现之一,就是缺乏明确的奋斗目标。因此,大学阶段是否有所收获,首先取决于大学生能否确定自己的奋斗目标。只有明确了自己的奋斗目标,大学阶段的学习和生活才能更加充实、更加有意义。尤其是大学生的学习管理,确立目标是第一步。

(二)理论联系实际

大学生的学习管理还必须遵循理论联系实际的原则。无论是制定目标还是执行目标,都必须注重理论与实践的有机结合。不符合理论的学习目标与不符合实际的目标一样,都没有真正的价值。在执行学习目标时,也要始终坚持理论的指导性与实践的操作性,并力争达到两者的有机融合。

二、生活管理

(一)费用管理

对于大学生来说,费用管理是生活管理的重要组成部分。大学生无论家境是否优越,都要学会费用管理。尤其是家境不佳的大学生,更要强化这方面的管理。可以在本子上测算一下,每个月大的开销有哪些,总数是多少。至于小的开销,也不要忽视,尽量考虑得周密一些。这样一来,自己每个月的开销就心中有数了。当然,计划外的开支是经常会有的,而且往往预料不到。为此,还要在每个月的开支中单列一块机动灵活的部分。对于经济压力较大的大学生来说,还要学会记账,最大限度地节省开支。一般说来,可将自己的开支分为三部分:一是必须支出的,没有任何回旋余地;二是完全不必支出的,坚决压缩;三是可支出可不支出的,能缓则缓,视具体情况而定。总之,要注意分出轻重缓急。用钱如用兵,要像高明的将军用兵那样将钱花在点子上。

（二）生活习惯

每个人的生活习惯各有不同，一般无所谓优劣。但如果站在大学生未来的生存、发展与完善的高度去分析，我们就会发现，良好的生活习惯与恶劣的生活习惯对大学生的影响是截然不同的。良好的生活习惯将有助于大学生学习的提升、生活的改善，有助于大学生今后成为更加优秀的人才，真正获得成功。大学生在大学期间养成有益于一辈子的良好生活习惯，可以说这也是一笔宝贵的财富。

三、身心管理

（一）身体管理

俗话说："身体是革命的本钱。"对于大学生来说，是否拥有强健的体魄，是圆满完成大学学业的基本前提。因此，大学生要消除"中老年人才应保重身体"的错误理念，从大学阶段开始，就注重身体管理。身体管理的范围很广，主要表现在三个方面：一是饮食，一日三餐都要注意营养均衡，切忌偏食与暴饮暴食；二是睡眠，确保每天都有足够的睡眠时间，尤其要确保有较高的睡眠质量；三是锻炼，选择适合自己的锻炼形式，持之以恒。

（二）心理管理

大学生除了身体管理之外，还要时刻关注自己的心理状态。只有进行科学的心理管理，随时保持积极的心态，才有利于为人处世。大学生要找到合理宣泄正面情绪、负面情绪的有效途径，掌握一定的心理管理技能。如果心理有不适应难以克服，应及时告知辅导员或班主任，联系心理咨询中心的老师帮助自己。

四、人际管理

大学就是一个小社会。在这里，大学生将面临各种人际交往。处理得好，就会促进大学生的学习与生活；处理得不好，就会给大学生的学习与生活带来各种损失与烦恼。因此，人际管理也是大学生不可忽视的管理项目。大学生进入大学之后，必须处理好方方面面的人际关系，包括亲子关系、师生关系、同学关系、同乡关系、恋人关系，以及个人与班级、个人与学校之间的关系等。现实中，很多大学生就因为各种人际关系处理不当，导致学业受影响、心情变抑郁。同时，大学生人际管理的优劣也将直接影响未来求职阶段的事业成就与生活质量，不可等闲视之。

总之，大学是一个纷繁的世界，大学生只有确立了理想、目标，做好了自我管理，才能更好地为自己未来的发展奠定基础和铺开道路。

第二节　大学生的人际交往

【测一测】

先来做一个小测试，计算自己的总分，看看自己的人际关系如何。

1. 清晨睁开眼睛,你感觉:

充满向往(5分)

想到全天需要面对的人与事就心烦意乱(1分)

心满意足(3分)

2. 听说一些陌生人生活艰难,你感觉:

活该(1分)

这人没好运(3分)

值得同情(5分)

3. 有人讲"完美的生活就是幸福的生活",你感觉:

完全赞成(5分)

部分同意(3分)

不同意(1分)

4. 你对自己的未来是何态度?

十分憧憬(5分)

相当忧虑(1分)

没考虑过这个问题(3分)

5. 对目前的生活,你觉得:

非常丰富充实(5分)

充满坎坷(3分)

安稳但缺乏刺激(4分)

有点乏味(2分)

沉闷至极,令人沮丧(1分)

6. 朋友们外出聚餐,没有邀请你,因为有人临时缺席,就在最后一刻通知你,你会:

丢开一切,马上前往(5分)

考虑考虑(3分)

断然推掉,之前怎么没想到我(1分)

7. 和朋友们在一起时,你爱聊别人的闲事吗?

是的,这使我兴趣盎然(2分)

只要内容无害,讲一讲也无所谓(3分)

我从不喜欢对别人说三道四(5分)

8. 你觉得自己在异性眼中是怎样一种形象?

很有魅力(5分)

觉得有趣,但不迷人(4分)

令人讨厌(2分)

认为我对异性没有兴趣(1分)

9. 你觉得自己的少年时代:

暗淡无光(1分)

忙碌,充满生机和乐趣(5分)

平淡如水(3分)

10.朋友向你寻求帮助,你总是:

真心帮助他们(5分)

不愿尽心尽力,只是给些劝告(3分)

同情地倾听,但不伸出援助之手(2分)

希望他们另找别人(1分)

11.在你衣冠不整时,朋友忽然不速而至,你会:

依然热情接待(5分)

希望他们不要见怪(4分)

尽快送客出门(2分)

对门铃置之不理(1分)

12.你的朋友经常来探望你吗?

是的,常常不请自来(5分)

如被邀请,有时会来(3分)

即使邀请,也很少会来(1分)

13.回首童年时光,那时你有:

一个特别的朋友(3分)

一大帮朋友(5分)

一个幻想中的朋友(1分)

14.假日里,你喜欢和谁出去?

最知心的人(3分)

一人出去结识新朋友(5分)

一人独行(4分)

15.你认为自己是:

十分健谈的人(5分)

很好的倾听者(3分)

不善言辞也不愿与人多谈的人(1分)

16.当朋友陷入困境,他们会来找你吗?

经常如此(3分)

从来也不(5分)

有时会(1分)

17.你和朋友一起外出的机会多吗?

一周内就有几次(5分)

一个月中有两三次(3分)

极少(1分)

18.你最喜欢哪些运动?

跳舞（3 分）

谈话（4 分）

散步（2 分）

聚会（5 分）

读书（1 分）

结果分析

A.73 分以上

你不仅尊重别人，而且助人为乐。你心胸宽广，对朋友热情有加，因而人缘极佳。朋友们与你相处，既愉快又轻松。

B.55 - 72 分

你不太外向，与朋友相处，最初很难达到融洽的地步。随着时间的推移，大家开始认可你的为人。这时候，你需要进一步敞开心扉。

C.37 - 54 分

你温和、善良，但缺乏主见，无法独立自主，也不能给予朋友有益的帮助，难以让人充分依赖。因此，你应当尝试充分表达自己的意见。

D.36 分以下

你习惯于将他人拒于千里之外，总是生活在自己的世界里。你与人交往的感受不佳，反而容易产生烦恼。因此，你没有什么朋友。其实，你也需要朋友，只是过分清高，误认为自己不需要朋友。

一、大学生人际交往管理

（一）人际交往及其重要性

对于大学生来说，不仅重视自己的学业，而且关注交往、需要理解、渴望友谊。这就意味着人际关系对大学生的学习与生活至关重要。大学生正处于一生中学习专业知识、训练专业技能、认识社会、探索人生、追求真理的重要时期，不仅要积极面对大学阶段的学习与生活，而且要理性思考"在人际交往中促进沟通、增加了解、培养情感"这一人生课题。

迈入大学校园的大门，大学生面临新的环境与新的挑战。离开家乡与亲人，整天与老师、同学相处，人际关系的优劣就显得异常关键。这既是大学生获得高质量学习与高质量生活的保障，更是大学生寻找自我、发现自我、战胜自我、超越自我、实现自我的深层需要。为此，就必须深刻认识人际交往，潜心研悟人际关系理论。所谓人际交往，是指人与人之间、个体与群体之间，运用语言符号和非语言符号交换意见与交流消息、转达思想与表达情感，对双方的思维方式、行为方式与表达方式都产生影响的动态过程。

实际上，人际交往的过程是一个处于变化和发展之中的系列活动。在这个系列活动中，人与人之间的每一次交往只是其中的一部分，而远不是全部。在人际交往中，往往会表现出三个特点：一是双主动性，就是双方都可以主动地参与进来；二是双向性，就是人际交往可以相互作用于对方；三是相互认识性，就是人际交往的双方应当是相互认识的，即使是陌生人，经由人际交往，也会从陌生人变成非陌生人。从本质上说，人际关系遍布社会生活的每一个角落，而人际交往则是人际关系形成的前提。

人生天地之间，要想在社会上立足，就需要建立良好的人际关系。大学生要想在这个竞争日趋激烈的社会更好地生存、发展与完善，就必须彻底解决"不愿交往""不懂交往""不善交往"等难题。有的大学生将人际交往与学习对立起来，认为人际交往影响自己的学习，因而不愿与人交往。有的大学生对人际交往知之不多、知之不详，以为见面点头致意就算交往了，没有将人际交往视为一门需要不断进修、不断提升的必修课。有的大学生也懂得人际交往的重要性，却一直苦于与人交往的效果不佳而束手无策。人际交往并不是可有可无的小事，必须引起我们的高度重视。

人际交往与人际关系是一个相互联系、相互促进的统一体。从某种意义上说，人际交往维持着人类社会的存在。如果一个社会离开了正常的人际交往，这个社会的生存、发展与完善就成了空中楼阁。心理学研究表明，正常人除去每天的睡眠时间，其他时间中的70%都花在人际交往上，只不过这种人际交往既有直接的也有间接的。当今社会属于典型的信息社会，人际交往日益增多。事实证明，一个人际交往的失败者很难成为一个真正的人生赢家。与此同时，人际交往还与人的心理健康密切相关。就其本质而言，人际交往也是人的心理需求，如果无法得到满足，人的心理健康就会受到严重影响。

我校要求每班的心理委员每月上交一份心理调查表，全面反映同学们每月的思想动态。心理咨询中心下设大学生心理协会，每周心理委员向协会报告班级同学的心理状态，协会每月定期组织心理委员开展心理健康相关宣讲。之所以采取这样的措施，就是为了更好地关爱同学们的心理健康状况，避免任何心理失衡的现象。

（二）大学生人际交往的基本原则

现在的大学生多数是独生子女，这是不容回避的事实。独生子女的父母往往对自己的孩子关爱有加，在孩子的人际交往方面常常设有限制。这样做，有利有弊。有利的一面，是父母切实把关，避免孩子在思想和学业上受到不良朋友的消极影响。有弊的一面，一味限制孩子的人际交往常常要付出巨大的代价。对于前一点，很多父母都非常清楚，也是他们限制孩子人际交往的初衷。但对于后一点，很多父母却不以为然。实际上，大学生并非生活在真空里，父母的所谓限制也很难真正达到"免疫"的目的。科学的方法还是引导孩子重视人际交往，学会在正确的人际交往中，促进自己的思想成熟与学业进步，避免遭受负面的、消极的影响。

那么，对于大学生来说，人际交往的基本原则有哪些呢？一是平等原则。所谓平等，就是互相尊重。这是建立良好的人际关系的基本前提。至于尊重的内容，不仅包括对方的人格，而且包括对方的兴趣与爱好、风俗与习惯。二是真诚原则。为人处世，贵在真诚。毫不夸张地说，虚伪的人际交往是所有人都厌恶的。即使是那些对人虚伪的人，他们也往往希望别人对自己真诚，只不过他们总是违背了"己所不欲，勿施于人"的基本原则罢了。三是宽容原则。我们都不是圣人，不可能没有缺点毛病。其实，真正的圣人一样存在诸多不足。因此,大学生在与人交往时,必须宽容大度,切忌小肚鸡肠。事实证明,那些心胸狭隘、斤斤计较的人是很难赢得他人的尊重与信任的。

(三)大学生进行人际交往的方法

如何学会交往,收获朋友,可以从以下这些方面进行努力。

第一,真诚地关心他人。人际交往中,有一个法则必须引起重视,那就是让别人感到自己很重要。威廉·詹姆士说:"人类的本质中最深切的需求就是渴望得到他人的肯定。"人同此心,心同此理。既然我们渴望得到他人的肯定,那么他人同样也渴望得到我们的肯定。明确了这一点,大学生在人际交往中,就要真诚地对待朋友、肯定朋友、关心朋友、帮助朋友。人际交往的黄金原则,就是要像希望别人对待自己那样去对待别人。纽约电话公司曾经做过一项大规模的调查,想知道究竟哪一个字是人们最常用的。结果证明,是"我"这个字。在 500 个通话中,"我"这个字出现了 3900 次。实际上,大多数人首先关注的就是"我",而不是他人。你可以认为这是人类自私的表现,但这确实是不容置疑的事实。在这一基本前提之下,我们更能认识到肯定他人、关心他人、帮助他人的重要性。

第二,学会倾听他人的意见。仔细观察生活中的现象,你会发现一个奇怪的事实:很多人与人交谈时,往往只顾表达自己的想法,却很少注意对方在说什么。难怪人们说"理解万岁",就因为理解他人很难。但其实也不难,很多人之所以理解别人困难,是因为他们根本就不关注别人的实际需求。很多人与人交谈之后,记得的只是对方称赞自己或批评自己的话,其他内容往往被忽略掉了。要解决这个问题,学会倾听就行了。有一个 13 岁的荷兰小男孩被誉为"世界第一名人访问者"。原来,他借助一本《美国名人传说大全》,依次给这些名人写信,请他们讲一些有趣的事情。结果,他收到了许多名人的回信。这个小男孩懂得这样一个道理:即使是大人物,也喜欢善听者胜过善谈者。

第三,学会正确的语言表达方式。与人交往成败如何,往往取决于自己的语言表达方式。具体说来,大学生可以在以下方面优化自己的语言表达方式:善于表达自己的意见;把握好在不同场合讲话的分寸;不说不合时宜的话;适当添加幽默素材,既能增进人际吸引,又能应对尴尬场面;善于选择对方最感兴趣的话题进行交流。

第四,掌握人际交往的主动权。很多大学生有一个误解,以为注重人际交往就是在人际关系中表现得弱势一些、被动一些。其实,成功的人际交往者往往善于掌握人际交往的主动权。你的语言可以谦和一些,不用那么强势,但你必须把握谈话的主动权。事实上,消极被动并不能换来理想的人际交往。在人际交往中,大学生与其被动等待,不如主动出击。如果总是等待别人与你交流,等待别人去关心你、了解你,等待别人去解决你所面临的难题,那就是不切实际的妄想。

第五,塑造自身的健康人格。在人际交往中,为什么有些大学生深受他人欢迎、有些大学生却被他人疏远?究其原因,关键还在于大学生自身的人格是否健康。要想拥有好人缘,就应当具备吸引他人的优良品质,如宽容、真诚、谦逊等。而这一切的前提,是要确保你的人格健康。

第六,学会把自己看低一点。大学生普遍存在着清高的毛病,这是不容否定的事实。

很多大学生认为自己曾拥有突出的光环,成为家庭、学校的骄傲,甚至以"天之骄子"的定位自命不凡。因此,他们往往认为自己高人一等。但在人际交往中,这种高人一等的心态只会让别人对你敬而远之。要想获得理想的人际交往,不妨将自己看低一点。大海的位置是摆得最低的,却能融汇江河湖泊。与人相处,应积极听取别人的意见,闻过则喜,闻过则改。切忌夜郎自大,时时处处唱独角戏,那就只能变成孤家寡人,被社会群体所抛弃。

(四)大学生人际交往的主要领域

大学生在人际交往中,主要涉及亲情、友情、师生情及恋情。

所谓亲情,表现的是大学生与家人的感情。亲情是生命的依托,它也需要不断深化。就像我们总抱怨父母不理解我们一样,我们很多时候未必真正理解自己的父母。因此,亲子之间的这种亲情需要经营,需要呵护,需要巩固。不要认为有了血缘关系,就自然有了亲情。大学生在大学里学习、生活,不能忽视与亲人的感情交流、思想沟通。无论是一封信,还是一个电话,都不要随心所欲地处理。很多时候,亲人和我们一样,很容易被伤害自尊。己所不欲,勿施于人。道理很简单,真要做到却很不容易。很多大学生与人交往,总是彬彬有礼;但与父母通话,却很不耐烦,甚至乱发脾气,怨气冲天。这样做,既不善良,也不聪明。平时,应主动向父母汇报自己的学习和生活状况,让他们多一分欣喜、少一分牵挂。

大学生都应当拥有自己的朋友,珍惜这份友情。真正的友情是异常珍贵的,它为我们的大学生活带来乐趣、增添光彩。在精神世界,没有友情的心灵注定是孤独寂寞的;而在物质世界,没有朋友陪伴的生活也往往会变得枯燥单调。可以毫不夸张地说,没有友情的人生是不完美的人生。所以,培根强调:"缺乏友情的人最可怜,缺乏友谊的世界是一片荒野。"

大学生在与老师的交往中,自然形成了师生情。在大学阶段,师生情也是人生中极为宝贵的财富。大学生与老师交往,往往受益匪浅:可以促进专业知识的丰富与专业技能的提升;可以学习、借鉴老师的为人处世的原则与方法;可以传承老师崇尚科学、追求真理的精神特质;可以掌握老师开展学科研究的宏观理念与微观路径。同时,在这种师生交往中,老师也能准确地掌握大学生的思想状况、学业进展,给予大学生方方面面的指导。

恋爱问题既是大学校园的敏感话题,也是大学生关注的热门话题。毫无疑问,恋爱也是一门学问,更是一门艺术。在这方面,很多大学生心理并未完全成熟,有的甚至还存在一些心理疾患。因此,大学生在恋爱问题上一定要谨慎处理,避免给自己的思想、学业造成负面的影响。

大学生在每一个领域的人际交往中,都需要认真学习、逐步积累,都需要在实践中不断探索、不断挖掘。

二、大学生如何进行社会适应

我们所说的人际交往与社会适应之间,是一种什么关系?一言以蔽之,大学生的人际交往是大学生未来走向社会的重要基础。如果把大学比作一个特殊的小社会，那么大学阶段就成为大学生从相对封闭的中学校园到完全开放的社会之间的一个过渡时期。换句话说，大学阶段的人际交往是对学生进行社会适应的一种预演。无论早晚，大学生都将走向社会，都存在着如何更好地适应社会的难题。所谓适应，是指个人与环境之间的互动。在这种互动中，环境能影响人的思维方式、行为方式、表达方式，人的思维方式、行为方式、表达方式也会影响环境。社会适应主要是指人际关系的适应，要求大学生建立和谐、融洽的人际关系。要想实现社会适应，必须从三个方面下功夫：一是自信；二是克制；三是热情。至于社会适应的方式，则有很多，诸如社会教育、学校训练、自我教育等。大学生适应社会的具体要求有两个，即自律与他律。所谓自律，就是自己约束自己，自觉将言行举止限制在某一范围之内。现实中，那些成功者往往是高度自律的人。如果一个人失去了起码的自律，就很容易在与他人的竞争中失败，也很容易被用心不良的人所利用。所谓他律，就是借助外在环境的力量，来监督、约束我们，促使我们的思维方式、行为方式、表达方式符合社会的要求。对于大学生来说，自律和他律是有机融合的，缺一不可。

三、大学生人际交往危机管理

所谓大学生人际交往危机，是指大学生在人际交往中出现的种种不良心理与不良行为。这些不良心理与不良行为具体包括自闭、自恋、自负、自卑等。

（一）引发交往危机的不良个性心理特征

自我封闭。部分大学生因为受过去的成长环境的消极影响，往往喜欢独来独往，不愿意与人交往，显得郁郁寡欢。他们从不向他人敞开心扉，总是生活在自己的世界里，完全不适应现实中的群体生活。

自我否定。部分大学生因为学业或其他方面的失败经历，极端自卑自怯，对自己的一切都不满意，甚至采取全盘否定的态度。这类大学生始终存在强烈的失落感，缺乏自信心和进取精神。

自我欣赏。这里说的自我欣赏是指过度肯定自己，就连自己的缺点也视为与众不同的优点。这类大学生缺乏正常思维，很难与他人和谐相处。他们自我感觉奇好，喜欢抛头露面，总想成为各种场合的中心。

盛气凌人。这类大学生往往拥有与众不同的成功经历，所以总感觉自己有资格傲视群雄。他们一向是家庭、学校、社会的宠儿，自视为"天之骄子"。因此，在他人面前，他们总是表现出毫无限度的优越感。

（二）交往危机的防范、指导和管理

大学生出现交往危机后，该如何正确应对呢？方法很多，关键是要提高人际交往的适应性。为此，作为人际交往主体的大学生必须更新自己的交往理念，进而用来指导自己的交往实践。第一，人际交往是双向的。只有向对方开放自己，你才能赢得对方的信任，彼此之间才能实现真正的沟通与交流。第二，人际交往是平等的。要想得到他人的

尊重,你首先就要尊重他人。只有在双方真正平等的时候,人际交往才具有真正的价值。第三,人际交往是有选择的。事实上,在人际交往中,你未必适合所有的人,也不是所有的人都适合你。只有选择那些志同道合的投缘的人,才能产生思想的共鸣。第四,人际交往的价值是相对有限的。我们重视人际交往,但也不能将人际交往的价值无限化,这是不切实际的。有些大学生神化了人际交往,甚至放弃学业,全力以赴地营建人际圈子,恨不得与所有的人都成为知心朋友,这显然是偏颇的。如果因此而产生心理失落感,是幼稚可笑的,也是得不偿失的。

在大学里,各类文化活动丰富多彩,为大学生开展积极的人际交往创造了有利的条件。那些不善交往的大学生可以借助参与这些活动的宝贵机会,想方设法为自己创造展示的机会,在自己的收获与进步中不断增强人际交往的自信心。

毋庸讳言,相当一部分大学生存在着人际交往的心理障碍,有的还比较严重。目前,大多数高校都拥有心理咨询中心。这些大学生可以借助预约心理咨询进行压力释放和身心调节。

第三节　认知大学生活中的恋爱

人类的感情具有两面性。当人们拥有纯真、圣洁的感情后,就会更加自信、更加乐观,就会对身边的人乃至全社会都产生强烈的责任感。但当人们受到感情的创伤(如失恋)时,很可能会悲观失望,甚至有可能动摇自己的理想、信念,对他人与社会产生仇视心理,其破坏力往往难以估量。大学生正值青春年华,在恋爱问题上往往充满无限美好的憧憬。但由于涉世尚浅,心智也不够成熟,常常在这个问题上产生各种烦恼,甚至出现悲剧。

为了深入了解大学生恋爱观的特点、成因及影响,某地曾进行了大学生问卷调查。为确保调查结果更加真实、客观、全面,问卷调查采取了不记名的方式。工作人员进行随机抽样调查,共发放调查问卷 1200 份,回收 1149 份,有效率为 95.75%。以下为调查结果与分析。

分析 1:选择男(女)朋友的主要依据

大学生确定恋爱对象之前,必然存在一个选择标准问题。事实上,不同的大学生有着不同的选择标准。调查结果显示,注重人品标准的大学生占 39%,注重志趣标准的大学生占 33%。这就意味着,人品和志趣是 72% 的大学生对恋人的选择依据。事实上,你选择一种人,就意味着你选择了一种生活、选择了一种目标。毫无疑问,注重人品与志趣是一种比较高尚的选择标准。当然,这与大学生的特殊处境不无关系。很多大学生情侣虽然感情很好,但毕业之后能修成正果的却少之又少。究其原因,爱情与婚姻不同,前者更偏于精神,后者则注重精神与物质的统一。面对锅碗瓢盆、柴米油盐的具体生活问题,相当一部分梦想化的感情难以继续维持。康德认为:"对女人来说,最大的耻辱是不招人喜欢。而对男人来说,最大的耻辱是蠢笨。"他的意思是说,男性美的魅力和女性美的魅力存在较大的区别。本次调查也证实了这一点。注重相貌标准的大学生占17%。虽然"爱美之心,人皆有之",但将相貌作为第一选择依据显然不妥。这是因为,究其本质,这是一种旨在满足纯粹的"情欲之爱"的追求,往往很难维持长久。或者说,很容易出现朝三暮四、喜新厌旧的结果。相比之下,很多女大学生更看重对方的本事。在83%的注重本事标准的大学生中,91%是女大学生。

分析2:大学生在大学里谈恋爱的最初动机

高尔基说:"在生活中,人的行动要比任何东西更重要、更珍贵。"心理学认为,人的行为受动机支配,而人的动机则产生于需要。因此,探讨大学生的恋爱观时,必须对大学生谈恋爱的动机进行研究。

调查发现,53%的大学生之所以要谈恋爱,是认为这是一种潮流。如果别人谈而自己不谈,就会认为没面子,就会担心自己受到别人的嘲讽。究其本质,这就是一种从众动机。有31%的大学生谈恋爱是为了消除内心的空虚,寻找精神的寄托。很多大学生面对陌生的新环境,往往无所适从,空虚、孤独,很想找一个倾诉的对象。部分大学生认为,异性相吸、同性相斥,与异性交往要比与同性交往更容易。9%的大学生是因为对方追求自己过于激烈,不好意思拒绝。其中,大多数是女大学生。7%的大学生属于志同道合型,彼此都被对方的某些优点所吸引。

调查显示,大学生的恋爱观总体上还是值得反省的,夹杂着对现实的完美感情的憧憬,对现实残酷的无奈。因为思虑不全,所以大学生的爱情观既充满诗意,又很脆弱。调查显示,60%的女大学生是出于好奇而谈恋爱。她们认为,经历了十几年的寒窗苦读,饱尝了高考的奋力拼搏,长久压抑的身心需要得到彻底的释放。于是,处于青春骚动期的女大学生就找到了释放情感的特殊方式——谈恋爱。调查显示,13%的男大学生认为恋爱目的是满足生理需要,7%的男大学生认为大学生恋爱同居理所当然。88%的大学生反对大学生恋人同居,约2%的女大学生认为感情达到某种程度就可以同居。99%的大学生认为,感情应当专一,忠于彼此。70%的大学生认为大学生谈恋爱的可信度不高,最终很难开花结果。在毕业生中,82%的人认为恋爱应充分考虑社会现实、家庭状况、经济条件等,不能单一地考虑问题。

随着社会的长足发展、生活水平的逐步提高,大多数人不再为温饱问题而疲于奔命。于是,他们有了更多的时间、精力、资本追求自己的感情归宿。这原本是好事,但有的大学生却奉行"恋爱至上"的原则,导致荒废了学业;有的大学生总觉得自己高人一等,总是以居高临下的态度与恋人交往;有的大学生玩世不恭,将恋爱视为游戏,缺乏基本的责任感,朝三暮四,喜新厌旧;有的大学生试图借助谈恋爱改善自己的经济状况或达到其他不可公开的目的,恋爱动机不纯;有的大学生将恋爱的成败视为人生的成败,只许成功,不许失败,无法接受自己的任何一点挫折,甚至为此伤害对方、伤害自己,出现各种极端行为;有的大学生心胸狭隘,见不得别人好,总是以第三者的身份去抢夺"仇人"的恋人,引发各种矛盾和冲突,甚至以悲剧收场。以上种种都说明,大学生的恋爱观确实存在需要纠正、提升、完善的空间。

一、大学生恋爱的特点

（一）恋爱中片面化

相当一部分大学生看问题非常片面，谈恋爱时也同样如此。有的大学生只考虑眼前，从不为将来进行认真细致的研究。有的大学生只顾着营建"二人世界"，却从不考虑双方的家庭差异、地域影响。有的大学生在选择恋爱对象时，只顾一点，不及其余。例如，只看重相貌，其他统统不考虑；只看重家境，其他都不在乎；只看重能力，忽视了人品；只看重人脉，忽视了性格……这种片面化往往导致恋爱的最终失败。

（二）相互炫耀

有些大学生选择恋爱对象时，十分注重对方的外表。这原本无可厚非，谁都有爱美之心。但问题在于，这些大学生之所以这样选择，是出于他们的虚荣心，是为了在朋友面前炫耀，感觉自己特别有面子。他们忽视了一个核心问题：自己对恋爱对象并没有真正意义上的感情，这份感情又如何能长久地维护下去呢？离开了感情基础，难免会见异思迁。道理很简单，强中更有强中手，比你恋爱对象相貌更好的有的是，那到时候遇见了，你会怎样选择？这样的恋爱注定随时会夭折，实在不值得倡导。这是大学生恋爱中的一大通病，这样的关系是廉价的、不真实的。某种程度上，甚至可以说这是一种"利用关系"。我们既不能靠这种病态的恋爱关系来利用他人，也不能让他人利用自己。

（三）注重恋爱过程，轻视恋爱结果

"不求天长地久，只求曾经拥有"，这是很多大学生挂在口头上的一句话。一些大学生之所以谈恋爱，只是为了排解寂寞，填补空虚。在他们的心目中，恋爱不过是一种消遣。因此，他们只强调爱的权利，却不愿承担爱的责任；只注意恋爱过程，却轻视恋爱的结果。

（四）主观事业第一，客观恋爱至上

很多大学生沉迷于"儿女情长"，导致"英雄气短"。表面上，他们也强调自己的事业，但实际上却是"恋爱至上"。这种自欺欺人的言行直接导致学业的荒废，更谈不上什么辉煌的事业了，自毁前途，实在是得不偿失。

（五）恋人至上

很多大学生存在讨好型人格，将自己的恋爱对象放在至高无上的地位，愿意为对方做一切事情，甚至违法犯罪也在所不惜。他们对恋人往往言听计从，过分迁就对方的不合理要求，简直成了感情世界的小跟班，完全丧失了自我。

（六）恋爱中浪漫化

在大多数大学生心目中，恋爱是一件非常浪漫的事情，充满了风花雪月，也少不了卿卿我我。恋爱期间，他们会在每一个节日向恋人送贵重礼物，丝毫不考虑自己的条件；或者等待对方给自己送礼物，否则就认为对方的爱有水分。结果，大学生却开始了超前消费，给自己的父母增加了无形的精神压力与经济压力。在他们自己眼里，他们是给恋人

制造浪漫和惊喜的金牌男友、金牌女友。但在其他人眼里,他们只是不知父母辛苦、挥霍父母血汗钱来讨好一个不知将来是否一定是他妻子或她丈夫的女生或男生而已,实在是可悲。

二、大学生的恋爱观

(一)渴望恋爱者

有的大学生来到大学校园这一新的环境,迫切需要找一个人来倾诉自己的感情,与自己分享快乐、分担烦恼。于是,就很自然地渴望有一个恋人出现在自己的身边。还有的大学生认为,谈恋爱是有本事、有魅力的表现,他们渴望通过谈恋爱来获得别人的羡慕。

(二)随缘恋爱者

有的大学生信奉随缘理论,认为人生就是旅行,一切皆是风景。因此,他们随遇而安,一旦遇上志同道合的异性,就会深入交往。他们不会将恋爱看成一种任务,更不会将恋爱亵渎为一场游戏。两人相处时,都能很好地把握一个"度",能及时调整心态,不会疯狂地沉迷其中。

(三)屏蔽恋爱者

部分大学生认为,大学里的恋爱成功率很低,很难开花结果。与其浪费大量的时间、钱财、精力在恋爱上,不如专注于自己感兴趣的事情,为将来的工作与生活打下坚实的基础。至于恋爱婚姻,还是等工作后再谈比较现实。大学里的恋爱往往不切现实,最终难免落得分道扬镳的悲剧。

三、影响大学生恋爱观的因素

(一)主观方面

从生理上说,大学生已基本发育成熟。生理上的成熟,又促进了心理上的成熟。尤其是性器官和第二特征的发育成熟,促使大学生的性心理逐步觉醒,开始对异性产生强烈的好奇,进而产生接近异性的愿望和冲动。这是大学生恋爱心理最直接的产生原因。再加上大学生不再像中学生那样受到家庭和学校的严格约束,性意识便更容易萌发起来。

(二)客观方面

1.社会。简单来说,随着广播、影视、网络等的普及,各种新闻报道对大学生的恋爱心理、恋爱行为产生了深刻的影响。

2.学校。在大学里,专职辅导员往往承担繁重的思想政治教育工作,很难对大学生逐一进行思想辅导。这就在客观上导致大学生的恋爱处于自发状态,缺乏必要的指导与科学的引领。

3.家庭。大学生离开自己的家人,家庭对大学生的影响逐渐变小。这是一个不可否认的事实。有些大学生的父母忽视对孩子的关爱,在大学生的恋爱问题上采取顺其自然的态度。有的父母忙于自己的事业,有的父母经济压力极大,都无暇关注孩子的恋爱问题。有的父母只关心孩子的学业,根本就不重视孩子的心理健康与人格教育,这也直接导致大学生忽视道德修养,最终形成不正确的恋爱观。

四、大学生感情观及存在问题

(一)大学生恋爱心理特征

1. 依赖心理。很多大学生都是独生子女,离开家庭之后,习惯了享受他人的呵护与关爱的他们就通过谈恋爱来满足自己的依赖心理。这属于情感寄托型恋爱动机,往往缺乏独立意识和自立能力。

2. 孤独心理。有的大学生觉得在大学里非常寂寞,迫切需要找另一半来度过无聊的时光。

3. 游戏心理。有的大学生谈恋爱,是为了满足与异性交往的欲望,寻求游戏般的刺激,往往持一种不负责任的态度,玩弄对方的感情。

4. 从众心理。周围人都谈恋爱了,自己还没谈恋爱,就会觉得很没面子。

(二)当代大学生感情观存在的问题

大学阶段正是确立科学的世界观、人生观、价值观的重要时期。大学生的心智总体上已趋于成熟,但他们在处理恋爱问题上却往往不理性,出现感情上的迷茫与困惑。

1. 恋爱动机不端正

不少大学生是因为感觉自己孤单、空虚才选择谈恋爱。经过中学阶段的高强度学习,进入大学阶段,大学生发现没人督促自己了,自由支配的时间也很多,于是就不再愿意在学习上下苦功,便将注意力全部转向谈情说爱上,以寻求短暂的欢乐。

2. 不注重恋爱的结果

很多大学生都在谈恋爱,但相当一部分大学生根本就没有考虑过将来的问题。他们只是觉得,谈恋爱是大学生活必不可少的一部分。如果大学阶段不谈恋爱,就认为自己的大学生涯不完整。调查研究表明,超过70%的大学生从未研究过将来的婚姻和家庭,这就导致毕业之日也往往成为分手之时。真正修成正果的,可谓凤毛麟角。

3. 道德观念淡化

在大学生中,赞成未婚同居的不少。对于同居问题,他们表面上呈现出包容、开放的观点,但实质上反映出他们对人对己不负责的态度。很多大学生从未想过未婚同居会给他们的未来带来潜在的严重后果,总是抱着无所谓的态度任意妄为。

4. 感情与学业定位不当

在感情与学业面前,有的大学生把感情放在最重要的位置上,完全没有理解作为大学生的根本任务,荒废学业,虚度光阴,也拖累了两个人的未来。

五、当代大学生不当恋爱观的构成原因

（一）恋爱观的排他性

所谓恋爱观的排他性，是指对恋人的控制和占有，往往在热恋期及感情不稳定期最为明显。持有这种恋爱观的人，不允许对方接触任何异性，而且始终处于高度防备的警惕状态。即使对方是与异性正常交流、来往，也会被他们视为背叛，不惜大动肝火，吵闹不已。持有这种恋爱观的大学生习惯于通过排他来捍卫自己的感情，呈现出恋爱上的不成熟、不自信。

（二）恋爱观的幻想性

大学生在生理上日益成熟，但在心理上仍存在相对幼稚的一面。许多大学生对于恋爱往往充满美丽的幻想，期待着自己的另一半是梦想中的"白雪公主"或"白马王子"。他们憧憬完美的明天，却不考虑现实因素，怎么样一起完成学业，怎么样一起找到工作，工作是在一个城市还是异地，如果是在一个城市怎么继续发展，如果是异地又要怎么继续这段关系……

（三）孤傲、任性的性格

部分大学生从小娇生惯养，又没有与兄弟姐妹和睦相处的经历，便养成了孤傲、任性的性格。在大学里，他们可能在其他方面表现得比较正常甚至比较优秀，但在感情上却是标准的低能儿。在恋爱关系中，他们总觉得自己就是该被爱的一方，丝毫不顾及对方的感受，其结果可想而知。

（四）PUA

最近几年，PUA 这个词开始为人所熟知，引起很多人的高度关注。PUA 的全称是"Pick‐up Artist"，原意是"搭讪艺术家"，指的是男性通过系统化的学习、实践，不断更新自我、逐步完善情商的行为。后来，泛指善于吸引异性、让异性为之着迷的人及其相关行为。PUA 在不断地变异之后，开始慢慢变成了一种邪恶的情感操纵。

六、错误的恋爱观带来的坏处

所谓恋爱观，是指一个人对恋爱的理念、见解、态度、言行的基本倾向。事实证明，错误的恋爱观会给大学生带来各种危害。

1. 片面看待感情。不少大学生片面看待感情，将恋爱视为感情游戏，随心所欲地违反道德规范。结果，不仅伤害了对方，而且伤害了自己。

2. 追求恋爱功利化。一些大学生谈恋爱，不看重彼此的感情，而是更在意对方的相貌、钱财，将恋爱完全功利化了。这样的感情往往不能长久，即使能维持一段时间，也不过是互相欺骗、互相利用而已。

3. 奉行感情至上主义。有些大学生不能正确处理自己的感情问题，容易走极端。一旦求爱不成或失恋，他们便觉得天塌下来了，悲观厌世，郁郁寡欢，甚至产生杀人和自杀

的极端倾向。

4.言行失度。很多大学生恋人整天黏在一起,即使是在公共场所也无所顾忌。他们的言谈举止严重损害了大学生的形象,也对社会造成不良影响。

5."PUA 式恋爱"。这是一种会让人受到严重伤害的恋爱,这种伤害不仅仅是身体的,还是心理的。被 PUA 式恋爱伤害过的人,在失恋以后,会变得十分自卑,对自己产生很大否定,觉得自己不配拥有爱情,甚至会患上抑郁症,以后很难再接受新的恋爱关系,导致情感障碍。这种消极的情绪是很可怕的,因为它会持续很长的时间。在这段时间内,会绝望卑微,觉得生不如死。

七、树立正确的恋爱观

对于大学生而言,树立正确的恋爱观是非常重要的。所谓正确的恋爱观,主要包含以下几个方面。

1.明确恋爱标准。大学生谈恋爱,理应将志同道合、志趣相投放在恋爱标准的首要地位,将善良、理智、诚实作为基本的择偶标准。在此基础上,再适当考虑恋爱双方其他方面的情况,最终做出适合自己也适合对方的理智决定。

2.明确恋爱目的。大学生恋爱的目的不应该仅仅是寻找伴侣,排解孤寂。两个人在一起应是为了更好地一起进步,为彼此成全双方更好的未来和人生。曾有一对恋人令无数人动容,他们保持着一段令人非常感动的恋爱关系。他们是一对异地的研究生恋人,每天晚上开视频聊天,在互相问过对方近况后,就在视频前各自完成作业和调研报告,偶尔抬起头看一眼对方,相视一笑,继续低头书写,埋头苦干。据悉,这一对恋人从本科大学期间就确定恋爱关系,两人原本学业成绩在各自专业中都属于中等。两人在一起后,相互勉励一起奋发,一起考上各自专业的 985 大学的研究生。尽管研究生期间两人处于异地,但两个人每天通过视频互相督促,一起提升,一起计划更美好、更长远的未来。研究生毕业后,两人相约回到家乡,到同一所高校考取教师的工作,结束异地恋爱,一起工作和生活,成为令人羡慕的"双职工"伴侣。两个人都表示,如果没有对方的督促和鼓励,不一定能考上研究生。这种在恋爱中双向奔赴、成全彼此、为爱成长、追求明天的恋爱关系,可以说是大学生恋爱的天花板。把恋爱关系升华为互进关系,也是恋爱关系中的最佳关系。一对大学生恋人之间如果不是"为爱成长"的互进关系,甚至是以"爱"为名的相互拖累或者一方拖累另一方的关系,都是虚度、消耗彼此的光阴和"耍流氓"行径,都是浪费对方青春时光的"罪人"。

3.要有责任心。大学生谈恋爱的成功率不高,这是显而易见的事实。虽然我们不能说毕业时分手是不道德的,但无论这段恋爱能持续多久,作为当事方的大学生都要有起码的责任心。有的大学生认为,反正一毕业就劳燕分飞,何必苦心经营这段感情。于是,他们抱着玩世不恭的态度对待这段感情,有的甚至见异思迁,完全不尊重对方。作为大学生,一定要避免这种虚耗情感、玩弄感情的泥坑,真正对自己、对他人负起应有的责任。

八、正确认识感情

人类的感情问题始终是一个既古老又崭新的话题。对此,美国心理学家斯滕伯格提出了"感情三元论"。他认为,尽管人类的感情异常复杂,但大致由三种成分组成。一是动机成分。感情背后的动机很多,情况极其复杂。涉及对异性的感情,则主要是源于性动机或性驱力。有时,也表现在相应的诱因上,如异性之间容貌上的吸引力等。二是情绪成分。人类的情绪很多,涉及感情的情绪不仅有爱与欲,而且还掺杂着其他成分,堪称酸甜苦辣麻,样样俱全。三是认知成分。感情中的认知作用往往偏于理性,而且对动机成分与情绪成分都具有一定程度的控制力。

打个比方,我们可以将动机视为电流,将情绪视为火花,那么认知就相当于开关或调节器,它可以根据感情之火的热度进行相应的调节。按照斯滕伯格的观点,尽管两性之间的感情形式五花八门,但本质上都是由动机成分、情绪成分、认知成分的混合体所演绎出来的。根据这种理论,他进一步将两性之间的感情关系分为热情型、亲密型与承诺型。其中,以动机为主的两性关系属于热情型,以情绪为主的两性关系属于亲密型,以认知为主的两性关系属于承诺型。至于理想中的完美感情,应当是三者俱备,且融为一体的。

"感情堪称人类开发心灵潜能的特殊学校。"就感情问题的处理能力而言,有人一针见血地指出:明白自己想要什么的人是小学生;懂得对方想要什么的人是中学生;能使双方都无遗憾的是大学生;能使双方都有成就的人是研究生。这种说法未必科学、严谨,但却揭示了一个事实:不同的人往往处于不同的层次,进而导致心灵上的巨大差异。

大学生的感情存在什么样的问题,有必要去学习和了解,以便更好地对待感情。

一是感情的不稳定性和暂时性。人类的感情本身就具有不稳定的特点,因而常常是短暂的、脆弱的。至于那种一见钟情式的感情,更是可遇而不可求。当然,人类不仅是感性的动物,而且是理性的动物。在很多时候,人类的理智能够弥补人类的感情缺陷。具体到大学生的恋情,更是充满了不稳定性。除了少数属于真爱,也最终能修成正果之外,大多数都是暂时的,随时都可能发生变化。明确了这一点,大学生就应冷静思考、客观分析,用理智驾驭感情,寻找到真正属于自己的那份感情。

二是恋爱动机不正确。有的大学生谈恋爱动机不纯,往往不是出于感情本身,而是为了弥补空虚、消除孤独、顺随大流。这类大学生在恋爱问题上往往非常自我,不大考虑对方的感受。一旦对方的言行与自己的意愿相违背,他们就会做出不理智、不道德的举动。还有一些大学生为了显示自己的魅力,同时和众多异性交往,搞多角恋爱,心理极度不正常。

三是容易出现单相思与感情错觉。所谓单相思,是指一方倾心于另一方,却得不到对方的回应。所谓感情错觉,是指在异性交往中,误认为对方对自己有意思,或者将双方的正常交往和友谊视为恋情。无论是单相思,还是感情错觉,都属于恋爱心理中的认知失误和情感失误。在大学生中,存在单相思与感情错觉的不在少数,确实应当引起大学生的高度关注。

四是遭受失恋的打击。所谓失恋,是指恋爱过程的中断。现实中,失恋会给大学生带来悲伤、痛苦、绝望、忧郁、焦虑、虚无等消极情绪,进而使大学生受到严重的伤害。从某种意义上说,失恋堪称人生中最严重的心理挫折之一,如果不能及时化解,很容易损害大学生的身心健康。

九、培养健康正确的恋爱心理与行为

(一)摆正恋爱与学业的关系

大学阶段是大学生学习专业知识、训练专业技能的黄金岁月。同时,大学校园为大学生提供了雄厚的师资力量、良好的学习条件,值得大学生加倍珍惜。因此,大学生理应将主要精力放在学业上。虽然大学期间也可以谈恋爱,但一定要摆正学业与恋爱的关系。如能互相促进、相得益彰,那是最理想不过的了。有些大学生为了谈恋爱,不惜影响自己的学业,是得不偿失的。这样做,不仅是对自己的前途不负责任,而且在某种意义上,也是对对方的前途不负责任。如果双方已经确立了恋爱关系,就更应当妥善处理好方方面面的关系,尤其在学业上理应互相鼓励、互相支持,为双方的共同的美好未来而不懈奋斗。

(二)处理好感情与友谊的关系

很多大学生分不清友情与爱情,给自己也给他人带来很多不必要的烦恼。异性之间的友情是客观存在的,但有时不太容易把握。事实上,许多大学生对待自己与异性的友情的问题上比较含糊,自己也分不清对对方是友情还是爱情。还有一些大学生故意将这类感情暧昧化,很容易让对方产生错觉。更有一些心理不健康的大学生,出于各种不可公开的动机,总是在友情与爱情之间摇摆,作为一种自己操控的感情游戏。显然,这样做是极不道德的,也必将害人害己。异性间的友谊与同性间的友谊一样,都是同学之间或朋友之间的一种平等、亲密的感情。如果大学生混淆了异性友情与爱情的界限,就容易误导对方,也很容易让自己产生错觉,进而给双方甚至更多的人带来各种各样的烦恼。因此,我们可以与异性同学广泛交往,但必须把握好"度",避免将异性友情与爱情混为一谈。

(三)正确对待恋爱与道德的关系

1. 大学生应注重感情的纯洁性。既不要亵渎他人的感情,也不要伤害自己的感情。一旦在感情中掺杂庸俗和虚伪的杂质,无论什么类型的感情都不值一提。大学生要正确对待恋爱与道德的关系,坚决摒弃一切有悖于道德的恋爱思想和恋爱言行,切忌嘲弄、践踏自己和别人的感情。

2. 大学生要重视婚前性行为的道德问题。有的大学生认为,婚前性行为是一种自由,他人无权干涉。有的大学生认为,婚前性行为是感情不断升温的必然结果,不值得大惊小怪。这些说法并非完全没有道理,但也不无偏颇。事实上,婚前性行为的影响是深远的,并非一些大学生想象得那么简单。我们都知道,真正的感情是性爱和情爱的完美结合。其中,性爱偏于自然属性,情爱偏于社会属性。与性爱相比,情爱除了同样具有强烈的感情因素之外,还蕴涵着理性成分。所以,大学生在面对和处理婚前性行为的问题

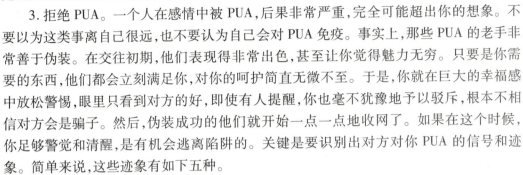

上，一定要谨慎，不要因为一时冲动而给双方带来意想不到的种种消极影响。事实证明，完全失去理智控制的情感往往会导致大学生的情感失误和人格堕落。

3. 拒绝 PUA。一个人在感情中被 PUA，后果非常严重，完全可能超出你的想象。不要以为这类事离自己很远，也不要认为自己会对 PUA 免疫。事实上，那些 PUA 的老手非常善于伪装。在交往初期，他们表现得非常出色，甚至让你觉得魅力无穷。只要是你需要的东西，他们都会立刻满足你，对你的呵护简直无微不至。于是，你就在巨大的幸福感中放松警惕，眼里只看到对方的好，即使有人提醒，你也毫不犹豫地予以驳斥，根本不相信对方会是骗子。然后，伪装成功的他们就开始一点一点地收网了。如果在这个时候，你足够警觉和清醒，是有机会逃离陷阱的。关键是要识别出对方对你 PUA 的信号和迹象。简单来说，这些迹象有如下五种。

一是孤立。对方会切断你与外界的一切联系。为达到这个目的，对方会利用一切机会挑拨你和家人、朋友的关系，逼迫你陷入孤立的状态。对方在各个方面都让你不得不依赖他，将他视为你唯一的生活中心。同时，对方还会想方设法剥夺你单独支配的时间，来最大限度地孤立你。如果你要外出购物或参加社交活动，对方就会全程陪伴，并禁止任何人接近你。因此，如果你发现和对方在一起后，自己原来的社交圈子越来越小，尤其与父母亲友的关系也不断被干扰甚至被打压，就要小心了。这是因为，你已经被对方有意识地孤立了。

二是规则。对方会向你灌输一种思想："如果你不顺从我，就是不爱我。"于是，对方会干涉你的日常生活，时时处处强化对你的支配。例如，对方会看似关心地规定你吃什么、不吃什么，几点睡觉、几点起床，甚至连穿什么衣服、看什么影视剧、与什么人交往都有严格要求。其实，对方制定这些规则并不是真正的目的，真正的目的只是更好地控制你。对方会宣称，自己所做的一切都是为了你好。你慢慢就会相信，尽管对方很霸道，但既然是为我好，我就应当服从，否则就会破坏双方的感情，引发不必要的冲突。其结果，就是你会严格遵守对方制定的这些规则。久而久之，你就会迷失自我，完全被对方所控制。

三是跟踪。对方会进一步采取行动，那就是跟踪。不要以为影视剧中才会出现这种极端举动，现实中并不少见。跟踪的方式多种多样：可以监视你的行踪；可以查看你的手机、电脑和社交账号；可以从你的亲朋好友、老师同学那里打听你的一切信息。即使你发现了对方的跟踪行为，你也不敢反对，反而担心自己的一言一行会让对方生气，害怕引起不必要的麻烦。长此以往，你会像惊弓之鸟，整天生活在忧虑当中。

四是贬低。对方会利用一切机会贬低你，伤害你的自尊，巩固自己的优越感。贬低的方式很多，甚至会贬低你的长处。如果你相貌出众，对方会故意说你长相一般。如果你善于烹饪，对方会故意批评你厨艺不精。除了贬低你的长处，更多的是贬低你的短处。如果你偏胖，对方就会讽刺你长得像猪。如果你没做好某件事，对方就会骂你愚蠢。在贬低你的时候，对方还会故意选择公共场合，目的就是伤害你的自尊。这一切都是有意为之，就是通过这样的做法来证明你是多么糟糕，只有顺从和听从对方的号令，你才能让生活变好。你一旦认同了对方的贬低，就会慢慢丧失自我，任由对方摆布。

五是虐待。对方会向你提出不合理的要求,如果你不顺从,对方就会使用暴力迫使你屈服。当然,一开始,对方往往会选择低强度的暴力。所谓低强度暴力,就是拍、打、抓、拉、推你。有时,对方也会摔门、扔东西等。这些小动作会让你感到威胁,但由于并不造成明显的身体伤害,很多时候也很难确定这就是虐待。等你慢慢适应并且逐步麻木了,对方的暴力行为就会升级,出现打脸、踹脚等。到这个时候,你很可能连反抗的意识都没有了。

以上就是一个人被 PUA 的五种迹象。需要强调的是,如果对方偶尔出现其中的一两种类似情况,还不能确定就是 PUA,但必须谨慎对待。你要认真审视一下双方的关系,并且询问自己:自从双方在一起后,自己是越来越自信了,还是越来越自卑了?事实上,一段好的感情关系会让双方都很舒服,都能找到最好的自我。如果一段感情关系让你越来越失去自我,那你就要高度警惕了。识别出那些有 PUA 特质的人,并远离他们,才是明智的做法。

(四)摆正感情的位置

人既是感性的动物,也是理性的动物。因此,大学生必须摆正感情在自己的人生中的位置。毫无疑问,感情在我们人生中占有重要地位,但感情并不是我们人生的全部。事实证明,一个只为感情而活着的人是可悲的,这样的人生是苍白的。

在此基础上,大学生还要摆正感情在大学学习、生活中的位置。要始终坚持学业第一的观点,为自己的未来努力奋斗。要清醒地意识到,今天的大学学习与未来的事业发展是息息相关的,也是未来感情美满的坚实基础。如果抛开学业,整天沉迷于恋爱之中,不仅荒废了学业,而且影响了未来的事业,最终也很难获得真正的幸福。所以,这样做不仅愚蠢,而且可悲。

(五)交往的艺术

大学生在人际交往中,要互相尊重、互相关心、互相帮助。尤其是与恋人相处时,更要坚持"独立自主,和睦共处"的基本原则,善于设身处地地为对方考虑,随时顾及对方的感受,尽量避免伤害对方的自尊心。

在恋爱交往中,不要花费太多的财力、时间、精力在对方身上。这是因为,大学阶段的主要任务还是圆满完成学业,学习始终是大学阶段的重中之重。如果恋爱有助于学业的进步,那就两全其美。但如果因为恋爱而影响了学业,那就得不偿失了。在恋爱交往中,既不要轻易否定对方,也不要轻易否定自己。即使失恋了,也不要认为未来一片漆黑,人生充满乌云。要吃一堑,长一智,促使自己尽快成熟起来。尤其不能自暴自弃,或者"一脚踏两船""感情多元化",将恋爱当成感情游戏。这既不道德,也不聪明,最终只会自食其果。

十、培养自己爱的本事

所谓爱的本事,主要包括施予爱、理解爱、拒绝爱的本事。无论是爱对方还是被对方爱,你都要理智分析,不能情绪化,更不能完全跟着感觉走。不管你是否接受对方的爱,也不管对方是否接受你的爱,你都应当冷静思考,最终得出最符合实际的结论。这既是对自己负责,也是对对方负责。

有时候,需要学会拒绝爱。一般说来,拒绝爱主要应注意两点。一是在尊重对方的前提下,态度要坚决,说话要果断。要勇敢地说"不",避免拖泥带水。二是掌握恰当的拒绝方式。毫无疑问,每个人都有拒绝爱的权利。但在拒绝他人的爱的时候,拒绝方式也是很重要的。既要表明自己的态度,也要考虑对方的心理承受能力。拒绝对方的爱是你的权利,但因此伤害了对方的自尊心就不应该了。

大学生活是极其短暂而宝贵的,与其把黄金时间消磨在花前月下的卿卿我我之中,不如在学业上发愤图强。从人的一生来看,再也难以找到比大学阶段更宝贵的学习时光。事实上,大学阶段是人的一生中才华与智慧提升最快的黄金季节,这是大学阶段之前、之后都无法比拟的。况且大学阶段的恋情往往无果而终,大多数人的恋爱婚姻问题是在走上工作岗位之后才逐步解决的。明白了这个道理,大学生就没有理由让脆弱的大学恋情损害自己的学业,酿成终身的遗憾。我们应当明白,人生就像一曲交响乐,感情这一旋律必须恰到好处,才能使人生的交响乐更加悦耳动听。

第五章

身心健康　快乐成长

学习目标

1. 了解大学生身体健康的标准,并养成各种良好的生活习惯。
2. 熟悉大学生心理健康的标准及大学生心理发展的基本特征。
3. 认识大学生的心理困惑与异常心理,掌握应对的方式方法。

学习重点

1. 认识影响大学生心理健康的六大因素,采取相应的对策。
2. 高度关注新冠疫情下大学生常见的情绪问题及自我调节。

健康是生活的支柱,是人类最宝贵的财富。在 20 世纪之前,人们的健康观念是:"只要身体没病,就是健康。"其实,这一认识是不准确的,也是不全面的。

1948 年,世界卫生组织明确提出了健康的定义:"健康不仅是指没有疾病,而且是指具备生理上、心理上和社会适应上的完好状态。"1978 年,国际初级卫生保健大会发表《阿拉木图宣言》,再次强调:"健康是身心健康、社会幸福的完美状态。"这就清楚地阐明了生物学因素与健康之间的关系,强调了心理因素和社会因素在健康问题上的深刻影响。

1990 年,世界卫生组织进一步完善了健康的概念,将"道德修养"也纳入健康的范畴。换句话说,健康不仅涉及人的身体,也涉及人的精神。其中,道德修养成为精神健康的重要标志。健康者不会采用损害他人利益的方式来满足自己的需要,具有辨别真善美与假恶丑的能力,能够遵循社会行为规范准则来约束自己的思想和言行。

健康新理念启示我们,真正意义上的健康不再是生理上的无病痛、无伤残,而是指生理健康、心理健康、社会健康、道德健康的有机统一。这是一种整体化的健康观,证明人类对健康的认识越来越深入、越来越科学。

第一节 大学生的身体健康

一、大学生身体健康的标准

1. 精力充沛,能正常学习与生活。

2. 开朗乐观,勇于承担责任。

3. 善于休息,睡眠质量好。

4. 应变能力强,能适应各种环境的变化。

5. 对感冒等疾病有一定的抵抗力。

6. 体型匀称,体重适当。

7. 眼睛明亮,思维反应敏捷。

8. 牙齿清洁,无损伤、病痛。

9. 头发光泽,无头屑。

10. 走路轻松,肌肤富有弹性。

据调查,很多大学生的身体素质低下,处于亚健康状态。目前,大学生常见的疾病包括流感、肠胃病、皮肤疾病、营养不均衡、贫血等。究其原因,主要是不良的生活方式和行为习惯,如熬夜、饮食不规律、缺乏运动等。

身体健康是生活质量的基础。因此,学校和大学生都应该予以重视。只有及时纠正不健康的生活方式和行为习惯,才能拥有健康、强壮的体质。

二、大学生的身体素质

身体素质具体包括健康的体格、充足的体能及身体的灵活性、适应力。对大学生身体素质的要求主要包括以下几个方面：

1. 讲究卫生,具有良好的卫生习惯,保持自身的学习环境、生活环境的清洁。

2. 身体健康,精力充沛,具备应对日常生活、学习所需的机能。

3. 掌握体育运动的基本知识和基本技能,掌握科学锻炼身体的方法,相关指标符合国家制定的《体育合格标准》,养成自觉锻炼身体的好习惯。

三、大学生健康身体的养成

（一）养成良好的生活习惯

生活习惯从属于生活方式,是生活方式的表现形式。现代科学证明,良好的生活习惯是人类维护身心健康的重要保证。研究表明,不良生活习惯容易诱发各种身心疾病。例如,吸烟容易导致注意力涣散、记忆力变差、思维迟钝、学习效率降低,还可能罹患肺癌。又如,酗酒容易导致酒精中毒,不仅会使听力、记忆力减退,而且也使自己的形象和人格受到损害。还有一些大学生早晨爱睡懒觉,经常不吃早饭,上课时无精打采,学习效果很差。

此外,有些大学生习惯于一边看书一边吃饭,看似两全其美,实际上却是人为地制造大脑与胃肠的血液争夺战,结果必然是两败俱伤:大脑因供血不足而反应迟缓,胃肠因供血不足而蠕动缓慢。长此以往,极易诱发胃炎或胃溃疡。

有些大学生喜欢在临考前熬夜,一下子打乱固有的生活规律,导致生长素分泌紊乱,严重影响身体健康。

因此,大学生必须彻底改掉以上这些不良的生活习惯。首先,要有意识地培养良好的生活习惯。其次,要逐步形成良好的生活规律,并持之以恒。最后,纠正各种恶习,坚决防止不良生活习惯的消极影响。

（二）加强身体锻炼

要想获得健康的身体,必须加强锻炼。科学的身体锻炼,不仅有助于强身健体、预防疾病,而且可以磨炼意志、优化心态。

如何加强身体锻炼呢？首先,锻炼方式一定要科学,这样才能增强体质、预防疾病。其次,锻炼时一定要量力而行,循序渐进,切忌急于求成,盲目加量。最后,要注重卫生保健,熟悉运动生理知识,避免不当运动导致的各种伤害。

第二节 大学生的心理健康

一、大学生心理健康的标准

根据我国大学生的实际情况,大学生心理健康的标准主要包括以下内容。

1. 智力正常。人的五大智力因素包括注意力、观察力、想象力、记忆力、理解力。这五大智力因素是大学生适应正常的学习与生活的基本心理条件。因此,衡量大学生的智力是否正常,主要是看他是否具备基本的注意力、观察力、想象力、记忆力、理解力。

2. 情绪健康。情绪健康的标志就是情绪稳定、心情愉悦,具体表现在:正面情绪多于负面情绪,积极情绪强于消极情绪;乐观开朗,热爱生活;善于调控自己的情绪,既能轻松克制,又能合理宣泄;情绪表达符合社会要求,能根据不同的场合进行灵活的应对。

3. 意志健全。意志健全主要表现在具有较高水准的行动的自觉性、果断性和自制力。意志健全的大学生做任何事情都有明确的目的,并能根据现实情况的变化采取灵活的方式加以应对。面对困难、挫折与失败,他们能够坦然正视这一切,并严格控制自己的言行,避免出现任何不理智的行为。

4. 人格完整。所谓人格完整,是指具有健全统一的人格,所思所想与所言所作是协调一致的。在这方面,有些大学生存在一些问题,主要是思维方式、行为方式与表达方式严重脱节,对人对己存在双重标准,甚至对同一个人、同一件事呈现出多种相互矛盾的极端评价。这就是我们常说的多重人格,或者说是人格分裂。

5. 自我评价正确。大学生是否心理健康,有一个重要的评判标准,那就是能否正确地进行自我评价。这就要求大学生勤于自我观察、善于自我剖析、勇于自我批评。自己比别人优秀,绝不沾沾自喜;别人比自己优秀,绝不郁郁寡欢。面对挫折与困境,始终能自我悦纳,积极进取。

6. 人际关系和谐。人际关系和谐是大学生心理健康的外在表现,也是非常客观的标志。人际关系和谐的大学生乐于与人沟通、交往,既尊重他人,也保持独立人格。既能客观评价别人,也能客观评价自己。对于自己的弱点或不足,会全力克服;对于别人的优点或长处,会虚心学习。

7. 社会适应正常。心理健康的大学生不仅具备和谐的人际关系,而且具备基本的社会适应能力。如果说前者主要是指大学生处理好与他人的关系的话,那么后者就是指大学生处理好与社会环境的关系。大学校园也是一个小社会,而大学生与校内这个小社会、校外那个大社会都是不可分离的。社会适应正常的大学生会与客观环境保持良好的关系,既能适应环境的种种要求,又能在一定程度上合情合理、合法合度地促进环境的优化,以便更好地满足个体的正常需要。

总之,大学生心理健康的基本标准能使他们对自身的心理健康状况有一个全面的了解。在此基础上,就可以保持现有的优势,并针对未达标的内容进行相应的调整,促使自己的心理更加健康。

二、大学生心理发展的基本特征

大学生正处于个体生命的黄金阶段:一方面,个体生理迅速发展;另一方面,个体心理迅速趋于成熟但又尚未完全成熟。因此,大学生的心理发展具有以下基本特征。

(一)智力水平达到高峰阶段

一般认为,个体智力发展的顶峰是在18岁至25岁。因此,大学生的智力发展往往处于较为理想的状态,具体表现在以下几个方面。

1. 逻辑思维能力显著提高。与中学生相比,大学生思维的创造性、敏锐性、广阔性、深刻性长足发展,能够全面认识和辩证分析不同事物,抓住事物发展的某些规律,具有创新思想,敢于标新立异。

2. 观察力明显增强。大学生对于事物的认识不限于五官的感受及对事物表象的了解,他们更希望探寻事物之间固有的、内在的、本质的联系,全面深入地认识事物发展的规律。

3. 想象力明显增强。随着知识的积累和视野的开阔,大学生的想象力在再造想象的基础上更具主动创造性,想象的结果可以达到一定的深度和广度。

4. 记忆力达到高峰。在大学生所处的年龄阶段,大脑记忆存储量显著扩大,记忆能力不断增强。

(二)自我意识逐步成熟

研究发现,大学生的自我意识逐步成熟,其独立感、自尊心、自信心、好胜心等不断增强。很多时候,他们在关注外部世界之余,也开始关注心灵世界,对自我感知、自我体验、自我评价非常感兴趣。他们非常在意自己在别人心目中的形象,渴望得到别人的尊重和理解。他们会着意塑造自身形象,并规划出理想中的自我模式,现实自我与理想自我开始出现偏差。他们常常把自己与他人进行比较,在比较过程中认识自己,对自己的积极品质加以强化,对自己的不良品质进行矫正。

同时,由于知识、能力、经验等方面的不足,大学生的自我意识尚未达到最终的完善和统一。有相当一部分大学生还不善于正确处理自我完善与社会需要的关系,在自我认识上存在一些偏差,通常表现为不能正确评价自己,不是自我评价过高,就是自我评价过低。一旦遭遇挫折,就很容易产生自卑心理。

(三)情感丰富,情绪波动大

进入大学后,大学生的活动领域不断扩大,生活更加丰富多彩。多样性的需要和体验使他们产生了丰富而复杂的情感,包括学习科学知识过程中形成的理智感,集体生活中形成的道德感,人与人交往中形成的友谊和爱情,文化娱乐生活中形成的美感,以及政治生活中形成的荣誉感和责任感等。

在这一阶段,大学生的情绪还没有完全达到稳定状态,情绪波动较大,通常会表现为两极性。例如,短时间内从兴奋转为消沉,或由冷漠转为狂热。这种不稳定的极端情绪往往导致大学生陷入情感与理智的矛盾冲突之中。

（四）意志水平明显提高，但不平衡、不稳定

与中学生相比，大学生的意志水平明显提高，自觉性、坚韧性和自制力都有长足发展。多数大学生能自觉确立适合自己的奋斗目标，并进一步制订相对合理的实施计划，并在实施过程中消除困难和阻碍，努力实现自我价值。

但在这一时期，大学生的意志水平也呈现出不平衡、不稳定的特点。在一般情况下，他们应对常规的学习、生活问题是绰绰有余的。但如果遇到疑难问题或需要进行重大抉择时，就往往优柔寡断、摇摆不定。大学生的意志活动水平受情绪波动的影响较为明显，通常表现为心境好时意志水平较高、心境差时意志水平较低。

（五）性意识趋于成熟

随着性生理和性心理趋于成熟，大学生的性意识也随之不断增强。于是，他们期望更多地了解异性，渴望获得美好的爱情，并尝试与心仪的异性建立恋爱关系。他们的性意识开始觉醒，表现出对性刺激的反应、对性知识的兴趣，以及对有关性问题的思考和相应的体验。

在这一阶段，部分大学生会相对合理地解决好学业与恋爱的关系，追求更加完善的人格。但也有一些大学生沉溺于恋爱而无法自拔，严重影响了自己的学业。个别大学生在两性关系上处理不当，造成难以挽回的严重后果。

三、影响大学生心理健康的因素

影响大学生心理健康的因素很多，主要包括生理因素、心理因素、社会因素、学校因素、家庭因素及重大生活事件因素等。

（一）生理因素

大学生的生理因素会在一定程度上影响他们的心理健康。这些生理因素主要包括遗传、脑损伤、躯体疾患或生理机能障碍等。一是遗传。遗传是心理发展的生物基础，尽管心理活动无法遗传，但躯体、气质、智力及神经活动却很容易受到遗传的影响。二是脑损伤。无论是什么原因造成的脑震荡、脑挫伤，都会直接影响心理状况，影响正常思维，导致心理障碍。三是躯体疾患或生理机能障碍。大学生一旦患有躯体疾病或生理机能障碍，就很容易出现心理障碍甚至精神失常。例如，甲状腺功能亢进者极易出现紧张、激动、烦躁等症状，而脑垂体功能过盛者则极易出现健忘、表达不顺畅、注意力易分散等症状。

（二）心理因素

心理因素同样是影响大学生心理健康的重要因素，具体包括认知、情绪、个性因素等。

1.认知。所谓认知，是指人认识外界事物的过程，具体包括感觉、知觉、记忆、思维、想象等。研究表明，大学生的认知会影响其思维方式、行为方式与表达方式。有时，某些认知因素会彼此冲突，于是就会出现认知的矛盾，导致紧张、烦躁、焦虑等症状，甚至严重影响人格的完整性和协调性。

2.情绪。所谓情绪,是指在认知过程中产生的对外界事物的态度与体验。一般说来,稳定、积极的情绪会促使人精神愉悦、心态安宁、身体舒适,而波动、消极的情绪则往往导致压抑和焦虑。

3.个性因素。个性因素也称人格因素,具体包括需求、动机、兴趣、信念、气质、性格等。个性因素属于心理活动的核心,对心理健康的影响很大。

不同个性心理的人所表现的心理状况有所不同。对于同样的挫折,有的人难以承受,选择消极应对,很容易自暴自弃;有的人则会正视现实,通过加倍努力,来改善自己的处境。

研究表明,一些特殊的人格特征往往会导致相应的精神疾病。有些大学生过于追求完美,不允许自己出现任何缺点与失误。但在现实面前,他们无法接受自己的不完美,感觉整个人生都幻灭了。久而久之,这样的大学生很容易出现精神方面的疾病。此外,优柔寡断、敏感多疑、心胸狭窄等人格特征也很容易导致强迫性神经症。

(三)社会因素

社会因素主要包括政治、经济、文化、教育及社会关系,往往对大学生的生存、发展与完善起决定性的作用。这种决定性的作用既有积极的作用,也有消极的作用。事实上,社会中的不健康的思潮、负面的事件会严重地毒害大学生的心灵。

当前,随着社会竞争的日趋激烈、就业形势的日趋严峻,大学生承受了方方面面的巨大的心理冲击。以"社会人"来衡量,大学生阅历尚浅、经验缺乏、心理脆弱。因此,面对这个五光十色的多元社会,他们往往迷茫、困惑。久而久之,就会引发焦虑、紧张、恐惧等不良情绪,严重影响大学生的心理健康。

此外,互联网对大学生的影响也越来越大,这是不可否认的事实。大学生的求知欲较强,他们通常能敏锐地感受到来自社会的变化和冲击。当前,一些导向错误的传播媒介也会给大学生的思想和行为带来消极的影响,进而引发各种心理问题。

(四)学校因素

大学校园是大学生学习、生活的主要场所,学校因素将直接影响大学生的心理健康。这里所说的学校因素主要包括校园环境、教育理念、教学方式、文化建设、学习条件、生活条件、人际关系等。如果学校校风纯正、人际关系和谐,大学生就很容易在这种融洽的氛围中心平气和地完成自己的学业。但如果校风不正、校园暴力频现、师生情感对立、同学关系紧张,大学生就必然感受到心理压抑,导致紧张、焦虑,造成严重的心理失调。

(五)家庭因素

家庭与大学生的关系是极为密切的,家庭因素往往对大学生的心理健康产生深远的影响。具体说来,家庭因素主要包括家庭氛围、父母教养、人员结构、经济状况等。其中,家庭氛围是形成大学生心理素质的前提,父母教养直接影响大学生的思维方式、行为方式与表达方式,人员结构尤其是单亲家庭、重组家庭的人员结构会促使大学生的心理发生某些微妙的变化,经济状况也会引发大学生自高自大或自卑自怯的特殊心理。

（六）生活事件因素

所谓生活事件,是指日常生活出现的各种社会变动。借助生活事件,不仅可以测量大学生的应激反应,而且可以预测大学生的身心健康状况。在诸多生活事件中,那些重要的丧失型生活事件会对大学生的心理健康起到消极作用。大学生遇到的重要的丧失型生活事件主要包括:一是与学业有关的丧失型生活事件,如考试不及格、无法顺利毕业等;二是与自我发展有关的丧失型生活事件,如评优落选、入党转正延迟等;三是与情感有关的丧失型生活事件,如失恋、与朋友绝交等;四是与重要人物有关的丧失型生活事件,如亲人去世等。这些生活事件不仅会影响大学生目前的学习、生活,还可能会极大地影响到大学生对自身及今后人生、社会的看法,严重时还会导致心理障碍。

四、大学生心理健康的养成

要想促进心理健康,可根据心理健康标准要求,从以下几个方面做起:

（一）正视现实,接受现实

心理健康的大学生能够正视现实,也能够接受现实。他们能够主动适应周边环境的各种变化,能够对周边环境中的人与事进行客观的评估。面对突发事件,他们不会一味逃避,而更愿意通过自身的努力去应对。遇到生活、学习中的困难与挫折,他们仍然保持足够的信心与勇气。心理不健康的大学生对现实世界缺乏真正的认同感,往往更愿意生活在自己虚构的世界中。因此,他们总是以幻想代替现实,没有足够的勇气去面对现实中的各种不完美、不理想。他们除了埋怨自己生不逢时,就是埋怨社会不公,根本就无法适应环境。

（二）正确评价和悦纳自己

心理健康的大学生能够正确看待自身的优势与不足,能够对自己做出恰如其分的客观评价。他们善于选择最适合自己的奋斗目标,善于制定最符合实际的奋斗规划,始终对自己的前途充满信心。心理不健康的大学生则往往缺乏自知之明,不是高估自己,就是低估自己。他们所确定的奋斗目标与奋斗规划往往与自己的实际相脱节,其结果可想而知。他们有时趾高气扬,有时垂头丧气;有时对自己不满,有时又怨天尤人。

（三）接受他人,善与人处

心理健康的大学生不仅能坦然接受自己,也能坦然接受他人。他们坚信自己的能力,也不忽视他人的价值。他们乐于与人交往,也愿意尽己所能去帮助他人。他们拥有和谐、融洽的人际关系,拥有志同道合的知心朋友。心理不健康的大学生则常常独来独往,总是将自己与别人隔离开来,人际关系也异常紧张。

（四）乐观进取,反应适度

心理健康的大学生热爱生活、热爱学习,能尽情享受生活与学习的乐趣。他们善于开拓自己的奋斗空间,善于运用自己的聪明才智,去取得一个又一个成功。尽管他们也会遭遇困难、挫折和失败,但他们不会灰心丧气,不会停滞不前。心理不健康的大学生往往往难以控制自己的情绪,稍有一点成绩就沾沾自喜,稍受一点挫折就怨天尤人。

第三节　大学生的心理困惑与异常心理应对

一、大学生常见的心理困惑

（一）人际交往的困惑

很多大学生发现,学业方面的压力虽大,但自己还是有办法应对的。毕竟这么多年勤奋苦学,对于如何取得优异成绩还是心中有数的。但在面对人际关系上的诸多难题时,很多大学生就倍感棘手。这也难怪,进入大学之前的人际关系是相对简单的,也得益于家庭和学校的严格控制。进入大学后,大学生一方面渴望与人交往,与人分享快乐、分担烦恼;另一方面又习惯以自我为中心,凡事只替自己考虑,很少替他人着想。于是,在人际交往中,大学生往往不尽如人意,进而产生人际交往困惑。

有的大学生极端自负,总是用俯视的姿态对待他人,不屑与他人交往,也自然得不到他人的欣赏。有的大学生极端自卑,对人际交往存在恐惧,宁愿独自陷入封闭的境地。有的大学生愿意与人交往,但却因为缺乏经验或对他人过于苛刻,往往不被他人所欢迎。有的大学生自私自利,又好胜心切,时时刻刻都与他人竞争,结果无法与他人正常交往。有的大学生情绪容易失控,对人对事过于敏感,给人喜怒无常的感觉,也没有多少人愿意与他交往。

📋 案例阅读

都是嫉妒惹的祸

江某与吴某都是某艺术院校的大三学生。江某非常开朗,吴某则比较内向。开学后,她们分在一个宿舍,成了形影不离的好朋友。但时间长了,吴某就自卑起来。在她看来,自己就像一只丑小鸭,哪能和江某这只"金凤凰"相比。她觉得自己处处不如江某,认为江某出尽风头,让自己丢尽了脸。于是,她常常冷漠地对待江某。有一次,江某在学院组织的服装设计大赛中夺得一等奖。吴某得知后,妒火中烧,竟然偷偷将江某的参赛作品毁掉。江某发现后,万分无奈,想不通吴某为什么要这样做。

点评:江某与吴某原来是形影不离的好朋友,后来却因为吴某的嫉妒心,导致两人关系破裂,实在令人惋惜。仔细分析这场悲剧的根源,就是吴某的嫉妒心。如果吴某能心胸宽广一些,就不会失去自己的朋友,也不会导致自己的心理不健康。

（二）适应困惑

对于大学生来说,大学好比是正式步入社会前的预演场所。在这里,大学生可以进行各方面的系统训练,逐步提升自己对社会环境的适应能力。但现实中,许多大学生却完全不适应新环境。有的大学生住不惯集体宿舍,只能在学校附近租房住;有的大学生居然不会也不愿洗衣服,把攒下来的脏衣服作为一个学期的"成果"带回家;更有甚者,因为不适应大学的学习与生活,诱发严重的心理疾病。

📋 案例阅读

适应良好是关键

李某是家中的独生子,父母均为国家干部,家庭生活条件优越,上大学之前未曾离开过父母。进入大学后,生活发生了很大的变化:没有了自己的卧室和独处的空间;很多父母代劳的日常生活事务都要自己解决;开始了集体生活,不知怎样与别人进行正常的沟通……这些改变让他食欲不振,睡眠质量下降,学习兴趣也下降了。

点评:生活、学习环境发生重大改变后的适应不良是造成该问题的主要原因。面对新的环境,李某理应主动适应,重新确定自己在大学的角色与位置。遇到自身难以克服的问题,可以寻求外在的支持。

(三)恋爱心理的困惑

大学生正值情感的萌发期,大学生恋情的稚嫩及其特有的激情给恋爱蒙上了一层神秘的色彩,但同时也可能酿成一杯杯爱的苦酒。如何处理好恋爱与学业的关系,如何面对失恋的挫折,这些问题往往让大学生苦恼万分。尤其在性面前,许多大学生陷入矛盾的旋涡,或肆意宣泄,或压抑异变。受社会大环境的影响,大学校园里的异性癖、恋物癖、婚前性行为、婚前同居等问题,都让大学生产生极大的困惑。

(四)学习与生活的困惑

毫无疑问,顺利完成学业是大学生的首要任务,多数大学生也能接受这一观点。但在充分肯定大学生的进取心的同时,也应清醒地看到,大学学业也给大学生带来巨大的心理压力。部分大学生由于不适应大学阶段的学习,导致学习成绩低下,甚至有因无法调适学习压力而选择轻生的。除了学习的压力,生活的压力也让大学生步履维艰。据不完全统计,目前我国高校在校生中的贫困生占20%,其中5%属于特困生。经济上的巨大压力往往引发了各种不良心理,导致这部分大学生自卑自怯、封闭孤僻,严重的还会发展成抑郁症而不得不退学。

📋 案例阅读

贫困生小依的故事

小依是从山区考进某重点高校的学生。高中毕业后,全班只有她一人考上了大学,大家都为她感到骄傲。进入大学后,小依无论在学习上如何努力,都无法赶上其他同学。

第一学期结束后，同寝室的其他5个人都获得了奖学金，唯独小依没有，这让家庭经济条件较差的小依感到灰心。大二刚开始，小依便全身心投入学习，准备英语四级和计算机二级考试。但这期间，她的神经性偏头痛犯了，因而两门考试都没通过。更让她感到尴尬的是，女同学们都互相攀比，穿名牌服装，只有她还穿着高中时的旧衣服，打扮得土里土气，显得格格不入。因此，小依到哪都是独自一人，心里倍感伤心，甚至后悔上大学……

点评：小依的困惑主要来自两方面的落差：一是在山村中学学习成绩出众与现在学习成绩相对较差之间的落差；二是山村与城市的经济水平之间的落差。对此，小依应树立起自信心，看到希望，肯定自己。

（五）就业困惑

对于大学生来说，毕业就意味着就业的开始。实际上，从大学生进入大学校园的第一天开始，他们就或多或少地接收到很多有关就业的信息。从大学生的未来发展角度来看，就业无疑是人生的重要转折点：毕业之前，属于典型的求学阶段；毕业之后，属于典型的求职阶段。因此，几乎所有的大学生都会高度关注自己的就业问题，只不过各自的关注点有所不同罢了。很多大学生对自己的未来寄予较高的期望，认为自己寒窗苦读十几年，终于鲤鱼翻身跳龙门，自己和家人都付出了巨大的努力，社会理应给予自己满意的回报。在主观上，大学生渴望一毕业就找到一份薪水高、条件好、有前途、有脸面的工作，迅速成为社会精英，开创自己的宏图大业。但在客观上，就业形势日益严峻，社会对大学生的要求也越来越高，而大学生眼高手低的致命弱点在就业问题上表现得淋漓尽致。什么单位才是自己应该去的？什么工作最有前途？如何从茫然中找到方向、找到自己的出路？这些问题都给临近毕业的大学生带来很大的精神压力，进而导致焦虑、抑郁，各种心理问题层出不穷。

（六）网络依赖的困惑

相对宽松的学习与生活环境使部分大学生丧失了方向和目标。同时，网络信息的多样性及网络沟通的便捷性也为那些在现实生活中不擅交际的大学生提供了方便。于是，他们在网络虚拟世界里寻找心理满足，有的甚至产生了严重的网瘾。他们每天将大量时间用于上网，就连饮食、睡眠都变得无所谓了，更何况是自己的学业。他们不愿与人面对面交往，失去了正常的认知、情感和心理定位，导致世界观、人生观、价值观严重扭曲。与此同时，沉迷网络的大学生极易产生心理疾病。他们言行举止失常失度，与周围的人格格不入。毫无疑问，这必然对他们的学习、生活带来消极的影响。

📋 案例阅读

落入网络陷阱

姜某以优异成绩考入某大学，在学习上未能达到自我期望，但在网络游戏技术上进步很快。于是，姜某对网络游戏产生了浓厚的兴趣。他不再与同学沟通、交流，开始独来独往。他对自己的学业采取放弃的态度,最后发展到经常逃课,彻夜不归。在班主任的劝告下,姜某稍微收敛了一段时间,不再玩网络游戏。但与此同时,他发现自己身体不适、心烦意乱、脾气暴躁、上课很容易开小差。不久,他再次沉迷网络游戏,一发不可收拾。

点评:姜某沉迷于网络,耽误了大量的学习时间,应尽快采取措施,回到正常的轨道上来。姜某应该明白,面对学习和生活的压力时,要勇敢面对,努力解决,而不是一味逃避。

二、走出心理困惑

进入大学阶段,大学生正处在人生发展的黄金阶段。社会、学校和家庭都为他们的健康成长提供了优越的条件,大多数大学生也希望自己能够在大学阶段有所收获。但是,社会节奏的加快、社会竞争的激烈与大学生自身存在的诸多不足都导致大学生出现各种心理困扰和心理冲突。如果不能及时进行科学的心理健康教育,这些大学生的不良心理就会持续恶化,最终导致严重的心理疾病。由此可见,大学生的心理健康教育是大学教育不可缺少的重要内容。

(一)开展大学生心理健康教育活动

当前,大学生心理健康教育已经越来越受到社会、学校、家庭等各方面的重视。大学生心理健康教育的途径主要有以下几个。

1.普及心理学知识

要想显著提高大学生的心理健康水平,必须引导大学生认真学习心理学知识,了解大学生心理发展变化的规律与特点,掌握心理保健的方法,自觉、主动、高效地调控自己的情绪。为此,大部分高校都设有心理健康教育课程,旨在对大学生进行系统的心理健康教育。除此之外,大学生还可以利用广播、电视、网络、校刊、校报、橱窗板报等多种方式学习心理健康知识。

2.开展大学生心理咨询工作

心理咨询工作旨在针对大学生的心理特点,采取各种专业手段,帮助大学生防治心理疾病、优化心理素质,并对大学生的学习、生活、情感、就业等进行心理辅导,以帮助大学生客观地认识自己的心理健康状况,增强心理调节能力,预防各种心理问题。

3.在教学活动中渗透心理健康教育内容

在高校教育中,除了开设专业的心理健康教育课程,还将心理健康教育巧妙地渗透到各门学科、各门课程的教学活动中。在注重德、智、体、美、劳等教育的同时,适当加大了心理健康教育的比重。充分发挥各门学科、各门课程的固有优势,从不同侧面强化心理健康教育,促使大学生在潜移默化中接受心理健康教育,保持良好的状态和健康的心理。

4. 开展心理状况测评工作

心理健康教育要想取得实效,离不开广泛、深入的调查研究。只有全面、准确地掌握大学生的心理状况,才能更有针对性地进行心理健康教育,解决大学生存在的各种心理问题。所有大学生要配合学校的各类心理健康评定表进行测评,通过融筛选、干预、跟踪、控制为一体的程序,帮助我们尽早发现、及时干预和有效控制,确保心理健康教育的科学性。

(二)端正心理健康教育观念,营造良好求助氛围

1. 加强校园文化建设,营造良好氛围

开展大学生心理健康教育应当以课堂教育为主渠道,在此基础上,还可以借助校园文化建设营造理想的心理健康教育氛围。在校园文化建设中,往往会组织各种丰富多彩的文化活动,诸如学术讲座、文化艺术节、社团活动等。大学生可以通过活动增长知识、陶冶情操、启迪心智、缓解心理压力、培养积极乐观的生活态度,以促进身心的健康发展。

2. 增强心理健康教育意识,实现全方位育人

实践证明,加强大学生心理健康教育的关键是增强心理健康教育意识。在这里,既包括大学生的心理健康教育意识,也包括心理健康教育工作者的心理健康教育意识。加强心理健康教育的师资建设,提高全体教师的心理健康教育意识至关重要。为此,学校经由讲座、讨论、培训等方式,对领导、教师及辅导员进行专业的心理学知识和心理咨询技能的培养,提高他们的思想素质和业务素质,进而更好地开展心理健康教育工作。

3. 更新观念,正视心理求助

生活中,很多大学生对于心理疾病、心理咨询存在误解。很多人不忌讳自己身体上的疾病,却害怕公开自己的心理问题,不愿进行心理咨询,从而导致心理问题长期得不到解决,最终演变为心理疾病。

对于心理障碍和心理咨询,大学生应该切实认识到以下两点。

第一,心理障碍不可怕。人的一生难免受到这样那样的伤害,如不幸的童年、失去亲人、生活的挫折、疾病的困扰、不公平的待遇等,这些因素都可能导致个体产生心理障碍。大多数由于压力产生的心理问题只要及时调节或者接受心理疏导,都可得以消除。

第二,心理咨询不神秘。许多人由于对心理咨询不了解,因而在心理咨询和心理治疗上出现不必要的担心和顾虑。其实,大可不必这样。现在,许多人都存在这样那样的问题,有心理问题并不是丢人的事情,咨询心理医生就像去医院治疗发烧感冒一样。在西方许多发达国家,人们看心理医生是一件很平常的事情,甚至遇到心急上火之事都要找心理咨询师进行咨询。同时,从事心理咨询工作的人也会严格遵守自己的职业操守,遵循保密原则。所以,大学生大可不必担心自己的"糗事"会被别人知道,完全可以打消"别人知道了一定会笑话我"之类的顾虑。遇到自己解决不了的心理问题,可以及时到学校的心理咨询室或校外正规的心理咨询专业机构寻求帮助。

(三)大学生应积极开展自我调适

大学生应积极开展自我调适,走出心理困惑,具体可从以下几方面进行。

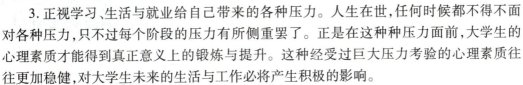

1. 创造和谐的学习生活环境。同学之间要互相关心,彼此倾吐心声,消除隔阂。

2. 树立远大理想,确立正确科学的世界观、人生观、价值观。可充分利用社会实践活动、先进人物报告会、党课等途径,陶冶自己的情操,健全自己的心智。

3. 正视学习、生活与就业给自己带来的各种压力。人生在世,任何时候都不得不面对各种压力,只不过每个阶段的压力有所侧重罢了。正是在这种种压力面前,大学生的心理素质才能得到真正意义上的锻炼与提升。这种经受过巨大压力考验的心理素质往往更加稳健,对大学生未来的生活与工作必将产生积极的影响。

4. 如果大学生一时无法排解自己的消极情绪,可借助各种渠道、各种途径进行专业的心理咨询。例如,可以通过网络方式向学校心理咨询室或校外正规的专业心理咨询机构求助,以便合理宣泄情绪,及时优化心态。

三、大学生心理健康教育的意义

(一)加强大学生心理健康教育是社会进步和时代发展的迫切要求

随着社会的发展和科技的进步,生活节奏逐步加快,社会竞争日趋激烈,学习、工作、生活等各方面压力的侵蚀着人们的身心。人们由此产生抑郁、焦虑、孤独等心理问题,甚至出现暴力、虐待、自杀等极端行为,严重影响社会的正常秩序。

大学生面对纷繁复杂的社会状况,变得矛盾、困惑、不安和迷茫,这就需要对他们进行心理健康教育,及时帮助他们摆正方向、认清道路、调整心态和优化人格,引导他们从容地面对挑战,适应时代发展的要求。

(二)加强大学生心理健康教育是培养高素质人才的客观需要

相关研究表明,心理素质对智商、情商、思想、品德等具有很大的影响。大学生正处于掌握知识技能和自我发展完善的重要时期,在面临专业知识储备、智能潜能开发、人格品质优化、思想道德修养、求职就业准备及交友恋爱等人生课题时,往往会产生诸多矛盾和困惑。只有正确引导和教育,才能使大学生成为有知识、有才干、有事业心、有责任感的高素质人才。

(三)加强大学生心理健康教育是大学生思想政治教育的重要组成部分

思想政治教育的范畴很广,具体包括思想教育、政治教育、道德教育和心理教育。由此可见,心理教育也是思想政治教育的题中应有之义,更是思想政治教育的前提。大学生在这一年龄阶段表现出来的成人意识比较强烈,其独立性明显,但常常处于独立与依赖、交往与封闭、自尊与自卑、理想与现实的矛盾冲突之中,容易产生各种心理问题。这就需要加强心理健康教育,帮助他们树立科学的人生观、世界观、价值观。

第六章

遵纪守法 注重安全

学习目标

1. 认识自由与纪律的关系,确立"法律面前人人平等"理念。
2. 重法、学法、知法、守法、用法,运用法律捍卫合法权益。
3. 注重网络安全,掌握防范电脑病毒和网络诈骗的各种对策。
4. 注重生活安全,熟悉大学生安全常识,处理各种应急事件。

学习重点

1. 熟悉各种电信诈骗形式,有效预防和应对各种网络诈骗。
2. 掌握发生意外、身患重病、食物中毒等应急事件的处理方式。

建设社会主义法治国家、完善社会主义市场经济、加强四个文明建设,都要求大学生不断增强法律意识、逐步提升法律素质。肩负着实现中华民族伟大复兴的历史使命的大学生,必须具备良好的思想政治素质、过硬的专业技术能力、基本的法律素养。所谓基本的法律素养,主要是指遵纪守法,注重安全。

第一节　遵纪守法

一、自由与纪律

"生命诚可贵,爱情价更高。若为自由故,二者皆可抛。"这首著名的短诗把人们对自由的向往及捍卫自由的毅然决绝的态度表现得淋漓尽致。但现实生活中真的存在绝对的自由吗? 我们想象一下这样一幅场景:一个城市的居民在大街上随心所欲,享有绝对的自由,乱闯红灯,驾车横冲直撞,随意横穿马路……城市变成战场,我们还会享受自由吗?

自由是相对的,自由有度。

📢 **拓展阅读** ••••••••••••••••••••••••••••

一只风筝正在空中潇洒地飞翔,可它并不满足:如果去除了线的束缚,我岂不是能飞得更高、更远吗? 于是,它大声呼喊:"谁能帮我?"这时,大风表示愿意帮忙。只见大风拿出看家本领,刮得天昏地暗。"咔嚓"一声,线断了,风筝心花怒放:"我终于自由了!"可令它万万没有想到的是,几个跟头之后,它便摔到了地上。

从某种意义上说,自由与纪律的关系就像风筝与线的关系,自由受到纪律的约束,纪律则是获得自由的保证。在现实生活中,有人将纪律与自由对立起来,认为两者不能共存。这种想法是偏颇的。俗话说得好:"没有规矩,不成方圆。"空中的鸟是自由的,水中的鱼也是自由的。但让鸟进入水,让鱼离开水,它们不仅得不到自由,反而会因此丧命。事实证明,自由从来都是有条件的,因而是相对的,绝对的不受约束的自由是根本不存在的。

大学生应该始终牢记,国有国法,校有校规。大学生除了遵守国家的法律法规之外,也必须遵守学校的规章制度。学校之所以制定这些规章制度,是为了合理规定大学生的仪容仪表、言语行为。如果没有这些规章制度,势必会出现扰乱教学秩序、破坏公物、乱扔垃圾、结伙打架等不文明行为。当人人都我行我素、率性而为,严重违反校纪校规成为常态时,很多人的权利也就被剥夺了,有何真正的自由可谈。

••

📋 **案例阅读** ━━━━━━━━━━━━━

职校学生小张,聪明、能干,无论理论学习,还是技能操作,都出类拔萃。美中不足的是小张的纪律观念不强,自以为成绩优秀,经常迟到、旷课,自由散漫成了习惯。毕业之际,小张被家里推荐到某知名企业实习。该企业环境好、收入高,很适合小张的未来发展。然而,就在转正前夕,小张意外受伤。他向部门负责人请假并说好下周二回公司上班。谁知小张没有如期康复,周二上班还有困难。小张心想:"反正已经请过假了,自己确实伤势未愈,只晚一天去,应该没有关系。"第二天,小张回到公司。负责人告诉他:"你去人力资源部吧。"一头雾水的小张走进人力资源部,他听到的是:"张先生,您的岗位已有人顶替了,请您另谋高就吧。"

点评: 由于小张平时不守纪律,养成了不良习惯,命运就此转折。如果小张在校期间能遵守校纪校规,就不会失去这么好的机会。一些大学生总抱怨学校的纪律妨碍了自由,可仔细想想,正是对"自由"的约束,才让大家拥有更多的自由空间。

自律胜于纪律,每个人面临的最大挑战就是如何管理好自己。当然,这有一个从不习惯到习惯的过程。当自律成为一种素质、一种修养、一种境界,甚至当你开始享受的时候,我们就获得了真正的自由。

案例阅读

×××学校纪律通报

新冠疫情暴发以来,绝大部分学生严格遵守省市防疫部门和校园疫情防控的相关举措。但有极少数学生防控意识淡薄,违反防疫办和校园疫情防控举措。经查证,近期有两名同学严重违反校园疫情防控举措,现通报如下:

李大坤(化名),未经外出请假审批,私自前外地,返赣后未经隔离和核酸检测直接回校。学校在排查外省及中高风险地区行程时,该生也未主动报告行程。直至行程码异常,该生才报告相关情况。

王小红(化名),私自外出并经过A地留宿一晚。学校排查A地密接人员时,该生未如实上报,也未在国庆假期去向信息登记系统中修改行程。

这两位同学违规离赣离校、违规进出校园、不按要求上报疫情相关个人轨迹信息,严重违反市防疫办和学校疫情防控管理规定。根据疫情防控要求和《×××学校学生违纪处分规定》,为加强疫情防控纪律,学校决定对这两名学生分别给予记过和严重警告处分。

当前,疫情反弹风险依然存在,丝毫大意不得。希望同学们引以为戒,自觉遵守学校各项疫情防控举措,并养成"戴口罩、勤洗手、多锻炼、重防护"的好习惯。

×××学校防疫办

二、普法基础知识

法律是由国家制定、体现人民意志、受国家强制力保障的社会行为规范。法律规定了不能做什么,做了就要受到法律的惩罚;法律规定了必须做什么,没做就会受到法律的强制。法律的强制力以警察、法院、监狱、军队为后盾。

我国现行宪法公布施行至今,法律体系仍在不断完善。目前,我国的法律体系分为七个部分,即宪法及宪法相关法、民法商法、行政法、经济法、社会法、刑法、诉讼与非诉讼程序法。从广义上来说,法律体系又可分为三个层次,即法律、行政法规、地方性法规。

1954年,中华人民共和国第一部宪法诞生,史称"五四宪法"。此后,又经过数次修正,现行宪法为2018年修订。《中华人民共和国宪法》明确规定:"本宪法以法律的形式确认了中国各族人民奋斗的成果,规定了国家的根本制度和根本任务,是国家的根本法,具有最高的法律效力。全国各族人民、一切国家机关和武装力量、各政党和各社会团体、各企业事业组织,都必须以宪法为根本的活动准则,并且负有维护宪法尊严、保证宪法实施的职责。"这就清楚地阐释了宪法至高无上的权威。

(一)法律面前人人平等

法律是公正的,对谁都一视同仁。下面,举个国外的例子,彰显出法律面前人人平等。

📢 拓展阅读 ··········

假如你去德国旅行,一定要到离柏林不远的波茨坦去看看,因为那里不仅出了一个著名的《波茨坦公告》,还有体现德意志民族对法律公平、公正信念和标志德国司法独立的一座老式磨坊,给人留下深刻印象。

当年,德国皇帝威廉一世在波茨坦修建行宫。行宫修好之后,他发现宫殿前的一座磨坊挡住了自己的视线。扫兴之余,他就派人联系磨坊主,想要买下这座磨坊。出乎他的意料,磨坊主死活不卖。威廉一世大为震怒,立刻让人将磨坊拆了。第二天,磨坊主将威廉一世告上法庭。当地法院受理此案,最终判决威廉一世败诉。按照判决,威廉一世必须为磨坊主"恢复原状",并赔偿一切损失。威廉一世虽为一国之君,但也只能遵照执行。很多年过去,威廉一世和磨坊主都死了。有一次,磨坊主的儿子写信给威廉二世,想出售磨坊。威廉二世在回信中写道:"亲爱的邻居,我认为这个磨坊不能卖掉,因为它早已成为我国司法独立的象征,理当世代保留。随信送上3000马克。"时至今日,这座古老磨坊仍屹立在德国的土地上,给予世人深刻的启示。

在这个故事中,老磨坊主遇到威廉一世的侵权行为,不是大吵大闹,而是运用法律武器来维护自身权益。他坚信,只有法律才能使自己的财产合法不受侵犯。威廉一世接到判决书后,没有凭借权力去谋取私利,而是严格遵照执行。因为他也明白,坚持"法律面前人人平等"对治理国家和维护其统治的重要性,懂得权力不能解决一切问题,权力永远不能替代法律。

(二)知法善用,捍卫权益

人人知法、懂法、用法,是建立法治社会的基础。

车辆必须遵守交通规则,否则就很容易导致交通事故;宇宙天体都在各自的轨道上

运行,否则就很容易碰撞。大学生生活在这个社会上,当然不能不受到法律的约束。

有这样一个"校园勒索案件":年仅 15 岁的某校学生小刘,因多次遭受校园欺凌,被人勒索,既不敢向家长诉说,也未向学校报告,更没有选择报警。直到有一天,他忍无可忍,用匕首将对方刺死,自己的前程也毁于一旦。

我们身处的世界,既有灿烂阳光,也有阴霾黑夜;既有携手同歌,也有拼搏竞争。大学校园不是真空地带,也必然受到社会思潮的种种影响,也肯定存在各种负面现象。当我们的正当权益遭受侵害时,千万不要采用违法的方式去应对。无论如何,我们要相信法律始终在我们身边。要坚持学法、知法、守法,善用法律武器来维护自己的合法权益。

第二节　网络安全

随着互联网的高速发展和广泛使用,网络犯罪开始对网络安全造成严重的威胁。所谓网络犯罪,是指犯罪分子借助网络和计算机技术,对特定网络系统进行攻击、破坏或利用网络进行其他犯罪。它具有智能性、隐蔽性、复杂性、跨国性、匿名性,及发展迅速、涉及面广、探秘动机居多、社会危害性大等特点。

在网络犯罪中,常见的网络犯罪包括:对网络系统及其信息进行攻击;在线传播电脑病毒;电子讹诈;网上非法交易;电子色情服务;虚假广告;网上洗钱;网上诈骗;在线侮辱、毁谤;网上侵犯商业秘密;网上组织邪教组织;网上刺探、提供国家机密等。

在大学生活中,大学生经常遭受电脑病毒和网络诈骗的侵害。下面,着重介绍电脑病毒和网络诈骗的预防和应对。

一、防范电脑病毒

(一)电脑病毒的类型与危害

所谓电脑病毒,是指违法分子在计算机程序中插入的计算机指令或程序代码,旨在破坏计算机的功能或数据,影响计算机的正常使用。

1. 电脑病毒的类型

电脑病毒种类繁多,比较常见的有:

(1)引导型病毒。所谓引导型病毒,是指那些藏匿在硬盘引导区的病毒。电脑一旦开机,这类病毒就会首先运行,获取对电脑的控制权,因而具有极大的破坏力。

(2)文件型病毒。在电脑病毒中,文件型病毒是最常见的。这类病毒常常躲在文件中,只要用户使用这些文件,它就会自动运行。

(3)复合型病毒。复合型病毒属于引导型病毒与文件型病毒的综合体,既能感染硬盘引导区,也能感染正常文件,因而破坏力很大。

2. 电脑病毒的危害

电脑病毒主要有以下两方面的危害:

（1）危害电脑。电脑中出现电脑病毒，就会运行失控，使文件遭到破坏，让系统速度变慢，自动打开恶意网页。严重时，还可能导致系统无法启动，破坏硬盘分区表、BIOS 数据等。

（2）盗取用户个人隐私。电脑病毒会通过互联网盗取 QQ 账号和密码、游戏账号和密码等，还能随意删除、提取电脑上的文件，监控用户所有的电脑操作。

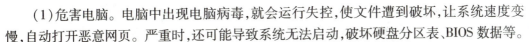

相关链接

勒索病毒

作为一种新型电脑病毒，勒索病毒的主要传播方式是邮件、程序木马、网页挂马。勒索病毒危害极大，给用户带来巨大损失。更重要的是，勒索病毒会利用加密算法对文件加密，感染之后必须拿到密钥才能破解。

2017 年 5 月 12 日，全球有近百个国家和地区发生 7.5 万起电脑病毒攻击事件。这是一个名为"想哭"（WannaCry）的勒索病毒。电脑一旦中毒，就会被远程锁定。用户要想找回重要资料，必须支付高额的比特币赎金。在这次事件中，英国医疗系统陷入全面瘫痪，导致大量病人难以就医；中国的校园网普遍被感染，毕业论文被病毒加密，损失惨重。

勒索病毒的存在，让广大网民真切地感受到网络世界的黑暗。同时，这也再次敲响网络安全的警钟。

（二）电脑病毒的预防

关于电脑病毒，最重要的还是预防，因为电脑一旦感染上病毒，即使再好的杀毒软件往往也无法彻底将其清除。我们可从以下几个方面预防病毒的入侵：

1. 安装杀毒软件

对于经常上网的电脑来说，理应安装一个正版的杀毒软件，以便抵御病毒的攻击。杀毒软件的种类非常多，国外的诺顿、卡巴斯基等，国内的瑞星、KV3000、金山、毒霸、360 杀毒软件等，都可从网上下载并安装。

2. 打开网络防火墙

网络防火墙能阻挡病毒的传播及防御许多病毒的攻击和入侵。现在的多品牌智能电脑基本都自带防火墙，在激活和使用电脑时，打开防火墙，保障网络安全。

3. 安装系统补丁

现在的智能电脑都会自动下载更新系统补丁。部分人会把电脑的自动更新功能关闭，其实这样安全隐患很大。打开更新功能，适时更新电脑，可以弥补系统漏洞，拥有更安全的上网和电脑使用环境。

4. 良好的上网习惯

（1）不要随意打开不明邮件的附件，因为这些附件里很可能就包含病毒。

（2）在使用 QQ、微信等社交软件聊天时，不要接收各种不明文件，因为这些文件中很可能包含病毒。也不要单击对方发来的网页链接，因为这些网页链接同样可能包含病毒。

（3）不要访问低级粗俗的网站，因为这些网站的网页往往包含恶意代码。只要访问它们，病毒就会种植在用户电脑中。

（4）不要下载、安装来历不明的软件。很多下载网站并不正规，提供的软件很可能包含病毒。建议到官方网站或正规软件管家中下载。

（5）不要下载来历不明的文件，文件中可能包含病毒。

二、防范网络诈骗

2021年10月下旬至11月上旬，宜春各高校诈骗事件频发。近半个月中，80%的案件都是刷单、冒充客服物流、网络虚假信用贷款这三类。发案较多的是学院、湖田、秀江、湛郎、凤凰派出所辖区。以下为部分真实案件：

（1）10月26日，宜春职业技术学院周某被冒充电商物流客服诈骗15700元。

（2）10月26日，宜春职业技术学院兰某被游戏装备交易诈骗4900元。

（3）10月28日，宜春职业技术学院肖某被冒充电商物流客服诈骗18505元。

（4）10月31日，宜春学院程某被刷单返利诈骗9700元。

（5）11月3日，宜春幼专王某充值积返利被诈骗2万元。

（6）11月4日，宜春幼专汪某兼职刷单被诈骗4898元。

（7）11月6日，宜春幼专张某被网友诈骗600元。

以下为2021年4月至5月宜春幼专某学院学生受诈骗台账：

宜春幼专××学院学生诈骗案件信息					
班级	受骗人	受骗时间	受骗金额	受骗方式	案件状况
18××班	万××	4月15日	5000元	"解除淘宝会员"骗局	学生接到一电话，电话里告知需解除某淘宝店铺会员资格，否则会定期扣除会费。对方引导该同学向一个特定账户汇入5000元。不久，该同学意识到可能遭遇电信诈骗，向院领导和班主任报告情况，并向派出所报案。
20××班	周××	4月8日	3000元	网络刷单	添加陌生人QQ，对方邀请其一起刷单。被对方以返现需要为由，连续多次诈骗得手。之后，学生报警。
20××班	周××	3月28日	10000元	"淘宝会员"骗局	骗子以天猫客服身份告知学生，由于工作失误泄露信息，已帮其开通天猫会员。如果不取消，每个月会扣3000元。学生在对方的诱导下，前后两次转钱，共计10000元。之后，学生报警。

班级	受骗人	受骗时间	受骗金额	受骗方式	案件状况
19×××班	文×	3月15日	9412元	网络刷单	学生扫了微博的二维码进了一个群,群里有一毛钱购买奢侈品,然后报名填了快递信息。群主说,要下载聊吧APP,添加客服,把报名发给客服。客服说,要求做满十单才能发货。该生在做到第六单时才发现被骗,于是报警。
20×××班	胡×	4月16日	9300元	网络刷单	学生按照刷单要求,下载"爱乐购"软件平台。在开始尝到甜头后,多次转入款项。随后,对方以各种理由不提现返钱,学生才意识到被骗,告知班主任并报警。
19×××班	程××	4月6日	29000元	网络投资	学生加入"邦富财富"网络平台后,平台"指导老师"指导一步一步操作,完成升值结算。在高额回报的利诱下,学生多次投入金钱,甚至想要网贷,最终在家人劝说下报警。

所谓网络电信诈骗,是指出于非法占有的目的,借助手机短信、电话、网络电话、互联网,采取虚构事实、隐瞒真相的方法,骗取公私财物的行为。网络电信诈骗又称非接触性诈骗或远程诈骗,主要具有以下特点。

(1)犯罪活动范围广,发展迅速。犯罪分子充分利用人们的趋利避害的心理,编造虚假电话、发布虚假信息,侵害范围广,造成的损失面也很大。

(2)诈骗手段翻新速度很快。有的是群发短信,有的是在网上显示任意软件、电台,有的是中奖诈骗,有的是宣称绑架、勒索,有的是伪造电话欠费、汽车退税等。总之,骗术花样翻新,令人防不胜防。

(3)犯罪分子集团化,并具有很强的反侦查能力。这些犯罪团伙往往采取远程、非接触诈骗,组织严密,分工明确,给公安机关的打击带来很大的难度。

(4)跨国跨境犯罪比较突出。有的不法分子在境内发布虚假信息骗境外的人,有的不法分子则在境外发布短信欺骗国内百姓。此外,还有境内外勾结作案,具有较强的隐蔽性。

（一）电信诈骗的常见形式

1.网络贷款诈骗手法揭秘："低门槛"广告＋网贷APP

骗子利用申贷人求款心切的心理，通过打电话、群发短信、网络平台发布低息、快捷、零担保等虚假信息，以贷款不成功肯定会退款为诱饵，以缴纳保证金、解冻费、贷款需激活、刷流水、提高信用分等各种理由不断诱导事主转账，实施诈骗。

警方提示：切勿轻信电话及网络贷款信息。如果不慎点开不明网址链接，上面要求填写个人信息、银行卡号及验证码，一定要立刻关闭。此外，放款前收取保证金、做银行流水要求汇款的都是诈骗。

2.网络刷单诈骗手法揭秘：兼职刷单＋网络博彩

所谓刷单，就是采取网上虚假购物的方式为网店刷信誉、刷流水，再由网店向刷单者返还货款并支付佣金的违法行为。诈骗分子往往利用抖音、微博等网络平台发布兼职广告。例如，先诱导你参与兼职刷单，再给你一些小额返利，等你投入大额资金后，就会把你拉黑。

警方提示：任何发布"低门槛、高回报"的兼职信息，先付款后返款诱导刷单转账的虚假交易都是诈骗。不要相信兼职刷单广告，因为所有刷单都属于诈骗。

3."杀猪盘"诈骗手法揭秘：网上"美女、帅哥"＋投资"赢利"

如有陌生人加你为好友，一定要小心。这些诈骗分子往往通过甜言蜜语来博取你的好感，之后在适当的时机就会向你推荐"稳赚不赔、低成本高回报"的网络投资平台。最初，你会觉得很真实。等你越投越多时，对方就会把你拉黑。很多大学生与对方在网上"一见钟情"，最终因为参与网络赌博或投资诈骗而倾家荡产，这就是典型的"杀猪盘"诈骗。

警方提示：网络属于虚拟世界，犯罪分子的甜言蜜语换取的正是你的资金。因此，千万不要感情用事，盲目听信对方的吹嘘或承诺。否则，一旦进入抢单、刷单、投资平台操作转账，就会遭受重大损失。

4.冒充客服退款诈骗手法揭秘："客服主动退款"＋申请平台贷款

网络骗子经常冒充网络购物商城平台客服，谎称商品质量存在问题或运输途中损坏丢失，借口理赔、退款、刷流水来骗取信任，并要求添加微信、QQ好友，随后要求告知银行卡、短信验证码，目的是骗取钱财。

警方提示：所有要求扫描二维码或进入不明链接退款、先转账、借贷操作、刷流水提高信用分、提供验证码的，都是诈骗。

5.假冒熟人诈骗手法揭秘：用朋友头像加好友＋"暂时借钱"

任何人通过微信、QQ、短信让你转账汇款，一定要用电话、视频等方式加以核实，不能盲目听从。

警方提示：特别是冒充领导头像的微信，突然加你，然后关心你工作，隔天就让你转账，说自己在开会不方便等，都是诈骗。

📋 **案例阅读**

谨防冒充好友诈骗

2021 年 7 月 2 日,宜春市张某收到朋友汪某的 QQ 信息,声称在外地收货时少了几万元,向张某借五万元救急。张某毫无戒心,立刻向对方提供的银行账号汇去五万元。自以为帮朋友救急的张某打电话给汪某,才发现与自己联系的人根本就不是汪某。

点评:在遇到类似情况时,最理智的办法就是先打电话联系对方,确认对方的真实身份。如果是 QQ 或微信,可以在聊天时选择一些易于验证对方身份的问题,避免上当受骗。

6. 冒充"公检法"诈骗手法揭秘:"公安调查"+"冻结账户"

骗子冒充公安局、法院、检察院人员通过打事主电话谎称事主涉及违法犯罪,要求事主下载"公安防护"APP 或进入犯罪分子提供的网页链接查看自己的涉案信息(如通缉令、逮捕令、洗黑钱、邮包藏毒等材料)恐吓事主,要求事主在"公安防护"APP 或犯罪分子提供的网页链接输入银行卡信息、短信验证码,骗取钱财。

警方提示:公安等相关部门没有所谓安全账户,不会要求下载"公安防护"APP,公安更不会电话办案。

📋 **案例阅读**

2021 年 5 月 26 日,宜春的陈某接到一个电话,对方声称:"我是人民法院的,你有一张法院传票。你在南昌办了一张建行卡,透支了两万多元钱。事情比较严重,你最好报警,我可以帮你把电话转接到公安局。"电话转接之后,另一男子称:"我是南昌市公安局的,我叫梁金,有人冒用你的身份证在南昌办了银行卡。我查了一下,你涉嫌洗黑钱,钱数达 200 多万。你卡里的钱很危险,可能被封账。你立刻将卡里的钱取出来,办一张新卡,将钱存到新卡里,再转到我们的安全账户里。"陈某信以为真,于是按照对方的要求办理,总共损失 15.2 万元。

点评:遇到类似情况,应先确认自己是否曾办理过对方所说的银行卡,有疑问应拨打银行官网客服电话或向被冒充的政府单位求证,切忌拨打对方提供的电话号码核实,因为对方也是同一个团伙的骗子。

7. "荐股"诈骗手法揭秘:"理财导师"+虚假平台

陌生人发短信或在微信里拉你进荐股群。一进荐股群,套路深似海。"老师""学员"都是托儿,涨跌、K 线图、炒股软件都是假,只有你是"真韭菜"。

警方提示:应用市场下载 APP 才有安全保障,真正的平台充值不可能会转账到个人账户。

8.注销"校园贷"诈骗手法揭秘:"注销不良记录"+指导贷款

骗子会借助非法获取的学生资料,冒充各类贷款公司的客服向特定目标学生打电话,既能准确说出对方信息,又能出示各种伪造文件和证件,以达到诈骗目的。

警方提示:凡是自称贷款平台客服,宣称"校园贷"及"国家要求注销校园贷,不注销会影响个人征信"的都是诈骗,切勿转账汇款。

9.买卖游戏币诈骗手法揭秘:"低价充值"+"充值解冻"

骗子先在游戏网页、QQ群、微信群发布虚假买卖游戏装备、账号、各种充值优惠套餐等广告信息,诱导大学生进行虚假交易。然后,骗子就会以充值金额不足、不能自动发货、安全检测、退款保证金为由实施诈骗。

警方提示:私下交易的被骗风险极大。在进行游戏币、游戏账号的买卖时,凡是宣称"低价充值""高价收购"的,都是诈骗。在这个过程中,不要点击对方提供的网址链接,必须在官网上操作。

10.虚假中奖诈骗

虚假中奖诈骗从十几年前到现在,虽然还是一成不变的套路,但仍有很多民众上当受骗。诈骗分子往往借助电子邮件、QQ、微信等方式发送中奖信息,一方面"恭喜你获得一等奖,奖金数额为××万元",另一方面强调"需先交个人所得税××元且不能在奖金中抵扣"。有些人求财心切又毫无戒心,最终上当受骗。

此外,有的不法分子宣称能够预测彩票中奖号码,借口内部消息、权威预测,大肆吹嘘预测先例。先诱骗网民汇款,宣称"只要支付××元钱,就可以获得开奖号码"。但支付后,又提示"再支付××元才能见到具体号码",欺骗消费者。

📋 案例阅读

谨防中奖陷阱

2021年1月6日,宜春的刘小丽(化名)收到一条中奖信息,称其已被《快乐大本营》栏目组抽中惊喜奖,要求刘小丽登陆录官方网站 www.happydabenying.cc 领取奖品。刘小丽拨通网站上的客服电话进行询问,被告知中了10万元现金及一台电脑。但在领奖之前,必须先支付200元包装费和EMS速递费、2800元太平洋保险抵押金、8000元个人所得税。刘小丽信以为真,立刻将钱汇入对方银行,被骗11000元。

点评:对于来历不明的中奖提示,即使对方说得天花乱坠,也不能相信,更不要按对方提供的电话或网页进行查证。否则,会一步步陷入对方精心设计的骗局。

11.网络交友诈骗

所谓网络交友诈骗,是指诈骗分子通过网络与受害人联系,在赢得对方的信任后,提出各种理由骗取钱财,最后便彻底消失。当然,网络交友诈骗除了诈骗对方的钱财之外,有的也诈骗对方的感情。

案例阅读

网恋：一场精心设计的骗局

小雅是大二学生，居然在网上"邂逅"了一场浪漫的爱情。对方自称是某985重点大学的学生，每天都会给小雅发来温馨的问候。之后，两人见了面。小雅发现，对方并不是什么大学生，而是中年男士。她心灰意冷，不想再和对方来往。但在对方的小恩小惠和甜言蜜语的攻势下，还是继续保持联系。对方声称，自己之所以隐瞒年龄，是因为太爱她了，唯恐失去见面的机会。小雅相信了，还一直以为对方是单身，总是憧憬着梦幻般的婚礼场面。有一天，小雅突然接到一个电话，对方声称是那个中年男子的妻子，痛骂小雅是破坏他人家庭幸福的狐狸精。小雅顿时目瞪口呆，完全不知所措。

点评：借助互联网的便利，很多大学生都想通过网络寻找自己的另一半。然而，网络世界所呈现的未必都是真实的，虚幻的爱情经受不了现实的考验。小雅作为专科院校大二的学生，本应客观理性地对待网络交友，但她认识不到网络交友的潜在风险，认识不到网络世界的虚拟欺诈，最终遭到欺骗。因此，大学生面对网恋的诱惑时，一定要头脑清醒，避免成为网恋的牺牲品。

12. 就业招聘诈骗

所谓就业招聘诈骗，是指诈骗分子利用大学生求职心切，又缺乏社会经验的弱点，发布各种虚假的招聘信息，骗取大学生的就业押金、中介费、岗前培训费、教材费等，或利用诈骗网站骗取个人账号，实施伪造身份证、骗取注册费、贩卖求职者简历等犯罪行为。

对于大学毕业生来说，求职时一定要擦亮双眼。如果是与学校合作，来学校参与招聘的单位，学校都会通过严格审核，一般可以放心应聘和求职。但如果是自己寻找的求职途径、自己联系的公司或单位，一定要到官方求职网站确认单位信息是否真实，提前做好功课，核实单位的招聘渠道，避免踩入上述雷区。

13. 钓鱼网站诈骗

所谓钓鱼网站诈骗，是指诈骗分子发送欺骗性垃圾邮件，引诱收信人提供用户名、口令、账号 ID、ATM PIN 码或信用卡明细，最终导致收信人上当受骗。钓鱼网站的诈骗手法主要有以下几种：

①发送电子邮件，借助虚假信息引诱用户。诈骗分子以垃圾邮件的形式大量发送欺诈性邮件，内容多为中奖、顾问、对账等，目的是引诱用户提供金融账号、密码、身份证号、信用卡号，以便盗窃用户资金。

②建立虚假网上银行、网上证券网站，骗取用户账号、密码。这些虚假网上银行、网上证券网站的域名和网页与真正的网上银行、网上证券网站极为相似，很容易欺骗那些警惕心不强的用户。

③利用虚假电子商务进行诈骗。犯罪分子会建立虚假电子商务网站，或在知名电子

商务网站上发布虚假销售信息,等受害人购物汇款后,就销声匿迹。有的犯罪分子以"超低价""免税""走私货""慈善义卖"为噱头,诱导受害人购物汇款。有的犯罪分子虽有实际产品,但往往以次充好、以走私货冒充行货,要求消费者先支付一部分钱款,再以各种理由诱骗消费者支付余款甚至支付其他款项。如果消费者产生怀疑,他们就会立刻切断与消费者的联系。

④利用木马和黑客技术窃取用户信息。木马制作者会想方设法传播木马程序,当用户进行网上交易时,木马程序就会获取用户账号和密码,进而窃取用户资金。

⑤利用用户弱口令漏洞破解用户账号和密码。部分用户设置口令时贪图方便,怎么简单怎么来,导致自己的银行卡密码被犯罪分子轻松破解。

案例阅读

谨防网络购物诈骗

大学生胡某在网上看到一则广告,有人低价出售一批全新的笔记本电脑,还提供发票和全国联保的保修卡。胡某很感兴趣,就与对方联系。对方表示,这是走私货,质量可靠,只因为手头紧,才低价出售。对方给了胡某一个银行账号,要求先交 1000 元订金。胡某汇款之后,才发现上当受骗。

点评:本案例提示我们,网上购物时不可贪图便宜而丧失警惕。如果需要向私人购物,必须核实对方身份。要保存购物凭据及聊天记录,以便维权索赔。如使用银行卡支付,最好使用一个专用账户,卡内一般不宜存放太多的资金。

14. 裸聊

2021 年,QQ 微信裸聊录视频,再敲诈勒索的诈骗案件越来越多,新闻头条几乎每天都有此类案件,受害人大部分为男性。

诈骗分子的敲诈套路一般为:QQ 或微信裸聊录视频→忽悠受害人下载特定 APP 获取通讯录电话簿→敲诈勒索,不给钱就发给电话簿上所有人→给第一笔钱之后再要第二笔,给了之后再要第三笔→实在没钱了就给受害人网贷的网站,让受害人动辄贷款几十万出来转给诈骗分子,进入无底洞……全国被骗几万元、几十万元的都有。

案例阅读

"喂,110 吗,我要报警,我被色诱诈骗了,我和她裸聊了,现在她有视频,而且我亲戚朋友爸爸妈妈哥哥姐姐的电话号码被她盗去啦。我没钱,她说她要把视频发到网络上去,而且还要发给我的亲戚朋友看,还说要找我的父母和兄弟姐妹来处理,这是不是真的? 我该怎么办?"

小李通过某交友软件认识了一个网名为"一枝梅"的女网友,双方通过 QQ 聊得非常开心。"一枝梅"给小李发送了一个虚假社交平台的手机 APP 下载链接,提出要在这个 APP 上和小李视频"深度交流"。

小李点击下载 APP 后,对方给了小李一个提取码。小李输入提取码后,和对方成功视频。"一枝梅"在视频中做了很多露骨的动作,小李也"坦诚相见"。

不久,对方就突然挂断视频,给小李发来视频录像和小李的手机通讯录。对方声称,如果小李不把视频买下来,就会群发给他的家人和朋友。小李无奈之下,只好向对方账户转账 26000 元。

但此时又有一名自称是"网管"的人加了小李,语气态度非常凶悍,要求小李再次转账。小李声称自己没钱了,"网管"便要小李进入"腾讯会议"APP,共享小李的手机屏幕,然后要挟小李到京东、支付宝等多个网贷平台借贷。小李无奈,只好按照对方的要求在多家网贷平台贷款共计 28 万元转账给对方。当对方再次威胁小李继续要钱时,小李选择报警求助。

警方揭示该类案件的手段:

①广泛撒网寻找猎物。犯罪分子往往用美女头像引诱受害人,把受害人引流到第三方聊天软件上,然后逐步诱导受害人去下载所谓的裸聊 APP。

②诱导安装木马软件。这个裸聊 APP 实际上是一个木马程序,只要受害人下载,犯罪分子就能掌握手机上的通讯录。

③开启裸聊录制视频。对面的"美女"会发来事先录制的露骨视频,目的是引诱受害人"深度交流"。当受害人和这个视频互动的时候,早已被犯罪嫌疑人录下整个过程。

④威胁群发进行敲诈。"美女"发来受害人的手机通讯录及裸聊视频,逼迫受害人转账。

⑤无底洞式威胁敲诈。对方以"网管""老板"等多种不同身份要求受害人转账汇款。受害人迫于压力,只能照办。犯罪嫌疑人还会要求受害人共享手机屏幕,操控受害人去网贷平台借贷。

如今,科技越来越发达,国人的思想也越来越开放,骗子的诈骗方式也在不断升级。其实,每个人都不是绝对善良或绝对邪恶,而诈骗犯罪分子正是利用人性的弱点,将我们内心丑恶的一面放大,才使得我们一不小心就走上歪路。所以,大学生不要乱加陌生人的 QQ、微信,文明上网,洁身自好,自觉抵制这些充满诱惑的东西。当你以为自己遇到桃花运时,你遇到的很可能是桃花劫。而那个和你谈情说爱的美女,也不过是一个标准的抠脚大汉罢了。所以,大学生要熟悉裸聊诈骗的套路,避免有一天诈骗与你不期而遇时让你不知所措。

15. 其他常见诈骗类型

红包返利:通过购物平台购物好评返红包为由设陷阱,手段类似购物诈骗。

验证码:通过各种方法骗取受害人手机转账验证码,把钱转到诈骗分子账上。

对于这些诈骗手段,我们必须时刻保持警惕,擦亮双眼,不起贪念,注意辨别,保持理智,避免上当。

(二)网络诈骗的预防与应对

警方提醒广大网民,平时要做好电脑的安全防范工作,及时下载并更新杀毒软件。

不要下载和使用来历不明的软件，以确保个人资料信息的安全。同时，要熟悉各类网络诈骗手法的特点，增强安全防范意识。以下为防电信诈骗十守则：

1. 手机短信内的链接都别点

有时，我们的手机短信中会出现银行等机构发来的安全链接。但对于大多数人来说，很难识别各种链接的真假。为保险起见，尽量不要点击短信中自带的任何链接。尤其是 Android 手机用户，更要预防木马病毒。

2. 凡是索要"短信验证码"的全是骗子

一般说来，银行、支付宝等发来的"短信验证码"都属于隐私信息，往往会在几分钟之后过期。如果将这些验证码提供给他人，就可能上当受骗。

3. 凡是无显示号码来电的全是骗子

目前，只有极少数军政人士拥有"无显示号码"电话，任何政府、企业、银行、运营商都不可能拥有"无显示号码"电话。所以，一旦接到"无显示号码"来电，就直接挂断。

4. 闭口不谈卡号和密码

在各种聊天对话中，不要向对方提供自己的银行卡号、密码、身份证号码、医保卡号码等，以免上当受骗。

5. 不信"接的"，相信"打的"

有的诈骗分子会模拟银行等的客服号码行骗。一旦遇到不明来电，可以先挂断，再拨打相关机构的电话。但切忌使用回拨功能，以免落入对方的诈骗陷阱。

6. 钱财只进不出，做"貔貅"

任何人要求自己打款，都要高度警惕。确实需要打款时，最好到线下银行柜台办理。如心中无数，可及时向银行工作人员咨询。

7. 陌生证据莫轻信

目前，个人隐私泄露现象比较普遍。有些诈骗分子常常利用他们所掌握的个人信息来行骗，并屡屡得逞。因此，一定要多长个心眼，绝不轻易相信陌生人。即使是家人朋友，如果是通过网络联系，也不可轻信。

8. 钓鱼网站要提防

有些钓鱼网站看似与官方网站一模一样，仔细分辨，还是会寻找到蛛丝马迹的。如果不谨慎核对，就可能被骗走钱财。在登录重要网站时，一定要养成核实网站域名、网址的习惯。

9. 新鲜事要注意

诈骗分子常常利用人们的好奇心，借助最新的时事热点来设计骗局。如果不明电话中提到你从未接触的新鲜事，就一定要提高警惕。

10. 一旦难分真假，拨打 110 最放心

如果判断不了对方的真假，要么不予理睬，要么直接拨打 110。后一种做法是最可靠的咨询手段。

总而言之，如果遇到"八个凡是"（凡是自称公检法要求汇款的；凡是叫你汇款到"安

全账户"的;凡是通知中奖、领奖要你先交钱的;凡是通知家属出事必须先汇款的;凡是索要银行卡信息及验证码的;凡是要求你开通网银接受检查的;凡是自称领导要求汇款的;凡是陌生网站要求登记银行卡信息的),一律都是诈骗行为,不要上当;接到"六个一律"(一谈银行卡,一律挂掉;一谈中奖,一律挂掉;一谈"电话转接公检法",一律挂掉;短信让点击链接的,一律删掉;陌生人发来的链接,一律不点;一提"安全账户",一律挂掉),都是诈骗电话。只要提高警惕,犯罪分子就无机可乘。

(三)上当后的补救措施

1. 如果已经汇款并发现被骗,应在第一时间拨打中国银联专线 95516 求助。

2. 及时拨打 110 报警,也可向派出所报案。

3. 拨打对方账户所在的银行的客服电话,输入汇款的骗子账号,在提示输入密码时连续 5 次输入错误,该账号会自动锁定 24 小时。在此期间,骗子无法将钱转移,有助于警方破案。

4. 为避免骗子用网上银行转账,可及时登录该银行的网上银行,登录时输入骗子账号,密码连续输错 5 次,该账号网银将被锁定 24 小时。

5. 及时和要汇款的银行柜台联系,向银行工作人员求助。也可直接打报警电话 110。

(四)不要成为电诈犯罪的帮凶

1. 如果出租出售银行卡、电话卡,使用银行卡、微信、支付宝收款码转账"跑分"获取手续费,此等行为后果严重:违规单位和个人 5 年内不能使用手机银行、网上银行、POS 刷卡等银行非柜面业务,不能使用微信和支付宝进行扫码、转账和发红包,也不能新开立银行卡、对公账户、支付宝或微信的支付账户。

2. "这里是缅甸北部,我生长的地方,欢迎来到我的世界,娇贵的小公主。"相信很多喜欢刷抖音的人都看到过这个梗。一时间,不明所以的小伙伴,对这个"缅甸北部"充满了好奇。但是,真实的缅北根本不是你所想的那样! 各种论坛、微博、QQ 等网络社交平台发布了众多招聘信息,往往条件优越,甚至包机票签证零费用出国,上班轻松,工资高,让你感觉出国在游玩中就把钱赚了。等到了边境,蛇头就组织偷渡过去的人员将你带到一个地方集中关闭起来,地方武装人员便会收走你的个人物品,控制人身自由,要求从事电诈犯罪活动。如果完不成任务,女的被强迫卖淫,男的被强迫运输毒品。或者,把你挨打的视频发给国内家人进行勒索,交钱才放人。

(五)国家反诈中心 APP 和政务号

1. 下载 APP 及打开防护

"国家反诈中心"APP 下载方式:各大官方应用商店搜索下载。注册后登陆。然后,点击首页→来电预警→"设置"标志→开启悬浮窗、联系人、通话记录、短信四项预警,即可开启防护。请注意,要在手机设置中允许该 APP 自启动和后台运营的权限,这样可以实时侦查诈骗电话和短信。

2. 官方政务号

关注"国家反诈中心"官方政务号。关注方式:微信搜索"国家反诈中心",点击"搜一搜",点关注。该官方政务号里面的视频和发布内容,揭露当下最新的诈骗手段并教授识别方法。可以跟随该政务号学习最新内容,正确应对诈骗分子眼花缭乱的诈骗手段。

(六)签订承诺书

防诈骗承诺书

诈骗的套路千千万万,但总归一点,诈骗分子想要的是我们口袋里的钱。当他们妄图往我们口袋里面伸的时候,抓住骗子的"手",捂紧我们的口袋,一个子也甭想拿走,我们终能战胜骗子!

我们承诺:

1. 提高防范意识,自觉学习防范电信网络诈骗的相关知识,增强识别和防范的能力,不给犯罪分子可乘之机!

2. 妥善保管个人的身份信息、银行账户信息、手机号码、手机验证码,避免泄露。

3. 任何陌生的二维码、网页链接坚决不点,尤其不要点要求填写个人信息的链接网站。

4. 通过正规渠道网络购物,遇到问题要通过正规电商平台寻求解决。

5. 网络贷款要求先交钱的都是诈骗,任何涉及注销贷款账户的来电都是诈骗。

6. 不参与任何形式的网络兼职刷单,网络刷单本身就属于违法行为。

7. 不轻信那些低投入、高回报的网络理财投资平台,树立正确的金钱观。

8. 健康上网、文明上网,洁身自爱,避免陷入"桃色陷阱"。

9. 转账汇款前,先要通过电话核实对方身份,不要轻易相信微信、QQ 中的转账借款信息。

10. 接到陌生电话、短信或不良信息,主动向属地公安机关或电信监管部门举报。

总之,不向任何陌生人转账,不向任何陌生人透露个人信息和手机验证码。如果确实需要向陌生人转账,一定先要询问老师,询问班委,询问寝室长,询问朋友,询问同学。

承诺人签名:

第三节　生活安全

一、大学生应注意的安全常识

(一)几种特殊易盗物品的防盗措施

1. 现金。保管现金的最好办法是存入银行,尤其是大额现金。在选择密码时,不能使用自己的出生日期,而应选择自己容易记忆而别人又不易破解的数字。否则,银行卡丢失后,很容易被熟人冒领。银行卡、信用卡不要与身份证、学生证放在一起,否则容易被盗窃分子冒领。在银行存取款时,核对密码要快捷,切忌漫不经心。一旦发现银行卡丢失,应第一时间到相应银行挂失。

2. 有价证卡。目前,大部分学校已广泛使用官方网络平台进行账目结算。例如,我校学生可通过支付宝交学费,无须携带大额现金缴费。又如,食堂用校园卡买饭。这类有价证卡应妥善保管,防止丢失或被他人盗用。有价证卡最好放在贴身的衣袋内,袋口最好有纽扣或拉链。所用密码要保密,不能告诉任何人。

3. 自行车或电动车。要及时安装防盗车锁,并养成随停随锁的习惯。骑自行车或电动车去公共场所,应将车停在存车处。如需要停放较长时间,应加固防盗设施,可将车锁在固定物体上。

4. 贵重物品。各类饰品、笔记本电脑、手机、随身听、高档衣物如果长时间不使用,最好带回家或托付给可靠的人保管。暂不使用时,应锁在抽屉或箱子里。尽量在自己在场的情况下给手机和笔记本电脑、随身听充电。

5. 高档衣物,如品牌衣服或鞋子等,主要是谨防在晾晒过程中被人顺手牵羊。尽量将衣物晾晒在自己的宿舍里,不要晒到外面草坪或不熟悉情况的地方。

(二)防盗的基本方法

1. 最后离开教室或宿舍的同学,要注意关好门窗,不要怕麻烦。

2. 不要留宿外来人员。如违反学校学生宿舍管理规定,留宿不知底细的人,无异于引狼入室。这种行为也是校规不允许的。

3. 发现可疑人员,应及时向宿管人员、值班老师反映。如有陌生人接近,最好主动上前询问。如果对方含糊其词,神色慌张,就应及时告知值班人员或打电话给学校保卫部门尽快来人调查处理。

4. 保管好自己的钥匙,不随便借给他人,也不乱丢乱放。

(三)发生盗窃案件后的处置

1. 第一时间报告老师和学校保卫处,同时保护好现场,不允许任何人移动现场物品。事实证明,这对公安人员正确分析、准确判断侦查范围和收集罪证极为重要。

2. 配合调查,如实回答公安部门和保卫人员提出的问题,积极提供线索,不得隐瞒。学校保卫处和公安机关有义务、有责任为提供情况的同学保密。

3. 一旦发现自己的银行卡、购物卡等被窃,应在第一时间前往银行和相关单位挂失。

(四)高校盗窃案件的特点

1. 时间上的选择性。作案人行窃是有时间选择的,往往会选择无人阶段实施盗窃。例如,上课期间宿舍无人,作案人便会趁机作案。

2. 目标上的准确性。一般说来,作案人都有明确的作案目标。作案人会事先了解,哪个学生有钱或贵重物品。因此,作案时十拿九稳。

3. 技术上的智能性。高校盗窃案件的作案人多数是大学生。与一般的盗窃作案人员相比,他们具有技术上的智能性。比如,有的寝室在开门后习惯把锁随手挂在门栓上然后关门,这就给人可乘之机。"聪明"的盗窃分子就会悄悄把锁换成自己的锁挂在门上,等寝室人员出去,锁上了门,盗窃分子就用自己的钥匙打开门锁进去大肆行窃。所以，同学们一定要养成开门后把锁随手放进寝室或锁在门栓上的习惯。

4.作案上的连续性。作案人第一次作案得手后，往往存在侥幸心理，因而出现明显的连续性。

（五）非法传销的几种骗术

目前，非法传销死灰复燃，应当引起大学生的高度警惕。一旦发现，要及时报警。非法传销的特点及诈骗手法主要有以下几种：

一是组织严密。传销组织往往将人员骗到异地参与，上、下线单独联系，组织者则远程遥控。

二是"杀熟"。很多传销组织以"找工作""做生意""去旅游""见网友"为借口，诱骗亲朋好友及同乡、同事、同学到异地参与传销。

三是编造暴富神话。利用一套貌似科学的奖金分配制度（实为歪理邪说），鼓吹一夜暴富。

四是洗脑。对传销组织成员采取集中授课、交流谈心等方式灌输暴富思想，使参与者深信不疑。

五是高额返利。传销组织往往制订一些颇具吸引力的"高额返利计划"，引发投资欲望。

（六）火灾的紧急处置、疏散与逃生方法

要深刻吸取过去发生的重大火灾事故教训，尽力避免重大火灾事故发生。如果学生宿舍突发火灾，可参考相关紧急处置、疏散、自救方法。

1.学会正确使用灭火器材

（1）泡沫灭火器

泡沫灭火器主要适用于扑救各种油类火灾及木材、纤维、橡胶等固体可燃物火灾。使用泡沫灭火器时，切忌将盖与底对人，否则有可能伤人。不能与水同时喷射，否则会影响灭火效果。扑灭电器火灾时，先要切断电源，防止人员触电。

（2）二氧化碳灭火器

二氧化碳灭火器主要用于扑救各种易燃、可燃液体或气体火灾，还可扑救仪器仪表、图书档案和低压电器设备等引起的火灾。灭火时，人员应站在上风处。持喷筒的手应握在胶质喷管处，防止冻伤。

（3）干粉灭火器

普通干粉又称 BC 干粉，用于扑救液体和气体火灾，一般不适合固体火灾。多用干粉又称 ABC 干粉，可用于扑救固体、液体和气体火灾。

2.火灾的判断及扑救

宿舍着火后，浓烟很大但没有明火，这就属于初期火灾。此时如能及时扑救，就能避免酿成大火。一般说来，火的燃烧离不开三个条件：一是可燃物质；二是助燃物质；三是火源。扑救火灾时，首先应切断电源，然后用湿毛巾捂住口鼻，将灭火器对准火苗根部喷射。不要在状况不明时轻易用水灭火，也不能在没有任何防护的情况下进入火场。如火

势不可控制,应尽快按下走廊的火警报警器,并迅速将学生疏散到安全地方,同时拨打119报警,讲清楚起火地点及其他情况。

3. 正确选择疏散路线和逃生方法

在入住宿舍后,应尽快熟悉消防楼梯和安全通道,并记住路线。

(1)遇到火灾后,应尽快从楼梯向下层逃生。最好用湿毛巾捂住口鼻,用水浇湿衣服,快速有序地冲出烟雾区,切不可乘坐电梯。

(2)如果所在楼道已经被烟气严重污染而难以通过,起火楼层以上的学生可向上层疏散,直至楼顶,等待救援。

(3)如果火势迅速蔓延,无法及时逃离现场,可撤至未起火的房间,将门关严,用湿毛巾堵住门缝,防止烟气侵入。同时,打开外窗,向外示意,等待救援,不可盲目跳楼。

(4)如火势过猛,只能从窗口下滑,可迅速将床单、被罩、窗帘撕成宽条,连成绳索,一端系在牢固物体上,小心抓住绳索,由窗外墙体滑下。

二、应急事件的处理

(一)发生意外或得了大病的处理

在校期间,学生必须参加社会医疗保险、商业保险。如果在校发生意外伤害(或寒暑假、实习期间离校生病),由保险公司按照规定予以理赔。相关事宜可到财务处咨询。

(二)食物中毒的应对

1. 如果自己在就餐后感觉身体不适,并发现一同就餐的同学也出现同样的不适,应联想到可能是集体食物中毒,应迅速向其他未中毒的同学求救。单个身体不适的,可由其他同学陪同前往医院。切莫一个人前往,因为有可能在半路加重病情、虚脱、休克等。

2. 未中毒的同学应立即报告老师、联系校医院或120急救中心。

3. 要迅速核查中毒人数、去向。

4. 未中毒的同学要立即把中毒人员扶到宽敞、通风、安静的地方。

5. 在120救护医生未到达现场之前,校医院医生进行初步检查救治,对中毒较严重者采取药物催吐等措施。

6. 在120救护医生到来之后,未中毒的同学要积极配合医生做好辅助工作。

7. 配合卫生防疫部门取样取证。

8. 清理呕吐现场,进行消毒,保持室内通风良好。

第七章

积极进取　向党靠拢

学习目标

1. 深刻理解正确的价值观对大学生的重要作用。
2. 全面认识社会主义核心价值观的内涵及形成。
3. 努力向党组织靠拢，做一名合格的共产党员。

学习重点

1. 懂得"党的事业离不开青年""青年的成长离不开党"的道理。
2. 积极争取入党，成为"政治表率""学习楷模""生活模范"。

第一节　大学生的核心价值观

　　大学生是国家建设和社会发展的生力军,其能否健康成长不仅关系到和谐社会的构建,更关系到中国社会主义事业的兴衰成败。应该用社会主义核心价值体系教育大学生,引导当代大学生树立正确的核心价值观,坚定他们对建设中国特色社会主义的信念、对改革开放和现代化建设的信心、对党和政府的信任,努力成长为社会主义事业的合格建设者和可靠接班人。

一、什么是价值观

　　价值观也叫价值取向,是人们关于什么是价值、怎样评判价值、如何创造价值等问题的根本观点。作为一种社会意识,价值观集中反映了特定阶段社会的经济、政治和文化精神,体现了人们对社会现实的总体认识、理想追求。价值观决定人的自我认识,并由此影响和决定一个人的理想、信念和生活目标。

二、正确的价值观对大学生的作用

(一)帮助大学生树立价值目标

　　一个人的价值观决定其所追求的价值目标。从内容上看,价值目标包含社会目标、道德目标、职业目标等。从层次上看,价值目标可依据人们对追求需要的程度分为诸多层次。有的人以自我为中心,为了一己私利而不惜苟且偷安、无所作为;有的人为了自身的名利而损人利己;有的人为了社会的进步而奋发进取甚至不惜生命。

　　一个人的价值目标确立越高,他对人生追求的责任感就越强,为实现价值目标所获得的精神动力就越大,人生价值实现的程度也就越高。大学生应树立正确的价值观,把正确的自我认知、自觉的道德养成和积极的学习实践结合起来,自觉倡导良好的社会风气。

(二)帮助大学生提升道德素养

　　正确的价值观是追求真善美的价值观。中华民族是自强不息、厚德载物的民族,每个人心底蕴藏着善良的道德意愿和道德情感,这是培育大学生道德素养最深厚的土壤。张桂梅、李桓英、彭士禄、王红旭、孙丽美等时代楷模,袁隆平、黄旭华、申纪兰、于敏、孙家栋、李延年、张富清、钟南山、屠呦呦等共和国勋章获得者,张定宇、陈陆、汪勇、王海等"感动中国人物",他们的故事感动人心,生动体现了对党忠诚、胸怀大爱、心系群众、无私奉献的崇高精神,能够帮助大学生树立正确的世界观、人生观、价值观,提升其道德素养。

案例阅读

"全国脱贫攻坚楷模"张桂梅：信仰为魂　奉献如歌

心有所信，方能行远。共产党员为党的事业而奋斗，不惜流血牺牲，靠的是一种信念，为的是一种理想。张桂梅，就是这样的人。

张桂梅对党的忠诚是发自肺腑的。华坪女高建校不到半年，老师流失超过一半，学校快办不下去了。最艰难的时候，张桂梅想到依靠党组织的力量，一下子来了底气。她把剩下的6名党员教师召集起来开会，说："抗日战争时期，只要阵地上还有一个共产党员，阵地就不会丢。今天，我们这么多党员在，还能把这块教育阵地弄丢吗？"随后，老师们在教学楼墙上画了一面很大的党旗，面向党旗重温入党誓词。当念到"为共产主义奋斗终身"的时候，大家都哭了，坚信一定能够克服困难，把女高办好！

张桂梅对党的信仰是嵌入灵魂的。革命传统立校，红色文化育人，既是张桂梅的育人理念，也是女高的育人特色。她说："我们党的优良传统不能丢，艰苦奋斗、自力更生的精神不能丢，在学生心中埋下红色教育的种子很重要。"在女高的操场上，立着"共产党人顶天立地代代相传"12个巨幅红字，这是张桂梅办教育的"魂"和"锚"。红色文化教育渗入女高师生言行举止和精神风貌，成为女高的一道靓丽的风景线。女高毕业生中，很多人选择医生、教师、警察等相关专业和职业，在求学、工作过程中积极参与公益、扶贫项目，主动投身偏远艰苦地区的建设和发展。张桂梅深感欣慰，心里想的是："事业后继有人了！"

张桂梅曾说："有人说我爱岗敬业，有人说我疯了，也有人说我为了荣誉，更有人不理解。一个人浑身有病却不死，比正常人还苦得起，男老师被我拖垮，女老师累哭，两个单位来回跑，我没倒下，有种精神支撑着我，说到底是共产党员的初心和使命，让我直面这片热土时，心里不愧。"

因为这份共产党员的初心和使命，她听从党的号召，扎根边疆，把40多年美好人生奉献给党的教育事业，成为践行习近平总书记"四有"好老师要求的优秀榜样。

因为这份共产党员的初心和使命，她不辱教育使命，与时代同行、与疾病抗争，推动创办全国第一所全免费女子高中。10多年来，她先后让1800多名贫困山区女孩梦圆大学，成为新时代投身脱贫攻坚的杰出代表，被党中央、国务院授予"全国脱贫攻坚楷模"荣誉称号。

因为这份共产党员的初心和使命，她愿做幸福使者，不是妈妈、胜似妈妈，为136个儿童福利院的孩子撑起爱的蓝天。

如今的华坪女高，已经成为一所设施齐全、朝气蓬勃的现代化学校。这一切在张桂梅看来，离不开党和政府这个坚强后盾。在一次家访中，学生的母亲拉着她的手，哭着说："女子高中不收钱，让娃娃有书读，你是恩人，我们都感谢你！"她却说："不要谢我，我没有那么大的能力。女子高中是各级党委政府出资修建的，你的梦是党和政府、全社会帮你圆的。"

习近平总书记强调："教师是立教之本、兴教之源,承担着让每个孩子健康成长、办好人民满意教育的重任。"张桂梅忠诚践行习近平总书记关于教育工作的重要论述,用爱心和智慧点亮万千乡村女孩的人生梦想,展现了当代人民教师的高尚师德和责任担当。

(来源:求是网 2021 年 3 月 15 日)

（三）促进大学生全面健康发展

德智体美劳全面发展是大学生成才的标准。当前,伴随着我国经济体制的改革、社会结构的变动和思想观念的变化,当代大学生的思想观念和价值取向也出现了一些新特点。在一些大学生眼里,似乎只要存在的都是合理的,比如"及时行乐""金钱至上""个人主义"等,都被他们看成个人可以自由选择与追求的价值取向,别人无权干涉。个别大学生思想方面存在问题的原因是多方面的,其中之一便是价值观偏离了正确方向。因此,提升大学生的思想道德素质,促进大学生全面健康发展,首先应加强正确的价值观教育。

📋 **案例阅读**

大学生"懒癌"得治

清晨,大学图书馆还没开门,等待入馆学习的大学生就在门口排起了长龙。学生们不顾连夜刷题、通宵复习的辛苦,只为得到一个能够待一整天的自习位。可惜的是,这样勤奋学习的场景只有在期末考试临近时才会出现。

对一些平时浑浑噩噩的学生来说,"及格万岁"的目标也不那么容易实现。前段时间,湖南某大学老师严格按照标准批改完物理试卷后发现,全班 77 份试卷中,只有不到1/3 的学生卷面成绩达到及格线,相当一部分学生只拿到二三十分。这样的消息,令人担忧。

不知从何时开始,急惰、拖延的"症状"开始在大学校园里传染开来:公共课不愿上,选修课不想上,专业课坐在教室刷手机;翘课成习惯,活动不参加,整日宅在宿舍"葛优躺";交作业、写论文,不挨到最后一晚不动笔,复制粘贴、东拼西凑、应付了事……对这种状态,网上有一种流行的调侃,称这种"懒到家"的状态为患上了"懒癌"。可悲的是,失去了奋斗的方向、没有了前进的动力,这些大学生就像"脱线的风筝",虚度着大好青春。

大学生本应是青年中的佼佼者,是勤学上进的代表。患上"懒癌"的大学生如此普遍,社会不可等闲视之,学校不能放任不管,学生更不能自暴自弃。

治疗"懒癌",首先要解决思想问题。许多学生进入大学后,一下子失去了升学和应试的紧迫感,变得有些不知所措。于是,就出现了一些"今朝有酒今朝醉"的及时行乐者和"当一天和尚撞一天钟"的得过且过者。人生在世,享受生活乐趣本无可厚非。但人生的意义必须在当下寻找、在实践中证明,否则就是镜花水月。当今的社会环境给了年轻人实现梦想的土壤,无论是做创业创新的急先锋,还是在平凡的岗位上默默奋斗,或是扎根山区、服务基层,都是人生的一种选择。有志不在年高,无志空活百年。给自己定个目标,并朝着这个方向前行,自然没有时间犯困犯懒,也不会感到无所事事。

治疗"懒癌"，就要认识到成长是一个循序渐进的过程。一些大学生觉得读书没用，于是"三天打鱼，两天晒网"。可读书之"用"并不是立马见效的，而是一个长期的过程。大学生正处在一个沉淀的阶段，不能一心只想着"质变"，更要注重"量变"的积累。在中国南方，有一种毛竹，在最初几年，当其他树迅速生长的时候，它几乎没有什么变化。但几年之后，它会在短短几个月内疯狂生长，很快超过其他树。之所以如此，是因为在前几年的时间里，毛竹都在深深地扎根，在不断积蓄着迸发的力量。天下大事，必作于细。只有脚踏实地、埋头苦干，才有可能收获不平凡。

　　治疗"懒癌"，与自己的惰性作斗争，少不了"咬牙的坚持"。有人说，如果你在前进的道路上碰到了敌人，那说明你走对了路。"天将降大任于斯人也，必先苦其心志，劳其筋骨。"如果遇到一点阻碍就畏缩不前、轻言放弃，没有一点"刮骨疗毒"的勇气，那懒惰就无法根除。青年时代，多经历一点摔打、挫折、考验，未必不是一件好事。尤其是在经历了痛苦、难挨的时光后，你蓦然回首，将会发现每一个曾经奋斗的日子都是如此宝贵。

　　青春是用来奋斗的，不是用来浪费的。当代中国大学生拥有的舞台空前广阔。年轻学子只有彻底清除思想上的"病症"，振奋精神、积蓄力量、永不言弃，青春才能出彩！

（来源：《人民日报》2017 年 1 月 19 日）

三、社会主义核心价值观的形成

　　在长期生活的过程中，不同的人的不同价值选择形成了各种各样的价值观及其体系。社会价值体系是一个社会中存在的各个层次、各个方面的价值观的总和，是一个包括价值取向、价值追求、价值尺度、价值原则等内容的综合体系。其中，处于主导地位或核心地位的价值体系就是核心价值体系，起主导和支配作用的价值观就是核心价值观。

　　科学社会主义思想产生至今，社会主义作为更高的社会形态，在社会运动进程中需要也应当形成自身的核心价值观。我国社会主义制度的确立和中国特色社会主义的伟大实践，为深化社会主义在价值层面的认识提供了根本前提，同时又为社会主义核心价值观的理论概括提出了新要求。党的十六届六中全会首次明确提出了建设社会主义核心价值体系的重大命题，强调要建设社会主义核心价值体系。社会主义核心价值体系的生命力在于大众化，要想大众化，首先需要通俗化，也就是说需要凝练为言简意赅、通俗易懂的"社会主义核心价值观"。大众化和通俗化的关键是一个"化"字，"化"就是变化，即适合广大群众需要，变化成广大群众的一部分。社会主义核心价值体系只有通俗化、大众化，才能发挥应有的作用。在多元文化和多种价值观并存的条件下，原有的价值理念和道德标准受到严峻挑战，一些原本十分清楚的价值观又受到质疑，致使一些人在价值评价和行为选择上感到迷茫困惑，甚至无所适从。全党和全国人民迫切需要概括形成普遍一致、广泛公认、催人奋进的社会主义核心价值观，以帮助人们自觉地去改造主观世界和客观世界，不断将中国特色社会主义伟大事业推向前进。

　　党的十七届六中全会之后，各地广泛进行的形式多样的有关社会主义核心价值观的大讨论活动表明，概括和凝练社会主义核心价值观是人们对社会主义核心价值体系建设的热切期盼,而且人们已经把这种期盼付诸实践,纷纷提炼出富有当地特色的表现核心价值观的主题词或表述词。但是,要凝练体现社会主义核心价值体系的本质要求、体现优秀文化传统和时代精神要求、为民众所广泛认可的社会主义核心价值观并非易事。2011年10月,党的十七届六中全会召开之后,李长春在《关于〈中共中央关于深化文化体制改革推动社会主义文化大发展大繁荣若干重大问题的决定〉的说明》中指出:"在征求意见和起草调研过程中,一些同志建议对社会主义核心价值体系作概括,提出简明扼要、便于传播践行的社会主义核心价值观。文件起草组进行深入调研,多方听取意见,委托有关部门和单位进行专题研究,梳理关于社会主义核心价值观的各种表述。从调研的情况看,概括出能够得到广泛认同的社会主义核心价值观,需要在实践中继续探索。"这就是在十七届六中全会的《中共中央关于深化文化体制改革推动社会主义文化大发展大繁荣若干重大问题的决定》中没有对社会主义核心价值观作出概括的原因。

　　继党的十七届六中全会之后,经过一年多进一步调研和慎重考虑,党的十八大在社会主义核心价值体系概念的基础上,以倡导的形式,明确提出24个字的社会主义核心价值观的表述——倡导富强、民主、文明、和谐,倡导自由、平等、公正、法治,倡导爱国、敬业、诚信、友善,积极培育和践行社会主义核心价值观。"三个倡导"和24个字从国家、社会、个人三个层面进行了高度概括,提炼出社会主义核心价值观。

 拓展阅读 ·······························

培育和践行社会主义核心价值观

　　社会主义核心价值观,是以习近平同志为核心的党中央从新时代坚持和发展中国特色社会主义、实现中华民族伟大复兴的中国梦出发,提出的重大战略思想。习近平总书记所作的党的十九大报告深刻阐述了社会主义核心价值观的丰富内涵和实践要求,对培育和践行社会主义核心价值观作出许多新的重大部署,充分反映了我们党在价值理念和价值实践上达到了一个新的高度。我们要认真学习贯彻党的十九大精神,深入推进社会主义核心价值观建设,为决胜全面建成小康社会、夺取新时代中国特色社会主义伟大胜利,打下更加坚实的共同思想道德基础。

　　一、深刻认识培育和践行社会主义核心价值观的重大意义

　　社会主义核心价值观是当代中国精神的集中体现,凝结着全体人民共同的价值追求。党的十八大以来,以习近平同志为核心的党中央高度重视社会主义核心价值观建设,采取一系列重大举措,推动社会主义核心价值观广泛弘扬。面对新时代新要求,面对新征程新任务,持续深入地培育和践行社会主义核心价值观,意义重大而深远。

　　(一)培育和践行社会主义核心价值观是新时代坚持和发展中国特色社会主义的重大任务。中国特色社会主义是改革开放以来党的全部理论和实践的主题。经过40年探索实践,中国特色社会主义的外延不断拓展,布局日益完善,内涵更加丰富。无论是作为一条道路、一个理论体系,还是作为一种制度、一种文化,中国特色社会主义都需要有一套与其经济基础和政治制度相适应并能形成广泛社会共识的核心价值观。社会主义核

心价值观的鲜明提出和广泛实践,使我们对中国特色社会主义的认识,从思想理论、实践运动、社会制度层面,进一步发展到价值理念层面。现在,中国特色社会主义进入了新时代,我国发展处于新的历史方位,只有把培育和践行社会主义核心价值观作为一项既具基础性内在性又具目标性规定性的重大任务来认识、来落实,才能增强人们的道路自信、理论自信、制度自信、文化自信,确保中国特色社会主义始终沿着正确方向胜利前进,不断展现出更加强大的生命力。

(二)培育和践行社会主义核心价值观是进行伟大斗争、建设伟大工程、推进伟大事业、实现伟大梦想的铸魂工程。党的十九大报告系统阐述了新时代中国共产党的历史使命,鲜明提出进行伟大斗争、建设伟大工程、推进伟大事业、实现伟大梦想。这"四个伟大",彰显着目标的宏伟、前景的壮阔、历程的艰辛、使命的光荣。习近平总书记指出,核心价值观是一个民族赖以维系的精神纽带,是一个国家共同的道德基础。伟大斗争需要众志成城,伟大工程需要坚定一致,伟大事业需要聚力推进,伟大梦想需要同心共筑,这就要求我们激发全体人民的信心和热情,凝聚起团结奋进的强大力量。深培厚植、广泛践行体现社会主义本质要求、传承中华优秀传统文化、凝结时代精神和广泛共识的社会主义核心价值观,就一定能够铸牢理想信念、坚守价值追求、聚合磅礴之力,让我们在前进道路上越走越坚定、越走越自信,以一往无前的奋斗姿态胜利抵达光辉的彼岸。

(三)培育和践行社会主义核心价值观是在世界文化激荡中保持民族精神独立、挺起民族精神脊梁的战略支撑。当今世界正处于大发展大变革大调整时期,各种观念碰撞激荡不断加剧,各种文化交流交融交锋日益频繁。特别是一些西方国家利用长期积累的经济科技优势和话语强势,对外推销以所谓"普世价值"为内核的思想文化,企图诱导人们"以西为美""唯西是从",淡化乃至放弃对本民族精神文化的认同。党的十九大报告强调,文化是一个国家、一个民族的灵魂,文化自信是一个国家、一个民族发展中更基本、更深沉、更持久的力量。价值观是文化最深层的内核,价值观自信是文化自信最本质的体现。中国独特的文化传统、独特的历史命运、独特的基本国情,注定我们必然坚守根植于中华文化沃土又具有当代中国特色的价值观。只有持续培育和践行社会主义核心价值观,大力传承和延续中华民族的思想精髓、精神基因、文化血脉,才能更好构筑中国精神、中国价值、中国力量,使中华民族以更加昂扬的姿态屹立于世界民族之林。

二、牢牢坚持培育和践行社会主义核心价值观的根本遵循

社会主义核心价值观是我们党团结带领人民在开创和发展中国特色社会主义的伟大实践中形成的,是中国特色社会主义的价值表达,是党的理论创新成果的重要内容。党的十八大以来,以习近平同志为核心的党中央紧紧围绕新时代坚持和发展什么样的中国特色社会主义、怎样坚持和发展中国特色社会主义这个重大时代课题,以全新的视野深化对共产党执政规律、社会主义建设规律、人类社会发展规律的认识,进行艰辛理论探索,取得重大理论创新成果,创立了习近平新时代中国特色社会主义思想,开辟了马克思主义新境界,开辟了中国特色社会主义新境界,开辟了治国理政、管党治党新境界,实现了马克思主义中国化新的飞跃,为新时代坚持和发展中国特色社会主义、推进党和国家各项事业提供了根本遵循。

党的十九大把习近平新时代中国特色社会主义思想确立为党必须长期坚持的指导思想,是一个具有重大政治意义、理论意义、实践意义的历史性决策和历史性贡献。习近平新时代中国特色社会主义思想,从理论和实践结合上系统回答了新时代坚持和发展中国特色社会主义的总目标、总任务、总体布局、战略布局和发展方向、发展方式、发展动力、战略步骤、外部条件、政治保证等基本问题,提出了一系列具有开创性意义的新理念新思想新战略。这一思想,是对马克思列宁主义、毛泽东思想、邓小平理论、"三个代表"重要思想、科学发展观的继承和发展,是马克思主义中国化最新成果,是党和人民实践经验和集体智慧的结晶,是中国特色社会主义理论体系的重要组成部分,是全党全国人民为实现中华民族伟大复兴而奋斗的行动指南,必须长期坚持并不断发展。学习领会和贯彻落实党的十九大精神,第一位的是学习好、宣传好、贯彻好习近平新时代中国特色社会主义思想。宣传思想文化战线要通过全面准确、广泛深入的学习宣传,引导人们深刻认识确立习近平新时代中国特色社会主义思想历史地位的重大意义,深刻认识习近平新时代中国特色社会主义思想的科学体系、精神实质、实践要求,深刻认识习近平总书记在创立新时代中国特色社会主义思想中的决定性作用、决定性贡献,把思想和行动统一到党的十九大精神上来,增强忠诚核心、维护核心的政治自觉、思想自觉、行动自觉。

坚持社会主义核心价值体系,推进社会主义核心价值观建设,必须坚定自觉地以习近平新时代中国特色社会主义思想为指导。要把习近平新时代中国特色社会主义思想作为主心骨、定盘星、度量衡,贯彻到培育和践行社会主义核心价值观的全过程、各方面,切实增强干部群众的政治认同、思想认同、情感认同,不断巩固马克思主义在意识形态领域的指导地位、巩固全党全国人民团结奋斗的共同思想基础。要全面贯彻落实党的十九大提出的新任务新要求,深入研究新情况新问题,科学提出新思路新对策,着力增强社会主义核心价值观建设的针对性实效性。

三、深刻把握培育和践行社会主义核心价值观的着眼点

党的十九大报告指出,培育和践行社会主义核心价值观,要以培养担当民族复兴大任的时代新人为着眼点。这一重要思想观点,聚焦实现中华民族伟大复兴的历史使命,进一步明确了社会主义核心价值观建设的出发点和落脚点。

(一)我们党历来重视培养什么样的人的问题。马克思主义认为,社会全面进步是与人的全面发展相统一的过程。列宁指出,共产党的基本任务就是帮助培养和教育劳动群众。我们党在改造旧社会、建设新社会的历史进程中,始终把培养一代新人作为重要任务,使群众认识自己的利益,并且团结起来为自己的利益而奋斗。革命战争年代,我们宣传群众、教育群众,就是要帮助劳苦大众认清苦难生活的根源,为摆脱压迫、实现解放而奋起抗争。新中国成立后,我们党提出培养又红又专的社会主义建设者。进入改革开放新时期,在坚持以经济建设为中心、解放和发展社会生产力的过程中,我们党提出培育有理想、有道德、有文化、有纪律的社会主义公民。进入新时代,我们党提出培养担当民族复兴大任的时代新人,对于引领广大人民群众坚定信心、强化自觉、提升素质,投身民族复兴伟业具有重要而深远的意义。

（二）培养什么样人的问题是社会主义核心价值观建设的根本问题。核心价值观建设，说到底是人的思想建设、灵魂建设，聚焦的是造就具有正确世界观人生观价值观的社会主义建设者。人是社会实践的主体，既被现实社会所塑造，又在推动社会进步中实现自身发展。建设什么样的社会、实现什么样的目标，人是决定性因素。党的十九大提出"培养担当民族复兴大任的时代新人"这一重大命题，把"培育什么样的价值观"同"培养什么样的人"更加紧密地结合起来，抓住了价值观建设的根本，体现了我们党对核心价值观建设认识的深化和拓展。

（三）探索把握担当民族复兴大任时代新人的标准和要求。担当民族复兴大任的时代新人，应当在有自信、尊道德、讲奉献、重实干、求进取等方面，有着新的风貌、新的姿态。有自信，就是有着作为中华儿女、炎黄子孙的骄傲和自豪，作为新时代中国人的骨气和底气，爱国、爱党、爱社会主义，"四个自信"执着坚定，对实现"两个一百年"奋斗目标、实现中华民族伟大复兴中国梦充满信心；尊道德，就是继承中华传统美德、弘扬社会主义道德，崇德向善、见贤思齐，具有善良的道德情感、正确的道德判断、自觉的道德实践；讲奉献，就是具有自觉的国家意识、民族意识、责任意识，主动担当民族复兴的历史责任，在尽责集体、服务社会、贡献国家中体现自身价值；重实干，就是坚持实践第一、知行合一，求实务实、有为善为，脚踏实地干事创业，用勤劳的双手创造美好生活；求进取，就是始终保持昂扬向上的状态姿态，富有求新求变的朝气锐气，勤于学习、勇于开拓，以新的实践创造成就民族复兴的伟大梦想。

四、切实抓好培育和践行社会主义核心价值观的任务落实

党的十九大报告提出，要强化教育引导、实践养成、制度保障，发挥社会主义核心价值观对国民教育、精神文明创建、精神文化产品创作生产传播的引领作用，把社会主义核心价值观融入社会发展各方面，转化为人们的情感认同和行为习惯。我们必须以高度的政治自觉，切实抓好任务落实，推动社会主义核心价值建设取得新的更大进展。

（一）充分发挥社会主义核心价值观的引领作用。社会主义核心价值观是我们生而为中国人的独特精神支柱，是凝聚中国力量的思想道德基础，是宣传教育工作的"魂"。要强化对国民教育的引领，围绕立德树人根本任务，推动核心价值观融入思想道德教育、文化知识教育、社会实践教育各环节，贯穿启蒙教育、基础教育、职业教育、高等教育各领域，体现到教材教学、校风学风建设之中，体现到高校思想政治工作全过程。强化对精神文明创建的引领，把培育践行核心价值观作为文明城市、文明村镇、文明单位、文明家庭、文明校园创建的根本任务，突出思想内涵，鲜明价值导向。强化对精神文化产品创作生产传播的引领，推动广大文艺工作者身体力行践行核心价值观，坚持以人民为中心的创作导向，高扬爱国主义主旋律，唱响时代正气歌。

（二）充分发挥中华优秀传统文化的滋养作用。中华优秀传统文化是中华民族的精神命脉，是涵养社会主义核心价值观的重要源泉。要坚持创造性转化、创新性发展，大力实施中华优秀传统文化传承发展工程，深入挖掘中华优秀传统文化蕴含的思想观念、人文精神、道德规范，结合时代要求继承创新，让中华文化展现出永久魅力和时代风采。要坚持古为今用、推陈出新，不忘本来、辩证取舍，深入阐发中华文化讲仁爱、重民本、守诚

信、崇正义、尚和合、求大同等核心思想观念,用中华民族创造的一切精神财富化人、育人。要充分运用传统文化中的道德教化资源,深化孝老爱亲教育、诚信教育、勤劳节俭教育,着力发展乡贤文化、弘扬企业精神,引导人们不断提升道德水准。

（三）充分发挥法律和政策的保障作用。法律和政策在社会公共领域具有刚性约束力,对培育践行社会主义核心价值观有着重要的导向作用。要坚持依法治国和以德治国相结合,使核心价值观融入法治国家、法治政府、法治社会建设全过程,贯穿到立法、执法、司法、守法各方面,为法律政策的制定完善提供精神指引。要加快推动法律法规的立改废释,建立重大公共政策道德风险评估机制和纠偏机制,体现更加鲜明的价值导向,不折不扣地捍卫正义、毫不含糊地惩治丑恶,保障实现善有善报、恶将德报。大力弘扬社会主义法治精神,切实增强全民法治观念、规则意识。要更好运用法治手段维护社会公共价值、解决道德领域突出问题,捍卫英雄模范及其所代表的主流价值,发挥司法断案惩恶扬善功能,更好守护公平正义、弘扬美德善行,形成有利于培育践行核心价值观的法治环境和制度支撑。

（四）充分发挥党员干部的示范作用。党员干部是社会群体中的先进分子,德可为师、行可为范。全民动员,首先要干部带头。要落实全面从严治党要求,持之以恒推进党风政风建设,毫不放松加强党性教育,弘扬忠诚老实、公道正派、实事求是、清正廉洁等价值观,发展积极健康的党内政治文化,补精神之钙,铸党性之魂,稳思想之舵。要推动党员干部在践行社会主义核心价值观上做表率,明大德、严公德、守私德,以实际行动让群众感受到理想信念的力量,用高尚人格感召群众、带动群众。要加强对优秀共产党员的典型宣传,讲好身边共产党员的故事,用榜样的力量、楷模的风范带动全社会见贤思齐、积极向上、奋发进取。

（五）充分发挥家庭的基础作用。家庭是社会的细胞。家庭和睦则社会安定,家庭幸福则社会祥和,家庭文明则社会文明。培育和践行社会主义核心价值观要从家庭做起,大力加强家庭文明建设,深入开展文明家庭创建,发扬光大中华民族传统美德,重视做好家庭教育,传承良好家风家训,形成爱国爱家、相亲相爱、崇德向善、共建共享的社会主义家庭文明新风尚。孩子是民族的未来,青少年的价值取向影响着一生的价值取向,决定着未来整个社会的价值取向。要坚持从娃娃抓起,不断深化未成年人思想道德建设,教育引导广大青少年树立远大志向、培育美好心灵,勤学、修德、明辨、笃实,扣好人生第一粒扣子,打牢思想之基、价值观之基。

（来源:《人民日报》2017 年 11 月 17 日）

四、社会主义核心价值观的内涵

以"三个倡导"为主要内容的社会主义核心价值观,从不同层面规范了国家、社会和公民的核心价值追求。"富强、民主、文明、和谐"体现中国特色社会主义的价值目标,是立足国家层面概括出来的社会主义核心价值观,其基本要义是:通过经济建设、科学发展,促进国家越来越富强;坚持和完善党的领导,依法治国,人民当家做主,民主选举、民主决策、民主管理、民主监督,促进政治上越来越公正民主;人民文化权益得到保障,文化生活丰富,文化素质全面提高,整个社会越来越文明,社会和生态越来越和谐。

"自由、平等、公正、法治"是立足社会层面概括出来的社会主义核心价值观,其基本要义是:自由就是要保证人民依法享有广泛的权利和自由,充分保障人身权、财产权和基本政治权利,促进人的全面发展,平等、公正就是要克服特权思想,并从根本制度上保证公民在法律和制度面前人人平等,党员在党章和党纪面前人人平等,保证权利公平、规则公平、机会公平、教育公平、分配公平等。法治是治国理政的根本方式,要坚持有法必依、执法必严、违法必究的基本原则,弘扬科学立法、严格执法、公正司法、全民守法的法治精神。任何组织或个人都不得有超越宪法和法律的特权,绝不允许以言代法、以权压法、徇私枉法。

"爱国、敬业、诚信、友善"体现了社会主义国家公民的基本价值追求和道德准则要求,是立足公民层面概括出来的社会主义核心价值观。

当前,在我们弘扬社会主流价值的同时,出现了一些与社会主义核心价值相背离的现象。这些现象充分说明,加强公民道德和价值体系建设已刻不容缓。

📋 案例阅读

辽宁首例侵害英雄烈士名誉公益诉讼案宣判

2021年9月16日,辽宁省沈阳市中级人民法院公开开庭审理辽宁首例由检察机关提起的侵害英雄烈士名誉权、荣誉权公益诉讼案件,依法判处被告曾某于判决生效之日起十日内在省级以上媒体公开道歉。

2021年3月,被告曾某针对中印边境冲突事件,在微信群中多次发布不当、不实言论,丑化英雄形象,贬损烈士名誉、荣誉,造成恶劣的社会影响。

辽宁省沈阳市人民检察院发现曾某侵犯英雄烈士名誉、荣誉的行为后,向沈阳市中级人民法院提起侵害英雄烈士名誉检察公益诉讼,要求曾某在省级以上媒体公开道歉。案件受理后,沈阳市中级人民法院依法组成七人合议庭,召开庭前会议。庭审中,检察机关宣读公益诉讼起诉书,并展示相关证据。被告当庭悔过。审判长对曾某进行当庭告诫,并在庭审结束后,对旁听的中学生进行以案说法。

第二节 追求进步,努力向党组织靠拢

大学生是国家、民族的未来和希望,也是未来社会的中坚力量。因此,大学生的政治选择不仅影响他们个人的前途与发展,而且关系到国家、民族的前途与发展。对于当代大学生来说,光荣地加入中国共产党是正确的政治选择。

大学生要全面、完整、深刻地了解党、认识党,就必须了解党的历史,了解党的光辉历程,了解党的理论的基本脉络,了解党取得伟大成就的根本原因。只有这样,大学生才能深刻认识党的先进性,深刻认识自己在实现民族伟大复兴中的历史使命,坚定共产主义信仰,为早日加入中国共产党奠定坚实的思想基础。

一、党的伟大事业离不开青年大学生

中国共产党是具有独特优势的马克思主义政党。中国共产党从诞生之日起,就高度重视青年问题,始终把党的事业与青年的发展联系在一起。从本质上说,党的伟大事业离不开青年,青年的健康成长更离不开党。

事实上,中国共产党成立以来所经历的波澜壮阔的历史已经充分证明,党的事业所取得的伟大成就是与一代又一代有志青年的不懈奋斗密不可分的。在革命、建设、改革的各个时期,我们党之所以始终充满生机与活力,得益于一批又一批优秀青年源源不断地为党注入新鲜血液,这才使我们党的事业后继有人、兴旺发达。

到21世纪中叶,我们国家将基本实现现代化,将建设成为富强、民主、文明、和谐、美丽的社会主义国家,实现中华民族伟大复兴。这既是全国各族人民的奋斗目标,也是当代大学生的历史使命。在当今这个知识经济时代,科技飞速进步,竞争日趋激烈。我们党需要千千万万具有共产主义觉悟、掌握各门学科的专业知识与专业技能的专门人才加入党组织。因此,当代大学生应积极争取加入党的队伍,把将个人成才与国家强盛紧密联系在一起,积极投身于中华民族伟大复兴的伟大事业中,作为人生最大的理想、最大的光荣。

📢 拓展阅读 ••••••••••••••••••••••••••••••••••

青年人要在新时代伟大实践中长志气、强骨气、厚底气

习近平总书记在庆祝中国共产党成立100周年大会上的重要讲话,以跨越百年的大历史观,深刻回顾百年来中国青年在党的旗帜引领下致力民族复兴的伟大历程,并发出深情寄语:"新时代的中国青年要以实现中华民族伟大复兴为己任,增强做中国人的志气、骨气、底气,不负时代,不负韶华,不负党和人民的殷切期望!"

青年兴则国家兴,青年强则国家强。中国共产党百年奋斗史,既是一部持续依靠青年、武装青年、赢得青年、缔造青年的发展史,又是一部不断砥砺青年志气、淬炼青年骨气、固牢青年底气的建设史。纵观这一百年,中国青年紧紧凝聚在党的旗帜下,从御外敌抗日寇到推翻"三座大山",从建设新中国的各条战线到改革开放的各个领域,始终冲锋在前、英勇奋战,与国家同呼吸、与人民共命运、与时代齐奋进,书写了百年党史中闪耀的青春篇章。

知所从来,思所将往。一百年来,我们党以无比强大的号召力、引领力、向心力,指引中国青年在不同历史时期艰辛求索、接续奋斗、不断建功。踏上全面建成社会主义现代化强国的第二个百年征程,青年人要在新时代伟大实践中长志气、强骨气、厚底气,使之成为通向伟大梦想前行路上的能量源、动力源。

增强做中国人的志气。李大钊在《新青年》上曾寄语青年,"为世界进文明,为人类造

幸福，以青春之我，创建青春之家庭，青春之国家，青春之民族，青春之人类，青春之地球，青春之宇宙，资以乐其无涯之生"。这是因为"志之所趋，无远弗届，穷山距海，不能限也"。一百年来，一代代中国青年坚持把马克思主义真理作为行动指南，以永久奋斗的精神气质、"中华腾飞"的爱国情怀，扛起"强国有我"的历史担当，为中华之崛起而读书、为中国革命胜利而拼搏、为中华民族伟大复兴而奋进。把青春奋斗根植于党和人民事业，不断以新作为、新创造、新贡献践行铮铮誓言，成为实现中华民族伟大复兴的重要力量。新的征途上，广大青年要从党的百年奋斗中感悟真理的力量、信仰的力量，从党的非凡历史中找寻初心，立牢跟党走的忠诚之志、全心全意为人民服务的奉献之志、为实现人民对美好生活向往不懈努力的发愤之志，坚持在同党中央要求对标、同纪律规矩对表、同先烈先进对照中强大奋斗之志，坚持在筑牢信仰之基、把稳思想之舵、补足精神之钙中增强豪迈志气，不断强化"四个意识"、坚定"四个自信"、做到"两个维护"，执着努力、脚踏实地、勇于开拓，为党、为祖国、为人民多作贡献。

增强做中国人的骨气。习近平总书记指出，"精神是一个民族赖以长久生存的灵魂，唯有精神上达到一定的高度，这个民族才能在历史的洪流中屹立不倒、奋勇向前"。青年人的骨气，鲜明体现为面对强敌宁死不屈的浩气、面对牺牲不为所惧的节气、面对邪恶刚正不阿的正气、面对困难逆流而上的锐气、面对利诱不为所动的定力。一百年来，一代代青年革命烈士、英雄模范，抛头颅、洒热血、挥汗水，关键时刻站得出来、危急关头豁得出去，作出了无愧于党、无愧于人民、无愧于时代的伟大奉献和牺牲，铸就了"为有牺牲多壮志，敢教日月换新天"、勇于夺取一切胜利的铮铮风骨。新的征途上，广大青年要矢志不渝坚守对党忠诚的大德、为民造福的公德、严于律己的品德；始终坚定中国共产党能、马克思主义行、中国特色社会主义好的真理执着；始终坚定理想信念、牢记根本宗旨、传承红色基因。通过开展党史学习教育，在明理、增信、崇德、力行中厚积骨气；通过融入中国特色社会主义建设生动实践，在勤学、深思、苦干、笃行中培植骨气；通过奋进强国复兴新时代，在爱国、励志、求真、创造中充益骨气。让骨气在创业奋斗中升华，在创新创造中坚定，在中国特色社会主义不断取得新胜利中如虹绽放。

增强做中国人的底气。底气源自实力，实力催生自信。有了实力，就有底气拥抱时代和未来，有自信开创美好前景。一百年来，中国共产党团结带领中国人民，开辟伟大道路、创造伟大事业、取得伟大成就，增强了中华儿女做中国人的强大底气。踏上新的征途，广大青年要不负时代、不负韶华、不负党和人民的殷切期望，多维发力、多措并举、同频共振，着力提高政治判断力、政治领悟力、政治执行力；坚持在汲取历史经验、认识历史规律中强化历史思维，真正深化对共产党执政规律、社会主义建设规律、人类社会发展规律的认识，坚定对共产主义的信仰；坚持向书本学、向实践学，在学习中增长知识、锤炼品格，在工作中增长才干、练就本领，以真才实学服务人民，以创新创造贡献国家；坚持在践行社会主义核心价值观、明大德守公德严私德中修身修为，以国家富强、人民幸福为己任，胸怀理想、志存高远，投身中国特色社会主义伟大实践，并为之终生奋斗。

（来源：《光明日报》2021 年 8 月 11 日）

二、青年大学生的成长离不开党

中国共产党是全国各族人民利益的忠实代表,是社会主义现代化建设事业的领导核心,代表着最广大人民的根本利益。在上百年的光辉历程中,中国共产党培养造就了一大批优秀的政治家、军事家、科学家、劳动模范等在内的中华民族的优秀人才,他们成为民族解放和国家建设的中流砥柱。

马克思主义的世界观、人生观、价值观是青年知识分子成长的指路明灯,马克思主义的立场、观点、方法是青年知识分子分析问题、解决问题的工具。大学生只有把个人的人生追求建立在正确把握当今中国社会发展实际的基础上,只有同党的纲领、宗旨和目标紧密联系在一起,才能真正树立崇高的人生追求。

历史和现实已充分证明,大学生只有在党的基本理论的引导下,才能走在建设和改革的前列,在实现中华民族的伟大复兴的历史进程中充分发挥自身价值。大学生应自觉做共产主义远大理想和中国特色社会主义共同理想的坚定信仰者、忠实实践者。

📋 **案例阅读**

富于理想勇于献身的优秀大学生

1958年,张华出生于黑龙江省虎林县。小学、中学期间,他始终品学兼优,多次被评为"三好学生"。1977年,他参加中国人民解放军,多次立功受奖。1979年,他加入中国共产党。

1979年秋,张华取得沈阳军区空军系统第一名的优异成绩,考取第四军医大学空军医学系。张华在各个方面严格要求自己,努力成为雷锋那样的"时代英雄"。他在日记中写道:"只要党的事业需要,我将视死如归。"

张华像雷锋那样关心集体,帮助他人。在学校,他利用休息时间办小报,宣传好人好事。在火车站,他主动帮助旅客运送行李。在公共汽车上,他发现小偷正在行窃,便挺身而出,严厉制止小偷的行为。有一年,他回家探望父母,正赶上山洪暴发。他只见了父母一面,就立刻赶去参加抢险救灾。

1982年7月11日,69岁的魏志德老人在疏通公共厕所时,不慎落入粪池。张华听到呼救声,立刻下到3米深的粪池内,奋力抢救魏志德。结果,张华被沼气熏倒,严重中毒窒息,光荣牺牲,年仅24岁。

1982年,张华被授予"富于理想勇于献身的优秀大学生"的荣誉称号,全国高校广泛开展向张华学习的活动。

(来源:《经济日报》2019年10月17日)

三、当代大学生应积极争取入党

党的事业离不开青年,青年的成长更离不开党。回顾党的光辉历史,党在不同时期都得到全国各族人民尤其是有志青年的衷心拥戴,形成强大的凝聚力和吸引力。一代代有志青年在国家兴衰、民族存亡的危急关头纷纷加入中国共产党。在革命、建设、改革的不同时期,中国青年始终与党站在一起。

建党初期,"南陈北李,相约建党"的陈独秀和李大钊都是善于创新、勇于开拓的青年知识分子。党的一大召开时,与会的13名正式代表都是青年知识分子,当时全国的50多名党员也多是青年知识分子。在民主革命时期,青年知识分子率先觉醒,成千上万的优秀青年知识分子为实现自己崇高的人生追求,跋山涉水、历尽艰险寻找共产党,加入党组织,以实现自己的人生理想。无论是在硝烟弥漫的战场,还是在血雨腥风的刑场,他们不惜抛头颅、洒热血,用鲜血和生命书写壮丽的青春之歌。在社会主义建设和改革开放的进程中,越来越多的青年知识分子积极加入党组织,牢固树立为祖国和人民而奋斗的理想,并坚韧不拔地付诸实践。

中国共产党百年的光辉历程及丰功伟绩给了当代大学生以历史启迪和现实昭示——中国共产党值得我们去信任、去依赖、去追随。只有深刻地了解党、相信党、拥护党,才能真正提升修养、坚定信念、践行使命,才能成为对党、对国家、对人民有所贡献的高素质人才。

四、正确对待党员发展过程

从预备党员到正式党员,有一个过程。事实上,并不是所有的预备党员都能顺利地转为正式党员。因此,大学生如何正确看待入党问题,对大学生的成长至关重要。

大学阶段是大学生增长知识与提升技能、认识世界与改造世界的关键时期。在这个物质日益丰富、经济全球化、社会信息化的大时代,当代大学生往往表现出时代感强而责任意识弱、个性特征强而承受能力弱、主体意识强而集体意识弱的特点。他们思维敏锐、富有朝气和激情,但缺乏社会经验和人生磨炼,政治辨别能力不高,是非辨别能力不强。

大学生党员作为党组织中的一个特殊群体,入党积极分子应以实际行动向党组织靠拢,牢记全心全意为人民服务的宗旨,在学习生活中处处发挥模范带头的作用。对于大学生而言,还应加强自身的思想教育,以促进自我的全面发展为目标,只有这样才能把自己培养成中国特色社会主义事业的合格建设者和接班人。

外因总是通过内因起作用。要想不断提高自己,尽快做到从思想上入党,最根本的还是取决于入党积极分子自身。对入党积极分子来说,时刻保持要求进步的热情、勤恳学习的态度和奋斗不止的斗志,既是党组织的要求,也是自身面临的现实考验。

大学生入党积极分子应志存高远,政治上不断追求进步,始终不辜负党和人民的殷切希望。要善于创新与实践,善于把所学的知识运用到改造世界的活动中去。要知荣明耻、乐于奉献、报效祖国、回馈社会,自觉地把个人的发展融入党的伟大事业中去。要求真务实、脚踏实地,改造好主观世界,首先解决好思想上的入党问题,自觉用党员标准严格要求自己,切实发挥先锋模范作用,争取早日成为共产党员。

第三节　做一名合格的党员

一、政治上成为表率

大学生党员是大学生中的优秀人才和中坚力量,理应成为讲党性、有品行、敢担当、能奉献的先锋模范。大学生党员要始终坚持"守纪律是基础、讲政治是方向、敢担当为重点"的理念,时时处处严格要求自己。大学生党员要自觉砥砺品质、努力提高能力,为走向社会、服务社会打下坚实的基础。大学生党员应当明确党员的基本标准,将政治性、思想性、专业性与可接受性紧密结合起来。

大学生党员,理应更多地发挥先锋榜样作用。在政治上,应当成为政治信仰坚定、是非观念清晰的表率,团结和带动周围的同学,认真踏实地做好每一件事。在学习和生活中,大学生党员要注重全面发展,努力做到勤学修德、明辨笃实。

二、学习中成为楷模

当今时代是中国历史上最好的时代,大国崛起、民族复兴,中华文明古国泱泱 5000 多年的历史与文化,能够彰显自己的力量与气质,继往开来、薪火相传。大学生党员要科学认识世界变化和中国发展大势,全面客观地认识当代中国、看待外部世界,正确认识自己的时代责任和历史使命。

当代大学生迟早要走向社会,这就需要丰富的理论知识、扎实的专业技能,真正成为德才兼备的全面发展的优秀人才。大学生党员要不断提高自身的综合素质,注重产、学、研相结合,为社会主义现代化建设和中华民族伟大复兴贡献自己的汗水、心血与智慧。

周恩来总理自小就甘愿"为中华之崛起而读书",新时代的大学生党员也应当拥有为国家富强、民族振兴而发奋读书的远大抱负,勤勉努力,坚持不懈。

三、生活里成为模范

大学生党员在学校里,除了认真勤勉学习,还需要为走向社会做准备,承担一定的学生工作,积极锻炼自己磨炼自己。大学生党员要积极发挥基层党团组织的思想引领作用,以党建带团建、以团建促班建,结合传统媒体和网络新媒体,用大家喜闻乐见的形式进行思想引领,用润物无声的方式让正确的世界观、人生观、价值观深入同学们的心中。

有序的忙碌是成长的节奏,真理往往需要通过实践才能得到验证。大学生党员应当在生活中积极探索、积极实践,用社会主义核心价值观来指导自身的学习、生活、工作,了解中华民族长期以来的奋斗历史,珍惜大学的美好时光,在生活里成为模范,引领思想进步,并贯穿于学习和成长的过程中。

作为中国未来的建设者、"中国梦"的实现者,大学生党员要以自己对党和国家的热爱与忠诚、对社会奉献担当的使命感与责任感,牢记中华民族的历史,开拓中华民族的未来,让青春绽放最绚丽的光彩,让人生奉献在祖国最需要的地方,让生命燃烧出最灼热的温度!

第八章

职业规划　亮丽人生

学习目标

1. 了解职业的概念、特征、功能及其发展的专业化、综合化、多元化趋势。
2. 熟悉影响职业生涯发展的基本因素，掌握制定职业生涯规划的基本原则。
3. 认识大学生就业时常见的心理误区及心理障碍，尽快完成社会角色转换。

学习重点

1. 掌握职业生涯规划的相关概念，学会制定符合实际的职业生涯规划。
2. 掌握大学生择业原则，不断提升就业能力，分析和调适好就业心理。

第一节 认识职业

在人类的历史上,伴随着生产力的发展和社会分工的出现,职业也随之产生和发展起来。这既是社会生产力进步的必然结果,也反过来极大地促进了生产力的提高。总体而言,一个国家固有的生产力水平及相应的经济结构、产业结构、科技结构决定了社会职业的构成,而职业构成的变化也在很大程度上反映出生产力水平及经济、产业、科技的变化。一言以蔽之,职业是社会发展的客观产物。

一、职业的概念与特点

从本质上说,职业是一种社会劳动岗位,是人们从事的相对稳定、获取收入、分门别类的社会劳动。职业是一个人的社会地位的表现,也是一个人的权利、义务的体现。

总体而言,职业一般包括如下特点:

(1)从事职业的目的是获取现金或实物。

(2)职业是从业人员在特定社会生活环境中从事的社会活动,与其他社会成员相互关联、相互服务。

(3)职业是在一定历史时期形成的,生命周期较长。

(4)职业必须符合国家法律和社会道德规范。

(5)职业必须具备相应的从业人数。

此外,我们还可以通过如下几个方面来理解职业:

(1)职业不完全等同于工作,并非所有的工作都能成为职业。一项工作只有足够重要、足够丰富、足够吸引劳动者去长期稳定地投入其中,才能成为真正意义上的职业。在从事这项工作时,劳动者能获取相应的经济收入,满足自身的物质需求。

(2)从某种意义上说,职业是劳动者的一种社会角色,劳动者凭借这一社会角色的专业规范去开展工作。

(3)职业不仅为劳动者提供一定的经济收入,而且为劳动者提供体现个人价值的机会。

拓展阅读 ••••••••••••••••••••••••••••••••••••

产业、行业与职业的关系

产业是指具有某种同类属性的经济活动的集合或系统。通常所说的三大产业采用的是联合国的分类方法,其中,第一产业指农业,包括林业、牧业、渔业等,第二产业指工业,包括制造业、采掘业、建筑业和公共工程、上下水道、煤气等,第三产业指服务业,包括商业、金融业、保险业、不动产业、运输业、通信业及其他非物质生产部门。

至于行业,一般是指按生产同类产品或具有相同工艺过程或提供同类劳动服务划分的经济活动类别,如饮食行业、服装行业、机械行业、金融行业、移动互联网行业等。

产业、行业、职业三者之间既联系密切,又有本质区别。

三者是密切联系的。作为社会分工的必然产物,产业、行业、职业都是社会生产力不断发展的结果。随着社会的长足发展,新技术层出不穷,便产生了新产品及相应职业的从业人员。随着新产品的生产及相应职业的从业人员的增长,新的行业就逐渐形成了。当新的行业发展到相当规模时,就往往与其他行业进行有机整合,进而并入或形成新的产业。

三者有本质区别。在国民经济领域中,产业、行业、职业的层次由高到低,涉及范围由大到小。产业侧重于生产力布局的宏观领域,主要体现以产业为单位的生产力布局上的社会分工。产业由无数行业组成,行业侧重于企业或组织生产产品的中观领域,主要体现以行业为单位的产品生产上的社会分工。行业由无数企业或组织组成,职业侧重于组织内工作的微观领域,主要体现以人为单位的劳动技能上的社会分工。

二、职业的特征

(一)同一性

在同类职业中,由于劳动条件、工作对象、生产工具、操作内容相近,促使人们产生相似的行为模式、语言习惯和道德规范。在此基础上,便形成了行业工会、行业联合体等社会组织。

(二)差异性

不同职业之间存在着很大的差异,由于劳动条件、工作对象、生产工具、操作内容不同,人们的行为模式、语言习惯、道德规范也多有差别。随着社会的发展,各种新职业层出不穷,各种职业之间的差异也处于变化之中。从宏观社会来看,只要合法,任何职业都没有高低贵贱之分。但在现实生活中,由于从业者的素质要求、思维方式、行为举止各不相同,不同职业之间就有了类型之分、层级之别。这种职业差异是由不同职业所需付出的体力劳动与脑力劳动、收入水平与工作环境、社会声望与权力地位等因素决定的。

(三)时空性

职业具有时空性,既有明显的时代性,又有明显的地域性。随着社会的发展,职业变化异常迅速,旧职业逐渐消失、新职业不断出现。与此同时,同一职业的活动内容和活动方式也在变化之中。历史上,我国曾出现"当兵热""从政热""下海热""外企热"等,都反映出某些职业在特定时期的热度。随着区域化的长足发展,很多职业也呈现出明显的地域特征。这些都是大学生必须关注的。

三、职业的功能

职业在人们的社会生活中居于重要地位,处理好职业问题对人一生的发展和维持社会的正常运行具有重大意义。

（一）职业的个体功能

对个人而言，职业具有以下功能：

（1）职业有助于劳动者获取经济收入，进而维持家庭的基本生活需要。

（2）职业可充分发挥劳动者的特长、兴趣，从而促进劳动者的个性的充分发展。

（3）职业表明了个人在社会中所从事的具体劳动，是个人贡献社会的重要途径。

（4）职业是劳动者获取名誉、权力、地位、金钱的来源。

（二）职业的社会功能

对社会而言，职业具有以下功能：

（1）职业及职业活动构成了社会及社会活动。

（2）职业劳动创造社会财富，为社会的生存、发展与完善奠定坚实的物质基础。

（3）职业分工是构建社会经济制度的前提，也是社会经济制度运行的基础。

（4）职业的存在有助于维持社会稳定、实现社会控制。

（5）职业结构的变化、职业层级之间的矛盾的解决在客观上推动了社会进步。

四、职业的发展变化

（一）职业分工更趋细化，专业化程度越来越高，出现综合化和多元化趋势

随着科技的迅猛发展，职业分工更趋精细，职业的专业化程度也越来越高。传统职业进一步分解，细化为专业化程度更深的职业。以财政工作为例，相关从事人员现已发展成为包括资产评估、税务、会计、精算等一系列职业在内的职业群体。

从历史数据看，1850年，美国的职业普查划分为15个大行业、323种职业；1860年，增至584种；1965年，确定为21741种；1980年，达到25000种。在中国，隋朝有100多个行业，宋朝有220个行业，明朝增加到300多个行业。到目前为止，我国已有近2000个职业。同时，职业逐渐朝着综合化、多元化的方向发展，彻底打破了以往每种职业固有的界限，促使不同职业之间的界限日趋模糊。

（二）职业结构的重心发生转移，第三产业的职业数量不断增加

从职业结构的发展变化来看，第一产业的就业数量比例降低，劳动生产率提高，产品呈现出绿色、高科技、深加工等特点，职业岗位则"少而精"。由于知识含量、技术含量较高，对从业者的技能层次要求自然也很高。

伴随着社会需求的变化，第二产业的结构也不断变化、更新，产品和技术工艺的种类繁多，职业岗位的数量与层次也不断增多。

第一、第二产业的充分发展，人民生活水平的普遍提高，生产机械化、自动化的日益发展，劳动生产率的不断提高，都节约了大量的社会劳动力，转而投入第三产业。从长远来看，未来以服务为主的第三产业将迅速发展，逐渐形成"高新第三产业"职业群，如金融证券、物业管理、旅游、保健类职业。可以预见，在未来相当长的时期内，与新科技革命相关的信息、能源、环境、生命和空间领域的技术岗位都将成为热门职业。

相关链接

第四产业又称知识产业或信息产业,指的是新技术革命推动下的从事各种信息工作的部门。例如,网络经济产业、通信产业、卫星产业等都属于第四产业的范畴。第五产业又称文化产业,是指按照工业标准生产、再生产、存储及分配文化产品和服务的一系列活动的统称。第五产业属于智慧产业,包括咨询、策划、广告、文艺、科学和教育等,旨在满足社会、机构和个人在知识、文化、技术等方面的需要。

(三)职业活动内容不断弃旧更新

在不同的年代,同一职业的工作内容会有很大的变化,旧的业务知识、技术方法会逐步被新的业务知识、技术方法所取代。社会同一行业或职业对人才的要求也将随时代的不断变化而变化。例如,会计这一职业在古代以"账房先生"的形式存在着,在电子技术出现前,只要掌握账簿式记账就行了,所要掌握的业务知识和业务技术也就是懂数学和会打算盘。电子技术出现后,会计的种类越来越多,大致可分为出纳会计、成本会计、现金会计等,对会计这一职业的业务知识和业务技术的要求也越来越高,不仅要会用传统的算盘、会账簿式记账,而且要会用电脑来操作管理,懂得会计电算化等。

(四)职业人员的社会活动方式正在发生根本性的变革

1. 工作方式的变革

在现代社会中,工作以项目为核心的发展趋势日益明显,城市化的发展使员工居住地方越来越分散,SOHO(Small office,Home office 的简称,意为"居家办公")已成为重要的工作方式。据统计,在美国已有1/5的工作人员是 SOHO 族,且以每年5%的速度增长着,信息产业成为第四产业,信息行业的从业人数将超过传统服务业和制造业的从业人数,电子邮件、网络会议将成为人们主要的工作联系方式。

2. 组织方式的变革

在工业社会中,组织的基本特征主要包括稳定的内部组织结构、可预期的活动计划、易于分割的流水线工作流程、易于分解的职能和责任范围。而知识经济时代,职业结构将发生变革,越来越多的工作转变为对知识的加工而不是对物质的处理。传统的长期固定的工作正在被以临时合作交流为目的的非正式组织所替代,职业人员因此有了第二、第三职业,这就使职业人员的人际关系更加广泛。

(五)职业模式趋于易变

标准、秩序、生产、规律性和效率是工业时代的典型特点。在工业时代,从业人员往往一生只为一个组织工作,形成了稳定、长期的职业模式。而知识经济时代,职业模式趋于易变,具体表现在以下几个方面。

1. 从业多样化

在现代社会,人们愈发清楚地认识到,科技发展的真正方向是"让工作走开"。从制造业开始,继而进入办公室,每天都有更多的工作被自动化了,很多职业正在衰退甚至消失。这就使职业本身的生命周期越来越短,人们一生从事一种职业的可能性在减少,职业人员必须在多个职业领域出入。

2.就业自主化

随着企业掌握了越来越多的技术手段,工作就越来越不受时间和地点的束缚,终身依托一个组织的固定职业不断削减,不依赖组织的自由职业不断产生。人的就业自由选择权被广泛承认和普遍实现,政府还进一步借助法律支持、就业服务、失业救济或保险来确保人们的自由择业权。

3.流动加速化

随着市场经济的不断深入,从业人员由全社会来整体配置,强调职业转换和职业流动,职业人员的职业空间大大扩展,职业趋于无边界。同时,个人寻求自身发展的现象日益普遍。在高度竞争的条件下,用人单位致力于人力资源优化配置。这样一来,无论是需求还是供给,都促使社会职业加速流动。

第二节 职业生涯规划

一、职业生涯规划的相关概念

(一)职业生涯

通俗地说,职业生涯就是一个人的职业经历。职业生涯是一个人一生中所有与职业相关的行为、行动及态度、愿望等连续经历的过程,也是一个人一生中职业变化、职位变迁及工作、理想的实现过程。

(二)职业生涯规划

所谓职业生涯规划,是指对职业生涯的主观条件与客观条件进行分析与总结,进而对兴趣、爱好、能力、价值观念、职业素质等进行综合权衡,以此确定职业奋斗目标,并做出切实可行、行之有效的安排。

⇥ 相关链接

美国人的职业生涯教育

美国人从小就接受专业的职业教育。小学里设有"职业日"(Career day),这一天会邀请各行各业的人向孩子们介绍自己的工作,帮助孩子们对各种职业形成初步印象。等孩子再大一些,学校会组织职业实践活动。以办模拟公司为例,每个学生都会担当各自的角色,进一步强化对各种岗位的认知。在高中、大学里,学校会组织职业测评,引导学生了解自己的兴趣、技能、价值观和优劣势。参加工作后,则继续对职业发展进行动态调整。

二、影响职业生涯发展的因素

（一）个人因素

1. 个性特征

不同个性特征的人往往适合不同类别的工作。例如，那些性格外向的人往往适合做管理人员、记者、导游等，那些内向的人则更适合做程序员、科研人员等。事实证明，如果选择了不符合自己的个性特征的工作，工作起来就很难获得愉悦的感受。

2. 职业兴趣

所谓职业兴趣，是指从业者在职业选择上表现出来的兴趣倾向。现实中，具有不同职业兴趣的人往往会选择不同的职业。例如，有些人喜欢从事具体的工作，因而适合选择园林、美容、维修等职业；有些人喜欢从事抽象的工作，因而适合选择产品开发、社会调查、科研等职业。

3. 性别

性别因素在职业发展中扮演着重要角色。用人单位普遍认为婚姻会导致女性业绩下降，男性在婚后业绩反而会上升。因此，大学生（尤其是女大学生）在规划自己的职业生涯时，不可忽视性别差异。

（二）教育因素

大学生都经过了较长时间的专业教育和专业训练，具备一定的专业知识和专业技能，这是大学生的优势所在，也是大学生进行职业生涯规划的基本依据。用人单位一般会首先选择具有专业特长的大学生，而大学生进入职场之后的优势主要还是所掌握的专业知识与专业技能。因此，如果大学生的职业生涯规划与所学专业游离，无形当中就为自己的择业增加了许多困难，因而不能尽快就业，个人的价值就难以实现。

（三）家庭因素

在大学生的职业生涯规划中，家庭因素的影响不容忽视。一般说来，父母的职业往往决定了孩子的生长环境，这就是"子承父业"的现象屡见不鲜的主要原因。更重要的是，作为孩子的第一任老师，父母的世界观、人生观、价值观及思维方式、行为方式、表达方式都会转化为孩子的价值标准。此外，家庭的经济条件、社会地位和人生期待都会影响大学生的职业生涯规划。例如，家境富裕的大学生能够拥有更好的学习条件、获得更多的学习资源，而家境贫寒的大学生则往往连学费都很难凑齐，有的大学生还因此不得不中途辍学。

（四）机会因素

机会也称机遇，是随机出现又稍纵即逝的，非常难以把握，但它却对个体的发展有着积极的作用。机会通常会表现为一个难得的职业、一个适合的岗位、一个偶然透漏的商业机会等。机会的出现具有偶然性，只有善于抓住机会、把握机会的人才能拥有更多的有利于自己的新的发展机会，才有可能发现和创造更多的机会。从某种意义上说，机会往往青睐于有准备的人。正如爱因斯坦说的那句话："机遇只偏爱有准备的头脑。"

三、职业生涯规划的基本原则

(一)社会需求原则

作为一种社会活动,职业必定受到社会的制约。大学生制定职业生涯规划时,一定要全面把握社会对人才的需求状况,以社会需求作为自己的出发点和归宿点,这样的职业生涯规划才更具有针对性与可行性。此外,个人的职业发展与社会的整体发展之间存在着密切的关系。个人要求社会提供适宜发展的条件,满足个人的需要。同时,个人也必须为社会做出贡献,承担相应的社会义务。个人发展必须顺应社会发展,在追求个人发展的同时,不仅不能损害社会发展,还要推动社会发展。只有社会发展得好,社会中的每一位成员才可能有更好地自我发展。

(二)利益结合原则

所谓利益结合原则,是指在制定职业生涯规划时,必须将个人发展与组织发展、社会发展紧密地结合起来,妥善处理好个人与组织、个人与社会之间的辩证关系,找准个人发展与组织发展、社会发展的最佳结合点。个人发展离不开组织发展,组织发展又离不开社会发展。即使是进行自主创业,同样是在社会大环境中进行的,同样需要与各种组织产生或远或近的关系。大学生在制定职业生涯规划时遵循利益结合原则,正是对自己未来发展的精准定位。

(三)提升能力原则

在职业生涯规划中,必须突出能力提升问题。知识经济时代崇尚创新、呼唤创造,对大学生的专业技能提出了更高的要求。因此,制定职业生涯规划时,应高度重视创新意识与专业技能。这里所说的能力是宽泛意义上的能力,覆盖了学习、生活与工作三大方面的各种能力。职业生涯规划中的能力首先是指学业、职业、事业方面的能力,这是毋庸置疑的。当然,我们还应清醒地认识到,个人的智慧始终存在着较大的局限性,远远不如团队协作具有更大的适应性。要积极培养团队精神,注重人际沟通、人际交往,学会与他人友好合作。唯有如此,才能在职业生涯发展中不断提升自己的综合能力,才能更好地应对知识经济时代的方方面面的社会挑战。从某种意义上说,这也同样是能力提升的题中应有之义。

(四)时间梯度原则

人生百年,如白驹过隙,显然是非常短暂的。相比之下,职业生涯就显得更为短暂。我们从 20 多岁开始工作,到 60 多岁退休,其间只有 40 年左右的时间。除去生理活动的时间,真正直接用于工作的时间非常有限。所谓时间梯度原则,就是针对自己的短期目标、中期目标、长期目标,确立相应的起止时间,督促自己按期实现。如果不进行明确的时间规定,大学生的职业生涯规划就失去了基本的价值。

(五)发展创新原则

发展原则包括两个方面的含义。一是综合考虑时间和地域因素,确定这个职业未来有无前途。例如,很多资源性行业当前效益很好,可一旦资源枯竭,企业和个人都要面临艰难的转型。二是确定这个职业是否符合自己的兴趣,能否发挥自己的专长,自己在这个职业领域有无发展前途。创新原则是指在职业生涯发展过程中,与时俱进,开拓创新,寻找新思路,掌握新方法,解决新问题,制定新目标。我们可以潜心分析成功人士的职业生涯发展历程,在制定职业生涯规划时予以借鉴。

(六)综合评价原则

所谓综合评价原则,是指对职业生涯进行全过程、全方位的综合评价。从人的一生来看,发展是分阶段的,不同阶段有不同的奋斗目标。因此,在进行职业生涯规划时,必须进行全过程、全方位的综合评估,分阶段地制定相应的奋斗目标。与此同时,在遵循综合评价原则时,必须注重职业生涯、个人事务、家庭生活这三个方面的协调发展。

四、职业生涯规划的意义

经过几年专业知识的学习与专业技能的训练,大学生迫切需要寻找一个适合自身发展的平台。但是,如果事先不进行职业生涯规划,匆匆忙忙地求职就业,就必然会付出时间上、精力上、财力上的巨大损失,甚至严重影响未来的发展。由此可见,职业生涯规划对于大学生未来的职业发展极具现实意义。

(一)有利于大学生建立科学的择业观

一般来说,大多数大学生的第一份职业往往是父母的意愿、学校的推荐、社会的需求、个人的妥协的产物,与大学生真正的职业兴趣、职业期望并不完全相符。相比之下,我们更提倡科学择业,即求职者根据自身的职业兴趣、职业期望与社会的职业需求、职业变化,寻找其中的最佳结合点,进而挑选出最适合求职者的职业,实现能力素质与职业需求的完美匹配。在这方面,职业生涯规划有助于大学生认清自己的优势和劣势,洞察社会的职业发展趋势,树立科学的择业观,保持良好的择业心态,明确自己的发展方向。要避免不切实际的想法,选择适合自身特点的职业,并在自己的工作岗位上脚踏实地地工作,不断地积累经验、完善自我,寻求职业生涯的更好发展。

(二)有利于增强大学生应对社会竞争的能力

当今社会,竞争日趋激烈。要想在社会竞争中占据有利位置,就要借助最适合自己发展的理想平台。而这一切都建立在增强求职者应对社会竞争的能力的基础之上。职业生涯规划可引导大学生运用科学的研究方法,制定适当、合理的奋斗目标,采取切实可行的步骤与措施,有针对性地加强相关专业知识与相关专业技能的培训,充分发挥自身优势,努力克服自身劣势,着力挖掘潜在智慧,不断增强职业竞争能力。

(三)有利于大学生提高就业成功率

在双向选择、自主择业的宏观背景下,很多大学生非常看重各种形式的人才交流会。事实上,这也确实是他们进行职业选择的主要渠道之一。然而,据统计,人才交流会对接成功率一般只有30%左右。造成这种现象的原因之一就是大学生职业生涯规划的缺失,即大学生职业目标模糊,对自我缺乏认知。科学的职业生涯规划可以使大学生明确目标,有的放矢,最大限度地提高求职成功率。

(四) 有利于大学生增强发展后劲

很多大学生不重视职业生涯规划,总是抱着走一步看一步的心态,试图顺其自然地解决自己的求职问题,结果却不尽如人意。究其原因,还是源于他们缺乏职业生涯规划的指导。还有的大学生虽然也制定了职业生涯规划,却往往抱有短期心态,认为只要有助于求职成功就万事大吉了。结果,他们找到工作后,很难取得长足的进步。这恐怕与他们的职业生涯规划的名不副实不无关系。实际上,职业生涯规划是用来指导自己一生的职业发展的,其作用并不局限于求职初期。有些大学生认为"计划赶不上变化",殊不知,有计划与无计划的区别还是异常明显的。虽然职场随时都在变化,但一个人的基本的职业发展趋势还是应当具有相对的稳定性。事实上,职业生涯规划也有一定的阶段性,而且在一个旧阶段结束与下一个新阶段开始时,必须进行深刻的反思与全面的优化。只有这样,计划才能赶上变化,规划才能促进发展。从这个意义上说,制定科学的职业生涯规划确实有助于增强大学生未来的职业发展后劲。

第三节 择业就业

当前,对于临近毕业的大学生来说,择业就业已经成为最现实、最紧迫、最根本的需求。为此,必须更有针对性地加强大学生的思想教育和素质教育,引导大学生确立科学的择业观,提升择业就业能力。

一、大学生择业的原则

(一) 符合社会需求的原则

所谓符合社会需求的原则,是指大学生选择职业时,必须将社会需要作为自己的出发点和落脚点,站在社会发展的高度去观察、认识问题,进而决定自己的最佳职业岗位。

(二) 发挥个人素质优势的原则

所谓发挥个人素质优势的原则,是指大学生选择职业时,必须全面考察自己的专业知识、专业技能及综合素质,充分发挥自身的特长和优势去选择职业岗位,以便在未来的职业岗位上出色地完成本职工作。

(三) 主动选择的原则

所谓主动选择的原则,是指大学生在选择职业时不能消极等待,而应主动出击。具体说来,主动选择包括三个方面的意思:一是主动参与职业岗位竞争;二是主动了解人才供求信息;三是主动提升自己的专业技能与综合素质。

(四) 分清主次的原则

所谓分清主次的原则,是指大学生在选择职业时,必须综合考虑方方面面的因素,分清主次,权衡利弊。例如,在全面考察的基础上,自己究竟更看重哪一方面? 是看重单位性质,还是看重工作地点? 是看重工作条件,还是看重生活待遇? 是看重社会名气,还是看重未来发展? 既然不能十全十美,当然就要分清主次,追求相对合理了。

(五)着眼长远面向未来的原则

所谓着眼长远面向未来的原则,是指大学生在选择职业时,不能只看眼前实惠,不看未来发展;不能只图生活安逸,不顾事业追求。大学生最大的优势就是年轻,不像中老年人,没有太多的回旋余地。大学生理应抱着侧重锻炼、注重长远的思路,站得更高一些、看得更远一些,将自己的命运紧紧地与社会发展的大趋势联结在一起,从而寻找到自己的最佳位置,牢牢把握职业选择的主动权。

二、大学生就业能力

(一)培养大学生就业能力的意义

随着我国大学的不断扩招,大学毕业生大幅增长。但与此同时,劳动力市场对大学毕业生的需求并未保持同步增长,甚至呈现出略微下降的趋势。很多企业不愿大量招收高校毕业生,而更青睐于那些具有工作经验的求职者。作为吸纳高校毕业生重要力量的公共部门近年来对高校毕业生的引进也明显减少。高校毕业生数量增长比例与劳动力市场需求增长比例的这种不协调,导致大学生就业市场由典型的"卖方"市场变为典型的"买方"市场,过去的那种"全员就业"模式被"自主择业,双向选择"模式所替代。在这种情况下,高校毕业生要想成功就业,就必须具备出类拔萃的专业实力,才有可能在众多的竞争对手中脱颖而出,真正找到适合自己的工作岗位。事实上,这种影响和决定大学生获取工作岗位并成功就业的能力就是我们常说的就业能力。因此,如何开发和提升就业能力已经成为大学生必须正视的重大挑战。

(二)大学生需掌握的就业能力

1. 专业知识和专业技能

从我国现有就业市场的发展趋势来看,专业知识和专业技能依然是影响大学生就业的重要因素。调查表明,要想找到一份好的工作并能胜任,专业知识和专业技能是至关重要的。那些缺乏专业知识和专业技能的人往往只能从事技术含量偏低的简单重复劳动。事实上,在经济衰退时期,最先被解雇的员工往往是那些缺乏专业知识和专业技能的人。值得注意的是,现在很多大学生在专业知识方面的问题并不大,但在专业技能方面就存在明显的劣势。光有专业知识而不具备足够的专业技能,同样会给大学的就业带来诸多障碍。

2. 社会资本

所谓社会资本,是指个人在社会网络中形成的相关信息、在社会人际交往中形成的能力(如人际沟通与交流能力、合作学习能力、团队管理能力)与个性品质(如诚实、热情、有责任感)。事实证明,社会资本对于成功求职及职业发展都具有决定性的作用。其作用具体表现在三个方面:一是获得相关的重要信息;二是获得相应的重要资本;三是获得职业生涯中难能可贵的帮助。对于大学生来说,积累个人社会资本的有效渠道很多,如参加社团活动、加入课题小组、开展社会实践、进行专业实习等。

3. 个人适应能力

所谓个人适应能力,是指个人适应职业和工作环境变化的能力。研究表明,下列因素对于个人适应能力具有重要影响:

(1)乐观心态。乐观的人未必事事顺心,但他们却凭借自己良好的心态,不断增强自己的竞争实力,在应对各种困难、挫折和失败中,开拓自己的人生道路。

(2)开放意识。真正意义上的开放并不只是言谈举止上的开放,而是思维的开放、心灵的开放。正所谓:"心有多大,舞台就有多大。"开放意识既有助于提升专业境界,也有助于促进人际和谐。

(3)自我效能。自我效能感强的人对自己的能力更有信心,相信自己能感染影响周围的环境和事件。尤其在面临不确定因素时,他们能做出更多努力去改善自己的学习环境、生活环境和工作环境。

(4)学习倾向。不要以为大学毕业之后就不需要学习了,恰恰相反,进入社会这所大学之后,你更需要"学知识、学技能,学处世、学为人"。只有始终确保学习倾向,你才能有效应对未来职业环境的种种变化,进而成为事业上的成功者。

(三)大学生提高自身就业能力的建议

1. 进行职业生涯规划

从进入大学校园的第一天开始,大学生就应该制定自己的职业生涯规划。在这个过程中,既要充分考虑自身的兴趣、特长,又要正视自己的劣势与不足;既要研究本专业的市场前景,又要关注国家的相关政策导向。要尽可能参考老师、同学、父母、朋友的建议,通过书、报、刊、网及社会实践等多种渠道,制定出最适合自己的职业生涯发展规划,为将来的求职生涯迈出成功的第一步。

2. 建立合理的知识结构

大学生提升自身的就业能力不仅要丰富自己的知识储备,而且要构建合理的知识结构。所谓合理的知识结构,是指这种知识体系既有广博的一面,又有精深的一面,能够最大限度地适应未来的职业发展需要。

(1)扎实的基础知识。大学生无论将来在哪个领域就业,都离不开扎实的基础知识。基础知识就像大树的根基,只有根深才会叶茂。

(2)精深的专业知识。精深的专业知识必须有足够的专业深度,能够帮助大学生在本专业领域保持鹤立鸡群般的优势。这就要求大学生对本学科的前沿知识有足够的了解和把握。

(3)大容量的新知识储备。当今社会,越来越多的用人单位青睐复合型人才。这类人才的特点是多才多艺,不仅在专业技能方面有突出的经验,而且具备较多的相关技能。

3. 培养学习与创新能力

当今社会,社会上的各种竞争日趋激烈。大学生虽然掌握了一定的专业知识与专业技能,但如果不勤于学习、不善于思考、不勇于实践,就会故步自封,根本无法适应未来的职场发展的现实需要。只有掌握各种新知识、新技能、新思维,才能站稳脚跟,否则就很可能失去竞争力,成为被社会淘汰的落伍者。因此,大学生一定要具备终身学习的理念,不仅要学习专业知识、专业技能,而且要学习为人处世。在此基础上,还要有意识地培养自己的创新能力。从某种意义上说,创新能力比学习能力更为关键:学习能力只能确保你不落伍,创新能力才能促使你出类拔萃。

4.提高适应社会、融入社会的能力

虽然我们说"学校也是一个小社会""社会也是一所大学校",但学校和社会毕竟还是有着本质的区别,其运行规则有很大的不同。总体而言,大学生所处的大学校园依然存在着一定程度的封闭性,与完全开放的社会不尽相同。一般说来,大学生在大学校园还是比较容易适应的,学习、锻炼、生活、恋爱都相对单纯。可一旦进入社会,你所面临的环境、你所应对的竞争、你所承受的压力都是全方位的。一些大型企业之所以对应届毕业生表现冷淡,其中一个重要原因就是这些大学生缺乏工作经历与生活经验,角色转换慢,适应过程长。因此,在同等条件下,这些企业更愿意选择其中那些社会实践经验丰富、思维方式超前、专业技能过硬,且组织管理能力、心理承受能力、人际交往能力出众的大学毕业生。同样是大学毕业生,后者显然是凤毛麟角,难怪那些目光如炬的企业会情有独钟了。

5.培养良好的职业道德

所谓职业道德,是指人们在从事职业活动时必须遵守的准则和规则,直接影响人们的工作态度、工作热情和工作方式。要想在事业上取得成功,就必须坚守职业道德。职业道德的具体表现包括:忠于职守,爱岗敬业;实事求是,严肃认真;潜心钻研,精益求精;团结协作,和谐融洽。事实上,在职业活动中所呈现出来的职业道德,诸如无私、正直、勤奋、诚实、守信、坚定、勇敢等,都是人们获取工作成绩的基本前提。与此同时,良好的职业道德也有助于处理各种人际关系。例如,一个乐于助人的人很容易得到同事的好感,一个专注事业的人很容易得到领导的赏识,一个谦虚好学、踏实肯干的人很容易得到师傅的认可。

6.提高心理健康水平

毫无疑问,大学生进入社会后,必将面临各种各样的竞争。要想成为竞争的胜利者,其实比拼的还是综合素质。这就意味着,如果你的某些素质水准低下,就会成为你的综合素质的短板,严重影响你的未来发展。事实上,很多大学生都忽视了自己的一个致命弱点,那就是心理脆弱。很难想象,一个心理不够健康的人如何能够承受日趋激烈的社会竞争,更不要说脱颖而出了。这就提醒大学生,除了关注自己的专业知识、专业技能,还要关注自己的身心素质。尤其是心理健康问题,直接决定了你未来发展的高度,不可等闲视之。

三、大学生就业心理分析与调适

(一)大学生就业时常见的心理误区

1.急功近利

相关调查显示,急功近利是大学生就业时最常见的心理误区。在具体择业时,很多

大学生一味追求收入丰厚、名望较高的职业,一味追求经济发达、环境优越的地区。希望自己拥有一个理想的职业,这原本是无可厚非的。关键是很多大学生不从实际出发,只凭借相对普通的自身条件,就想选择数一数二的顶尖职业,注定会遭遇挫折。况且,即使你适合某一领域的某一职业,也往往需要持续奋斗,不大可能一蹴而就、一步登天。幻想自己一蹴而就、一步登天,恰恰是大学生急功近利的具体表现。

2. 消极依赖他人

有的大学生在选择就业目标时,往往消极依赖他人。这种思维方式与行为方式导致他们一旦遭遇择业竞争,就全盘求助于亲朋好友或老师同学。适当听取别人的意见,这是很自然的事。但如果凡事都听从他人的意见,自己却毫无主见,这其实也是陷入了一种心理误区。须知人生就是选择,这种选择将延续到你生命的终止。如果你遇到问题都交由他人来决定,这样的人生真的是自己想要的吗?每个人的角度不同,别人替你做出的决定未必就适合你。更关键的是,一个缺乏决断力的人,一个存在"选择综合征"的人,是很难取得事业的成功与生活的幸福的。

3. 情绪异常波动

大学生在择业过程中往往出现情绪上的异常波动,具体表现为焦虑、不安、抑郁等消极情绪。一项大学生择业前情绪状态的调查研究表明,大学生择业前普遍存在情绪异常波动的现象,其中女大学生的焦虑水平和抑郁水平高于男大学生。究其原因,既与就业形势严峻、自身专业水准偏低、与家人意见不一致有关,也与缺乏自信、抗挫能力偏弱及恋爱困扰有关。

4. 盲目攀比

很多大学生高估了自己的实际水平,在择业中盲目从众,一味求新趋新。听说别人要去沿海地区,自己就想去沿海地区;听说金融、电子商务属于热门,就不顾一切改变初衷。这些大学生只关注社会热点,却没有冷静分析自身的实际情况,包括专业范畴、职业兴趣、事业追求及综合素质。这种缺乏通盘考虑的盲目攀比行为,往往给大学生带来不必要的挫折,反而导致就业的延误和机会的丧失。

(二)大学就业时常见的心理障碍

1. 焦虑

焦虑往往是由心理冲突或挫折引起的,具体表现为恐惧、不安。毕业前夕的大学生中,很多人都存在焦虑问题。客观地说,适度的焦虑未必都是坏事,但过度的焦虑就应当引起高度重视。要自觉地调整自己的焦虑心情,通过放松、宣泄、运动等方式,将自己的焦虑控制在合理的范围之内。

2. 自卑

某些大学毕业生在求职竞争中过于自卑,原因很多:有的认为自己不是名牌学校毕业;有的认为自己的专业属于冷门;有的认为自己长相平常;有的认为自己缺乏可资利用的社会关系;有的认为没有足够的金钱支持。事实上,每个人都有自身的不足,如果都因此而自卑的话,显然是不明智的。与其纠结于自己的不足而产生自卑感,不如充分发挥自己的专长而增强自信心。实践证明,这在就业求职中是非常关键的。

3. 怯懦

怯懦的具体表现是胆小、脆弱。例如,在应聘面试时,面红耳赤、手足无措、语无伦次、眼神闪烁。可想而知,这样的应聘者很难取得成功。究其原因,是一些大学生长期生活在自己的世界里,很少与人沟通、交流。为此,不妨在应聘前进行有针对性的训练,请老师、同学、父母帮助自己,找出问题所在,逐一加以解决。只要训练有素,短时间内就可以克服怯懦的毛病,自信地出现在招聘者的面前。

4. 孤傲

不少大学生念念不忘自己过去的荣耀光环,总是过高估计自身的实力。在他们看来,自己去求职就业,理应手到擒来,简直不费吹灰之力。于是,他们产生了一种错觉,认为自己是人中之凤、人中之龙,是铁中铮铮、庸中佼佼。有的甚至认为,是自己给用人单位机会而不是用人单位给自己机会。他们在言谈举止中表现得十分孤傲,令人反感,应聘效果也让他们自己大失所望。

5. 冷漠

在心理学上,冷漠属于遇挫后的消极心理反应。一些大学生在就业求职上受挫,便感觉自己力不从心,往往不思进取,还伴随有情绪低落、意志麻木等心态。在旁人看来,这类人往往非常冷漠:不仅对他人冷漠,而且对自己也很冷漠;不仅对工作冷漠,而且对生活也很冷漠。毫无疑问,这样的人不大可能受到用人单位的欢迎。即使侥幸应聘成功,他们也很难获得和谐、融洽的人际关系,人们只会对他们敬而远之。

6. 不平衡心理

不平衡心理在当今的大学生中是普遍存在的。究其原因,既有大学生自身的原因,也有客观环境的原因。就大学生自身而言,过去的无往不胜与如今的步履维艰,形成鲜明的对比,令他们心理失衡;同学的顺利就业与自己的屡屡碰壁,形成鲜明的对比,也令他们心理失衡。就客观环境而言,一些大学生所学的专业很难找到理想的对口单位,他们自然容易出现心理失衡。再加上社会上的不正之风,一些不如自己的同学居然能找到比自己更好的工作,也让他们心理失衡。

(三)大学生就业心理问题的调适

1. 树立合理的职业价值观

既然进入求职生涯,就离不开职业目标的确立。大学生要客观认识自己、认真分析社会需求,切实完成角色转变,形成合理的职业价值观。要将理想和现实有机地结合起来,将个人利益与社会需要辩证地统一起来,充分发挥主观能动性,最终实现自己的人生价值。择业时,不能只单纯地考虑经济收入、工作条件、工作地点,还要充分研究职业成长与人生发展之间的和谐,切忌鼠目寸光或见异思迁。

2. 调整就业期望值

大学生毕业时,无一例外都希望找到最理想的工作。但人生在世,不如意者十之八九。其他问题是这样,就业问题也是这样。因此,大学生应当客观分析自己的专业水准、综合素质及面临的就业环境、竞争对手,将自己的就业期望值调整到最合理的位置。就业期望值过高,完全超出自己的能力,其结果只能使自己灰心丧气;就业期望值过低,完全不需要任何努力便能实现,这也就意味着对自己的前途不负责任。相比之下,前者更容易在大学生中出现。在当前的就业市场上,用人单位普遍找不到合适的人,而大量毕业生却似乎无处可去。这样一个"错位"现象表明,大学生的就业期望值确实偏高,需要进行相应的调整。适当调低自己的就业期望值,并不意味着不再选择单位,而是更加明确自己的职业发展方向,更加突出自己的长处与优势。

3. 正确对待挫折

有些大学生对就业抱有不切实际的想法,总认为一步到位、一蹴而就才是正常的。于是,一旦就业受挫,他们就难以接受,甚至归为人生的重大失败。事实上,现在倡导的是双向选择,这就意味着:你可以选择单位,单位也可以选择你;你满意某个单位,某个单位却未必满意你。这只是问题的一个方面,另一方面,本来就是"货比三家",怎么能够寄希望于第一次的选择呢? 俗话说:"没有调查就没有发言权,没有比较就没有说服力。"从这个意义上说,就业的所谓"挫折"不值一提,不必挂在心上。关键是始终保持健康的心态、清醒的头脑,在不断的磨合中寻找到最适合自己的单位。

4. 培养竞争意识

一些大学生对竞争的理解,是有点偏颇的。在大学阶段,尽管也有竞争,但只要你足够优秀,大多数荣誉你都可以争取到。但进入职场之后,竞争的残酷性就非常普遍、非常极端地表现出来了。例如,你去某个企业应聘,你认为自己很优秀,但招聘方却婉拒了你。道理很简单,人家只有一个招聘名额,应聘者却有几十人。关键在于,你在这几十人中未必是最优秀的。这还没有考虑成功应聘者是否存在人脉背景。因此,你只有比别人更出色、更优秀,才有可能获得心仪的职位。如果缺乏足够的竞争意识,你是很难成为职场竞争的佼佼者的。

5. 学会用心理调节的方法进行自我调适

大学生可以借助心理调节的方法来进行自我调适,主要方法包括:

(1)自我物化法。当不良情绪难以控制时,可暂时将自己的情感从就业转移到其他活动中去。可以参加自己感兴趣的文体活动,可以潜心学习一种新的知识或技能,可以外出郊游,以便尽快消除不良情绪的消极影响,逐步恢复心理平衡。

(2)适度宣泄法。当你择业遇挫而引发焦虑、紧张时,一味将不良情绪藏在心里并非良策,不如采取合理的方式进行适度的宣泄。你可以向亲朋好友倾诉,也可以参加一些运动量较大的活动。宣泄时,必须注重场合、身份,并力求适度。

(3)放松训练法。通过放松训练,可以迅速实现身心舒畅。事实上,焦虑、恐惧、紧张等不良情绪往往与身心不放松有关。当然,为了实现高层次的放松,可以在专业人员的指导下进行系统的训练。

(4)自我安慰法。自我安慰并非阿Q式的"精神胜利法",而是在自己择业遇到困难和挫折时,适度地开导自己,在承认主观不足的前提下,合理分析客观条件所造成的障碍。自我安慰的目的不是就此消沉下去,而是调整心情,继续奋战。

（5）理性情绪法。有时候,我们的情绪困扰未必直接来源于外在的某一事件,而是与过往的非理性认识密切相关。如果能变非理性认识为理性认识,情绪困扰的根源自然就能彻底消除。例如,有的人一直认为"大学生就业肯定顺利"。遇到择业挫折时,就可以反思自己的想法,转而接受"大学生就业并不容易"的理念,自然就不会怨天尤人或自卑自怯了。

四、大学生就业后的社会角色转换

社会角色就是一个人的身份,也就是其所处的相应社会关系的反映。在就业之前,大学生的社会角色是学生,社会自然会以衡量学生的标准来评判其言行;而在就业之后,大学生的社会角色就变为职员,社会就会以衡量职员的标准来评判他们。大学生毕业后,能否顺利、平稳地由学生角色向职员角色转换,这是人生极为关键的一步,不容有失。

（一）正确认识角色转换

大学生与职员是两台戏剧中不同的角色,实现角色转换需要了解二者的区别。

1. 社会责任不同

大学生的主要任务是学习,努力吸取专业知识,逐步提升专业技能,并注重综合素质的训练。究其实质,这是一个储备知识、锻炼能力的过程,重在"学"。职员的主要责任是履行具体的岗位职责,运用所学的专业知识与专业技能去解决工作中面临的具体问题,最大限度地创造社会效益和经济效益。究其实质,这是一个借助专业知识、运用专业技能的过程,重在"用"。需要强调的是,学生角色的责任往往大同小异,而职员角色的责任就千差万别了。例如,医生、教师、警察等不同角色有着截然不同的责任要求,体现出显著的专业区别。

2. 社会规范不同

学生的角色规范是从育人的角度出发制定的,是学生成长的行为规则,处处体现了以学生为主体、以教育为手段;而社会赋予职员角色的规则更细致、更严格,以创造效益为主,一旦违背要承担责任,赔偿损失,甚至接受处罚。有些大学毕业生上岗后工作马虎,一旦犯错还希望像学生时代一样,得到教师的帮助及学校的教育和宽容,结果却后悔不已——职场是不会让一个经常犯错误而又不承担责任的人长期存在的。

3. 社会权利不同

学生的权利是依法接受教育,而职员的权利是自己掌握的,通过具体的工作为社会付出劳动,并对自己的行为负责。

（二）大学生角色转换过程中的问题

1. 难以摆脱学生角色

在角色转换中,并不是所有的人都那么顺利。十几年的学习生涯,形成了一种思维惯性、心理惯性。很多人即使已经走上工作岗位,仍然难以摆脱学生角色。这种学生角色往往与学生思维相伴随,导致在工作岗位上难以取得质的飞跃。一旦遇到困难和挫折,很多人就会自然而然地回忆大学时代的荣耀。在处理人际关系时,也总是采用大学里的交友方式。由于难以摆脱学生角色,这些人往往与工作环境脱节,成为职场另类,严重影响自身的职业发展。

2. 自我评价不切实际

有些大学生进入工作岗位,往往自视甚高。他们认为,自己来自高等学府,接受系统教育,简直是满腹经纶、学富五车。结果,他们总是高估自己,根本看不起其他同事,更不用说向他们虚心求教了。他们原本缺乏工作实践,却喜欢大谈理论,给同事留下夸夸其谈、眼高手低的感觉。

3. 目标游离,定位不准

有些大学生在角色转换中浮躁不安,不能踏实定位。一会儿想干这,一会儿想干那:一会儿想考研,一会儿想出国;一会儿想从技术上发展,一会儿又想走行政道路。目标不明确,给人感觉是缺乏敬业精神,朝三暮四,结果一事无成。

(三)大学生如何做好角色转换

角色转换是一个艰苦的过程,甚至会有阵痛,如蝶破茧、蛇蜕皮,处理得好,能轻松地完成;处理不好,就可能带来永久的伤痛。大学生要想顺利地实现角色转换,就要从以下几个方面入手。

1. 安心本职工作,甘于吃苦

做人要堂堂正正,做事要踏踏实实。成功属于踏实肯干的人。作为新手,要想尽快适应工作,就得付出比别人更多的努力,这样才能充分了解工作环境,找到工作规律,从而对工作有一个比较合理的认识和把握。

2. 放下架子,虚心学习

身为大学生,要像开国领袖毛泽东那样,甘当"小学生",放下自己的架子,虚心向他人学习,与周围的人打成一片。只有这样,才能学会为人处世,才能在工作中取得长足的长进。俗话说:"少林和尚进寺,头三年挑水砍柴,再三年砍柴挑水。"只有吃得苦中苦,方能成为人上人。

3. 善于观察,勤于思考

作为职场新人,你一定要具备眼观六路、耳听八方的本事,善于观察、勤于思考。对工作要多问几个为什么,及时发现问题、尽快解决问题。久而久之,你的工作理念就优化了,你的工作思路就清晰了,你的工作能力就提升了。

4. 积极工作,乐于奉献

积极工作、乐于奉献体现的是一种认真负责的工作态度。态度堪称成功的基础,当我们难以改变工作时,不妨从改变态度着手,往往会事半功倍。事实证明,积极工作、乐于奉献的人更容易取得工作上的成功,也更容易赢得他人的尊重。

总之,对于初涉职场的大学生来说,多年的校园生活彻底结束了,面对的将是竞争与合作并存的职场制度。在这个特殊转换期,必须注重自身角色的转换。

五、尽快适应社会,迈好职场第一步

俗话说,良好的开始就是成功的一半。从"学校人"向"单位人"的角色转换中,必须尽快适应社会,迈好职场的第一步,为未来的职业发展打下坚实的基础。

(一)熟悉工作环境

刚进入新的工作单位,应在最短时间内去熟悉工作单位的工作环境、人际关系、文化理念,要对工作单位的历史、概况、特点有全面的了解。

(二)树立良好的第一印象

对于刚进入职场的大学生来说,你留给别人的第一印象会在第一个月形成。领导、同事、客户与你接触几次后,便会根据你所表现出来的专业水平、工作能力、穿着打扮、言谈举止进行主观判断。在现实生活中,第一印象至关重要,会对后续判断产生深远的影响。大学生要想建立良好的第一印象,就应从以下几方面入手。

1. 衣着整洁,仪表大方

从某种意义上说,衣着是一个人的性格、素质、修养的综合表现。一般说来,内向的人的衣着往往偏向中性,色彩暗淡;外向的人的衣着往往比较活泼,色彩鲜艳。着装应力争与职业要求一致,比如在行政机关工作,一定要着正装,男生不留胡须,女生不抹浓妆。衣着整洁,仪表大方,不仅可以使你在人际交往中给人留下良好的印象,而且可以潜移默化地增强自信。

2. 言谈举止得体

刚入职场的大学生,与人相处要谦虚礼让、不卑不亢。言谈举止方面,一定要得体。要始终坚持做事高调、做人低调的原则,虚心向同事学习。

3. 遵章守纪,讲究信誉

初到工作单位,必须遵章守纪,讲究信誉。为了给周围的人留下一个好印象,可以提前上班、延后下班,并严格遵守工作单位的规章制度。如果缺乏时间观念、不遵守工作纪律,又怎么能够得到别人的尊重与信赖呢?

4. 工作积极主动

新上岗的大学生,工作积极性一般都很强,但工作主动性稍差,往往是领导让做什么就做什么,不会主动地去做一些工作。这样给人的印象就是很积极但能力一般,在面临挑重担、扛大梁时就很难得到重用。

5. 从小事做起

有些大学生眼高手低,大事做不了,小事又不愿做,挑三拣四,很难获得进步。应当从每一件小事做起,主动承担打扫卫生、打开水、复印、打字等具体工作。这些小事看似不起眼,做好了却有两大好处:一是给领导和同事留下深刻的印象;二是能够迅速熟悉工作岗位,不断提升工作技能。有人甚至认为,打扫办公室是大学生上岗的第一课。事实上,很多成功人士都是从办公室秘书开始起步的。

6. 尽快熟悉工作,明确岗位职责

新到一个工作岗位,最常见的难题就是缺乏经验。这就需要尽快熟悉工作流程,明确岗位职责,并随时向领导和同事请教。这样做,既有助于迅速进入工作角色,也有助于营造自己的正面形象。

（三）建立良好的人际关系

成功三要素是"天时、地利、人和"，其中"人和"就是指人际关系。事实上，很多单位都会向员工灌输"先学会做人，后学会做事"的理念。新进入一个组织，就需要与工作环境中的人沟通与交往、竞争与合作。这时候，必须掌握相应的交往技巧来获得和谐、融洽的人际关系，尽快地适应环境并融入群体。如果处理不好人际关系，就很难打开工作局面。

大学生应该如何处理职场的人际关系呢？具体地说，可以从以下几个方面入手。

1.把握职场人际关系的原则

人际关系的建立需要从人际交往开始。就本质而言，人际交往是一种特殊的社会交往，因而必须遵循一定的规则、掌握一定的方法。一是尊重。新的工作环境，其人员结构与学校相比，显得十分复杂。不管是比你学历高、能力强的骨干，还是比你学历低的工人，在交往时都要尊重。只有尊重他人，才能获得他人的尊重，才能在关键时刻得到帮助。二是真诚。真诚是人际关系的基石，是深化友谊的保证。它使人在交往中获得别人的信任，从而建立良好的人际关系。三是宽容和理解。社会上的人，由于生活阅历的不同，其思想观念千差万别。如果在人际交往中斤斤计较，只会使自己的职场之路越走越窄，最后就只剩下自己与自己交流了。理解是培植友谊的土壤，宽容是建立感情的桥梁，宽容的天空五彩斑斓。海纳百川，有容乃大。大海不在乎每朵浪花的美丑，所以大海波澜壮阔。

2.处理好职场人际关系

职场中要处理的人际关系主要有两种，一是上下级之间的关系，二是同事之间的关系。对于具体的人际关系，要根据各自的特点，采取不同的处理方式，这样才能在工作中游刃有余。

（1）尊重领导

领导往往十分注重自己在公开场合的形象。在交流中，要注意领导的情绪情感，按照领导正确的指示做事，多与领导沟通交流。尊重不是溜须拍马，有的人一味拍马屁，十分明显，反而让领导很尴尬，实际上也是对领导的不尊重。

（2）支持同事

尽管办公室里每个人工作有分工，但对同事的工作一定要真心支持。不能事不关己、高高挂起，甚至落井下石、指桑骂槐。要知道，任何对别人的指责都会使自己的形象受损。相反，对别人的帮助与支持会使你获得更多的回报。从某种意义上说，帮助别人也是在帮助自己。只有在同事需要的时候给予真诚的帮助，你才能在自己遇到困难的时候得到同事的支持。

3.正确面对困难

刚参加工作，遇到各种困难是很正常的，也是难免的。关键是正视困难，学会克服困难的技巧。一旦遇到挫折，切忌消极懒散，逃避问题，而应学会解决问题。这不仅表明个人的能力、素质和进取精神，而且为未来的职业发展扫除了障碍，奠定了良好的基础。

总之，在工作早期或适应期，应让自己尽快融入组织，为实现职业目标打下良好的基础。要经常问自己：3年以后，我会怎样？5年以后，我要实现什么目标？10年以后，我在干什么？只有这样，才能帮助自己把握好前进的方向。

第九章

创新创业　赢得未来

学习目标

1. 了解创新的基本内涵、创新的特殊意义及五种创新方法。
2. 熟悉创新思维的定义及其五大特征,正确认识自主创业。
3. 认识创业的准备条件、一般过程、相关风险及规避策略。

学习重点

1. 认识创新思维的独创性、多向性、综合性、联动性、跨越性。
2. 明确大学生创业的风险,客观看待大学生创业的优势与弊端。

第一节 学会创新

一、创新的内涵

创新是一种概念化的过程,往往以新思维、新发明为特征。创新起源于拉丁语,原意是指:第一,更新;第二,创造新的东西;第三,改变。创新体现了人类特有的认识能力和实践能力,属于人类主观能动性的高级表现形式。大量实践证明,创新是推动民族进步和社会发展的不竭动力。从某种意义上说,人类的一切进步都是某种程度的创新。就其本质而言,创新有助于我们传承前人的文明成果,在此基础上,扬弃旧义,创立新知,不断转化成生产力和社会财富,推动社会文明持续进步。

📋 案例阅读

1.“拎着走”的牛奶

过去,我们购买整箱牛奶时,总是抱着或拖着走出超市。有一次,蒙牛事业部总经理关注到这个问题,就开始思考怎样方便快捷地搬运整箱牛奶。一个偶然的机会,他购买了一台 VCD,往家拎时激发了灵感:如果能在牛奶的包装箱上装个提手,不就方便提着走了吗? 这个创意落实之后,蒙牛的销量大幅增长。于是,同行也开始效仿,这才有了今天随手拎着走的整箱牛奶。

2.彼得的销售创意

彼得和查理在一家快餐店当服务员。两人年龄相同,薪水也一样。没过多久,彼得就受到老板的嘉奖,还加了薪,查理却毫无变化。查理很不满,其他同事也很不解。于是,老板就安排大家观察彼得是如何为顾客服务的。一位顾客要一杯饮料,彼得微笑着说:“先生,您愿意加一个鸡蛋还是两个鸡蛋?”顾客说:“一个就够了。”老板对大家说:“大多数服务员都会问顾客:‘先生,您愿意加个鸡蛋吗?’顾客的回答通常是:‘不,谢谢。’相比之下,像彼得这样带着创意去工作的员工,我没有理由不给他加薪。”

二、创新的意义

一个民族要想自立于世界民族之林,要想走在时代的前列,一刻也离不开创新思维,一刻也不能停止创新活动。创新是一个民族进步的灵魂,是一个国家兴旺发达的不竭动力。面对激烈的市场竞争,唯创新者进,唯创新者强,唯创新者胜。作为大学生,只有坚持创新,才能真正体现自己的价值,才能在众多竞争者当中脱颖而出。

📋 案例阅读

有三个庙,各有三个和尚。由于三个庙都远离河边,为了解决喝水问题,这三个庙的和尚都各自开动脑筋。第一个庙,和尚一天挑一缸水就劳累不堪。于是,他们就想出了接力挑水的办法:三个和尚分别挑三分之一的路程,劳逸结合,都不感觉太累,水很快就挑满了。这属于典型的"机制创新"。第二个庙,三个和尚商定了新庙规,引进竞争机制。具体办法是:三个和尚都去挑水,挑得最多的晚上吃饭加一道菜,挑得最少的晚上吃饭没菜吃。于是,三个和尚都拼命去挑,一会儿水就挑满了。这属于典型的"管理创新"。第三个庙,三个和尚认为天天挑水太累,不如另辟蹊径。他们发现,山上有竹子,而竹子中心是空的。于是,他们将竹子砍下来连在一起,又买了一个辘轳。第一个和尚在山下把水摇上去,第二个和尚在山上倒水,第三个和尚先休息。三个和尚轮流换班,一会儿水就灌满了。这属于典型的"技术创新"。

三、创新的方法

(一)破除思维定式

在通常情况下,人们总是按照惯性思维去分析问题、解决问题,效果却不尽如人意。其实,如果能从结论反推回去,倒过来进行思考,就会使问题变得简单。这就是我们常说的逆向思维,也就是所谓的"反其道而思之"。运用逆向思维往往能出奇制胜,取得意想不到的效果。

📋案例阅读

有一辆货车经过一座天桥,司机没看清天桥的高度标记,导致车正好被卡在天桥下面。车上的货物很重,一下子很难把货车开出来。为此,司机和当地交管部门的工作人员想尽了办法,也无济于事。就在一筹莫展之际,旁边的一个小孩子提议:"把车胎的气放出来不就行了?"大家都觉得这是一个好办法。结果,车胎放气之后,货车的高度降了下来,货车顺利地通过了天桥。

点评:这个小孩子运用的就是逆向思维,想别人之未想,圆满地解决了难题。逆向思维方式告诉我们,常规方法有时不能解决问题,反而会约束我们的思路,影响人们的创造性。这时,一定要让思维适时地"转弯",从相反的方向去思考,也就是采用逆向思维法,往往会引出新的思路,收到"柳暗花明又一村"的效果。

(二)拓展思维视角

俗话说:"条条大路通罗马。"其实,人的思维也有相似的情形。面对同样一个问题,从不同的角度思考,就会产生不同的解决方案。因此,善于多角度地思考问题,这就是一种发散思维。从本质上说,发散思维没有固定的方向,也没有固定的范围,不拘于传统,堪称创意无穷。很多时候,人与人之间的创新能力的差别就体现在这种发散思维上。

要想拓展思维视角,形成发散思维,关键是要勤于实践、善于总结。平时,要有意识地训练自己的发散思维,促使自己的思维始终保持一种相对活跃的状态。每当遇到问题时,应当尽可能赋予所涉及的人、事、物以新的性质,运用新理念、新路径、新技术。事实证明,按照这一思路进行思维训练,往往事半功倍。

(三)围绕中心思考

所谓围绕中心思考,就是指集中思维。具体说来,就是在发散思维的基础上,围绕一个中心,对已知信息进行重新梳理,进而得出更加合理的结论。在这个过程中,我们必须对发散思维中所形成的多种设想进行整合,提炼出最经济、最科学的设想,进而以此为基础,不断优化,最终形成一个最佳方案。集中思维与发散思维恰似一个钱币的两面,彼此之间是一体两面的关系。

案例阅读

有一支美国的南极探险队在南极过冬,遇到一个难题。当时,他们准备将船上的汽油输送到基地上,但输油管长度不够,又没有备用管子。就在大家手足无措之际,队长布雷克突发奇想:何不将俯拾皆是的冰做成管子呢?南极气温极低,"点水成冰"并非空想。但难点在于怎样避免冰管破裂。布雷克无意中看见队友手上缠着的绷带,立刻让大家拿出所有绷带,缠在冰管上,再向绷带浇水,等水结成冰后,再抽出管子。于是,长度不限的冰管制作出来了,圆满地解决了棘手的难题。很多时候,人们在信息的占有上其实差别不大,但为什么有些人能发现问题、解决问题,有些人却毫无作为?究其实质,还是思维方式上的差距导致的。平时,我们一定要有意识地把所有感知到的对象依据一定的标准"聚合"起来,显示出它们的共性和本质。然后,对抽象出来的事物本质进行概括性描述,最后形成具有指导意义的理性成果。

(四)学会触类旁通

所谓触类旁通,可以通俗地理解为联想。一个好的创意始终离不开联想,联想会产生千千万万个创意。万事万物是相互联系的,只要善于发现、勤于思考,总能找到事物的联系。所谓联想思维,是指注意到不同事物之间的联系,但又不受固有思维的束缚,从而产生更多的奇思妙想。联想思维既没有空间上的条条框框,也没有时间上的年年月月,而且关注的事物之间未必存在逻辑关系。

案例阅读

苏联卫国战争期间,德军包围了列宁格勒,进行狂轰滥炸,形势危急。伊万诺夫将军视察战地,发现有几只蝴蝶在花丛中时隐时现,于是灵感突发。他请来昆虫学家,设计了一套蝴蝶式防空迷彩伪装方案,借助防护、变形、仿照这三种伪装方法,将军事目标进行了掩饰,并与周边环境融为一体。结果,苏军几百个军事目标仿佛披上了神奇的"隐身衣",很少遭到德军飞机的轰炸。

(五)学会逻辑思考

所谓逻辑思维,是指借助判断、推理等思维形式去能动地反映客观现实的理性认识过程。要想准确把握事物的本质,就必须借助逻辑思维。从本质上说,逻辑思维是人的认识的高级阶段,即理性认识。也许大家会问道,逻辑思维和创新有什么关系呢? 其实,两者有很大的联系,创新思维需要我们拓展思路,但任何思路的转换、创新又和分析、推理等密切相关。可见,创意也离不开严密的逻辑思维。

第二节　创新思维

一、创新的定义与特征

所谓创新,是指运用与众不同的思维方式,提出有别于常规思路的见解,利用现有的知识和物质,解决特定环境中的具体问题,进而满足社会需求的行为。事实上,重大的发明创造固然是创新,那些对各种产品、技术的革命性变革、创造,以及对各种产品、工作方法、商业模式、服务模式的改进都属于广义上的创新。具体来说,创新主要包括以下特点:

(1)创新的目的是解决实践问题。

(2)创新的本质是突破传统思维、打破常规限制。

(3)创新是一个相对的概念,在不同的时空往往有着不同的价值。同样的行为,在今天看来是创新,到明天可能就只是追随,到后天可能就成为大多数人都接受的传统了。因此,创新必须在一定的时空范围内具有领先性。

(4)创新可以在各个领域发挥独特的作用,是每个人都可以关注和参与的事情。

(5)衡量创新的标准应当是取得的成效。根据成效,创新可分成若干等级:有的属于划时代的创新;有的则只是一般意义上的时尚创新。例如,北大方正的汉字激光照排系统淘汰了铅字,就是划时代的创新;电子宠物曾风行一时,就是时尚创新。

二、创新思维的定义与特征

(一)创新思维的定义

所谓创新思维,是指运用不同于传统的新颖独创的方法解决问题的思维过程。借助创新思维,人们能够突破常规思维的束缚,选择超常规甚至反常规的视角、方法去分析问题,提出新奇高效的解决方案,产生独到的思维成果。

(二)创新思维的特征

1.创新思维的独创性

独创性是创新思维的基本特征。创新思维是一种新颖独特的思维过程,它一举打破传统思维,怀疑常规事物,否定固有框架,勤于尝试、善于改革、勇于创新,总是以独到的见解、新颖的视角去分析问题,用科学的途径、高效的方法解决问题。

2.创新思维的多向性

与传统的、单一的思维相比,创新思维不受固有的观念限制,善于多角度、全方位地看问题,能提出各种设想和方案,选择面宽,多向性强。当人们的习惯思维受阻时,创新思维能够灵活变换各种因素,从全新、多向的角度去调整思路,进而寻找到适宜的新办法。

3.创新思维的综合性

创新思维的综合性很强,善于将大量的观察材料、事实和概念综合起来,进行概括、整合,形成科学的概念和体系。创新思维能够全盘统筹现有的信息,经过高质量的思维活动,把握事物特点,从中归纳出普适性广的事物规律。

4.创新思维的联动性

创新思维具有由此及彼的联动性,具体表现在以下三个方面:一是纵向,观察、研究一种现象,就努力探究其成因;二是逆向,观察、研究一种现象,就自然联想到它的反面;三是横向,观察、研究一种现象,就能进一步关注与其相似或相关的事物。由此可见,创新思维往往由浅入深,由小及大,触类旁通,举一反三。

5.创新思维的跨越性

创新思维具有很大的跨越性,经常省略中间的思维步骤,思维跨度较大,具有明显的跳跃性和直觉性。思维的跨越性是至为珍贵的创新思维品质,它要求对大千世界和人类社会进行宏观、中观、微观的扫描、整合与变通。

三、创新思维与一般思维的区别

(一)思维形式的反常性

所谓思维形式的反常性,是指创新思维的突变性、跨越性。实践证明,创新思维主要不是依靠循序渐进的逻辑思维推理,而是依靠灵感、直觉或顿悟等非逻辑思维形式。

(二)思维过程的辩证性

所谓思维过程的辩证性,是指创新思维既包含抽象思维,又包含形象思维;既包含发散思维,又包含收敛思维;既包含求同思维,又包含求异思维。从某种意义上说,创新思维是各种思维形式的综合体。

(三)思维空间的开放性

所谓思维空间的开放性,是指创新思维往往会多角度、全方位、宽领域地考察问题,而不再局限于逻辑的、单一的、线性的思维。换句话说,创新思维是一种典型的开放思维。

(四)思维成果的独创性

所谓思维成果的独创性,是指创新思维的思维成果具有新颖性与唯一性。所谓新颖性,就是富有创意,不受传统思维的局限。所谓唯一性,就是无可替代,一枝独秀。

（五）思维主体的能动性

所谓思维主体的能动性,是指创新思维属于创新主体的有目的的活动,而不是客观世界在人脑中的被动反映。创新思维的这种思维主体的能动性充分显示了人类活动的本质属性。

四、创新思维的过程

作为一个完整的创新思维过程,既离不开发散思维,也离不开收敛思维,两者相互促进、相互转化、彼此推进、循环往复。无论是科学发明,还是文艺创作,都要经历"收敛思维—发散思维—收敛思维"的思维程序,进而获得创新成果。所谓收敛思维,又称求同思维,是指围绕核心问题,将相关信息聚合起来,寻找正确、合理、科学的答案的思维形式。我们常说解决问题必须借助知识经验,实际上就是指以收敛思维为前提。所谓发散思维,是指调集相关知识经验,经由联想和回忆,全方位、多角度、宽领域地寻求有助于解决问题的假设、途径和方案。

第三节 自主创业

一、创业与就业

从本质上看,创业和就业都是完成自我、体现自我价值的方式。两者的差别首先在于两者所从事的工作,一个是自己创造出来的,一个是别人提供的。创业者为社会提供了各种就业机会,他们所承担的社会责任也很大。但无论哪种形式,都需要有较高的文化素质、熟练的专业技能、很强的工作能力。要以创业的姿态就业,以就业的姿态创业。就业是创业的基础,创业是就业的提高。许多人通过就业活动锻炼了才干,认识了市场以后,在时机成熟的时候选择了创业。只有充分认识就业在创业活动中的基础作用,才会以更大的热情、更高的责任心投入平凡的工作。只有深刻理解创业对就业的带动作用,才会更加积极地工作,开创事业,发现新的天地。

📑 相关链接

近年来,为了鼓励在校大学生积极创业,教育部出台了相关优惠政策,允许大学生在保留学籍的前提下,休学开办高科技企业。那么,在校大学生如何妥善处理好创业和学业的关系呢? 客观地讲,在校大学生创业的重要意义在于它是学生参加社会实践的一种方式,是为了更好地提高大学生的学业。大学生的主要任务是打好文化知识和专业技能的基础,为长远的发展做好准备。只有对那些学有余力、成绩优秀、创业条件成熟的学生来讲,边读书边创业才是比较理想的选择。但现实中,由于读书和创业都要投入较大的精力,难免顾此失彼。而选择休学创业,则是需要慎重考虑的事情。这是因为,在年轻的时候放弃学业,忽视了自身的提高,从长远来说可能是得不偿失的。除非创业项目的时效性、创新性特别强,市场前景特别好,投资有保障,才可以考虑选择休学创业。否则,还是以学业为重比较合适。

二、创业准备

(一)知识准备

1.专业知识。这里所说的专业知识,是指与创业目标密切相关并发挥作用的重要知识。

2.其他各方面知识。创业之前,除了具备一定的专业知识外,还需要有经营管理知识、金融知识、商业知识、税收知识、法律知识等。

(二)能力准备

1.创新能力

创业者的创新能力是指产生新想法和解决新问题的能力。要想培养创新能力,一要突破思维定式的束缚,合理运用联想、想象;二要积极培养发散思维,进行全方位、多角度、宽领域的观察与探索。

2.决策能力

创业者的决策能力是指依据主客观条件,因地制宜地确定方向、目标、战略,并选择具体的实施方案的能力。对于创业者来说,决策能力至关重要,有助于在关键时期进行最合理、最正确的抉择。

3.人际交往能力

创业者的人际交往能力是指创业活动中对外妥善处理与公众(政府部门、新闻媒体、消费者等)之间的关系、对内协调处理与下属(各部门、各成员)之间的关系的能力。

4.表达能力

创业者的表达能力主要包括口头表达能力和书面表达能力。口头表达能力也称演讲能力,在商务谈判、员工动员中显得至关重要。书面表达能力也称写作能力,有助于创业者起草报告、总结、商务合同等。

(三)心理准备

1.创业意识

所谓创业意识,是指从事创业活动的强大内驱动力。创业意识是创业活动中发挥动力作用的个性因素,主要包括创业需要、创业动机、创业兴趣、创业理想等。

(1)创业需要

创业者对现状不满,由此产生一些新要求、新愿望,这便是创业需要。创业需要是创业活动的最初诱因和最初动力。但光有创业需要,未必就能自然产生创业行为。事实上,白日做梦、想入非非者大有人在。只有当创业需要上升为创业动机时,创业行为才可能真正发生。

（2）创业动机

所谓创业动机，是指推动创业者开展创业实践的内部动因。创业动机属于典型的成就动机，旨在追求最佳效果和最优成绩。有了足够的创业动机，创业者才会有真正意义上的创业行为。

（3）创业兴趣

所谓创业兴趣，是指创业者对从事创业实践活动的情绪和态度。创业兴趣浓厚的创业者往往具备百折不挠的坚强意志，有助于进一步升华创业意识。

（4）创业理想

所谓创业理想，是指创业者对从事创业实践活动所寄予的奋斗目标及其稳定向往、持续追求的心理品质。创业理想是人生理想的重要组成部分，属于典型的职业理想和事业理想，与政治理想和道德理想有所不同。一般说来，创业理想是创业意识的核心。

2. 创业思维

所谓创业思维，简单地说，就是指创什么业、怎样创业。对于创业思维而言，专业知识的储备至关重要，既是创业思维的必要前提，又是创业思维的制约因素。创业思维的层级直接决定了创业者的层级，也是不同的创业者拥有不同的结局的关键所在。

3. 创业志趣

所谓创业志趣，是指创业活动中的升华了的创业兴趣、创业乐趣，是创业实践活动的重要动力。创业兴趣、创业乐趣一旦升华为创业志趣，就会促使创业者的思维方式、行为方式、表达方式更有利于创业实践活动本身。

4. 创业人格

所谓创业人格，是指创业者从事创业活动的动机及由此引申出来的心理品格。创业人格属于创业心理的价值范畴，其特征主要包括好奇心、成就动机、抱负水平、勇敢、自信、专注、自我激励与调适、合作意愿。这八个方面相辅相成，是构成创业人格的基本要素。

5. 创业精神

所谓创业精神，是指由创业意识、创业思维、创业志趣、创业人格升华而成的精神境界，往往由胆、识、行构成。所谓"胆"，即胆略，就是无所畏惧、遇挫不馁。所谓"识"，即卓识，就是敏锐感知、深刻理解。所谓"行"，即行动，就是脚踏实地、艰苦奋斗。在创业精神中，胆、识、行三者相互依存、缺一不可。

三、创业的一般过程

（一）发现和评估新的市场机会

这是创业活动的起点，对创业能否成功具有关键意义。俗话说："好的开始就意味着成功的一半。"起点不顺利，就谈不上后续的发展了。要想发现和评估新的市场机会，就要综合分析市场机遇、创业价值、风险回报、个人能力、奋斗目标等。

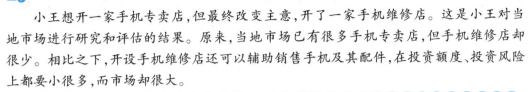

案例阅读

小王想开一家手机专卖店,但最终改变主意,开了一家手机维修店。这是小王对当地市场进行研究和评估的结果。原来,当地市场已有很多手机专卖店,但手机维修店却很少。相比之下,开设手机维修店还可以辅助销售手机及其配件,在投资额度、投资风险上都要小很多,而市场却很大。

(二)制订创业经营计划

制订创业经营计划是创业活动的基础,不可省略。借助科学的创业经营计划,创业者可以合理地确定自己从事什么产品、提供什么服务,合理确定创业需要哪些资源、如何获取这些资源。科学的创业经营计划必然涉及生产经营战略的制订、管理体制的设计、财务规划、投资效益分析。事实证明,一份完善的创业经营计划不仅对创业者的创业活动具有极强的指导意义,而且也往往是创业者说服投资者进行投资的重要文件。

(三)确定并获取创业资源

确定并获取创业资源是正式实施创业计划的第一步。为此,创业者必须客观分析现有资源状况,将创业的关键资源和一般资源严格区分开来,研究清楚一旦出现资源缺口可能带来的后果,明确可以采取的切实有效的弥补措施。在此基础上,创业者就应想方设法获取创业资源,并始终确保对创业资源的控制,最大限度地提高利用率。

案例阅读

小郭擅长销售,工作业绩出色。现在,他想开一家眼镜店,主要难题是他对验光配镜技术、货源及行业很不熟悉。为此,小郭最终加盟纪先生眼镜店品牌,借此弥补自身创业资源的不足,收到预期的效果。

(四)正式创办并管理新企业

这一阶段主要包括以下具体内容:选择适当的企业法律形式与科学的管理模式;明确创业的奋斗目标与优势所在;第一时间发现运作中存在的问题;逐步完善管理和控制系统。做好以上工作,创业者就能确保自己的企业正常运作、稳健发展。

四、创业中存在的问题

(一)大学生开展创业活动的相关风险

1. 项目选择风险

大学生在创业初期,必须高度重视市场调研工作,尽力避免项目选择风险。一般来说,大学生创业者往往缺乏资金实力,最好选择启动资金所需不多、人员配备要求不高的项目。如果一开始就选择大本经营,很少有成功的。

2. 缺乏创业技能

很多大学生创业者心气很高,但往往眼高手低。他们的创业计划看似宏伟,可一旦进行实际操作,就会发现漏洞百出,存在很多不切实际的地方。其中,最容易出现的就是创业技能缺乏问题。缺乏创业资金,还可以从小本经营开始。但如果缺乏创业技能,就很难维持下去。道理很简单,缺乏创业技能的创业者是很难为客户提供优质的产品、优质的服务的。最起码,他们的竞争力偏弱,客户凭什么来光顾他们呢? 为此,大学生创业者要加强学习,可以借鉴成功者的经验,也可以参加有针对性的创业培训。

3. 资金风险

企业创办起来后,要想正常运转,就离不开充足的资金支持。但对于初创企业来说,最初经营效益不佳是很自然的事情。这样一来,原本在资金方面就捉襟见肘的大学生创业者就陷入更加尴尬的境地。为解决这个难题,除采取银行贷款、自筹资金、民间借贷等方式外,还可以充分利用风险投资、创业基金等融资渠道。只不过,所有这些措施都必须谨慎,既不能违法操作,也不能孤注一掷。

4. 社会资源贫乏

大学生创业者的社会资源普遍趋于贫乏。为解决这个难题,大学生在创业之前应主动参加各种社会实践活动,扩大人际交往范围。如有条件,可以先到相关行业领域工作一段时间,积累更多的实践经验,并为今后的创业积累丰富的人脉。

5. 经营风险

国外统计表明,创业投资项目中约有70%是失败的,20%业绩一般,真正成功的只有10%。这就证明,创业中的经营风险是客观存在的,不可等闲视之。很多大学生创业者缺乏经营管理经验,导致业务开展缓慢、财务管理混乱、产品质量低下、客户极端不满,再加上同行竞争、团队分歧、人才流失、核心竞争力缺乏,最终导致经营失败。

6. 意识风险

意识风险也是大学生创业者不可忽视的风险,看似无形,却具有极强的毁灭力。具体说来,风险意识主要包括投机心态、侥幸心态、维持心态、从众心态、回本心态等。

7. 健康风险

创业与打工不同,往往更加辛苦,面临的风险也更大。大学生创业者表面上看似风光无限,但实际上需要统筹一切,顾及方方面面。尤其是创业初期,事无巨细,都要亲力亲为,其辛苦劳累是一般人难以想象的。在精神方面,创业者既要应对公司内部的人际关系,又要担心市场是否接受自己的产品,顾客是否满意,还要考虑如何与竞争对手斗智斗勇,化解来自市场不景气等方面的巨大压力。除了心累,身体也面临严峻的考验。频繁出差、谈判、长期饮食、睡眠不规律,都对健康极为不利。即使是身体强壮的人也很难承受,更何况那些体质偏弱的人。

(二)大学生创业的优势与弊端

1. 大学生创业的优势

(1)大学生充满朝气,对未来有着无限憧憬。他们敢于尝试,具有"初生牛犊不怕虎"的特质,与创业精神有着内在的联系。

(2)大学生在学校里接受了系统的教育,掌握不少专业知识与专业技能。尤其是其中的佼佼者,往往具备较高层次的技术优势。事实上,一些风险投资家正因为看中大学生所掌握的先进技术,才愿意对其创业进行资助。

(3)大学生普遍具有创新意识,敢于挑战传统观念和传统行业。这种创新精神在很大程度上成为大学生创业的动力源泉,也是大学生创业成功的精神基础。

(4)大学生渴望实现自己的价值,甘愿为自己的理想而不懈地奋斗。因此,尽管他们存在种种不足,但他们凭借年轻这一优势,甘愿通过长期的努力来提高能力、增长经验、拓展人脉、优化产品,最终赢得创业的成功。

2. 大学生创业的弊端

(1)大学生社会经验严重不足,又往往眼高手低,盲目乐观。很多时候,他们对困难、挫折和失败估计不足,一旦创业不顺,就可能迷茫、沮丧、消沉。

(2)大学生创业时,普遍急于求成、急功近利。学生们虽然掌握了一定书本知识,但是他们在客观上确实存在着市场意识薄弱、管理经验缺乏的劣势。这就直接导致大学生创业者中,相当一部分人并不能胜任企业经理人的角色。

(3)很多大学生对创业的理解还停留美妙的幻想上,缺乏真正意义上的务实精神。以创业计划书为例,往往试图凭借一个新奇的创意来吸引投资者。但问题在于,所谓"新奇的创意"往往是大学生创业者自己臆想的产物,常常是名不副实的。同时,如今的投资人更关注创业计划书中的技术含量究竟有多高,有哪些不可复制,市场赢利的潜力到底有多大。而对这些问题,很多大学生创业者根本就没有潜心研究过,更不要说提出吸引人的具体方案了。

(4)很多大学生创业者缺乏足够的市场观念。很多时候,它们会滔滔不绝地夸耀自己的技术或产品如何与众不同,却很少谈论这些技术或产品究竟会有多大的市场发展空间。即使勉强谈到市场话题,他们也多半热衷于花钱做广告,对于目标市场定位、营销手段组合毫无概念。事实上,投资人真正感兴趣的不一定是那些看似先进的技术或产品,而往往是那些技术含量看似一般却能满足市场需求的技术或产品。

第十章

教育帮扶　资助育人

学习目标

1. 了解宜春幼儿师范高等专科学校资助政策。

2. 从感恩教育中让学生树立正确的人格。

3. 让学生学会用自己的力量成长,最终达到成人成才的目的。

学习重点

1. 培养学生自信、自立、自主、百折不挠的品格。

2. 应用教育心理学、教育激励学激发和唤醒学生内动力,从"被成长"中产生生命自觉。

第一节　资助政策

一、宜春幼儿师范高等专科学校国家奖学金、国家励志奖学金、国家助学金评定工作办法

根据《普通本科高校、高等职业学校国家奖学金管理暂行办法》和江西省财政厅、教育厅有关国家励志奖学金和国家助学金管理实施细则的要求,特制定本办法。

(一)组织机构

学校成立"学生资助评选认定工作领导小组",成员由学校领导、相关职能部门负责人及各院院长、书记组成,全面负责国家奖学金、国家励志奖学金和国家助学金评选的组织、审核工作。"学生资助评选认定工作领导小组"办公室设学生工作部(学生工作处),由学生工作部(学生工作处)长兼办公室主任。同时成立由主管学生工作的副校长任组长的学生资助评审委员会,具体召开工作会议,学习理解有关文件要求,确定国家奖学金、国家励志奖学金和国家助学金的评审条件、原则和操作程序,研究制定相关工作方案。

各院相应成立由院长、书记任组长、学生管理办公室主任为副组长、辅导员(或班主任)为成员的评审认定工作小组,负责对本院学生申请国家奖助学金进行评议和认定。

(二)奖励资助对象及标准

1.国家奖学金由中央政府出资设立,用于奖励三年制大专二年级以上(含二年级)、五年一贯制大专第五年中特别优秀的学生。国家奖学金的奖励标准为每人每年8 000元。

2.国家励志奖学金由中央和地方政府共同出资设立,用于奖励资助三年制大专学生中二年级以上(含二年级)、五年一贯制大专第五年中的品学兼优的家庭经济困难的学生。国家励志奖学金的奖励标准为每人每年5 000元。

3.国家助学金由中央和地方政府共同出资设立,用于资助三年制专科和五年一贯制大专后两年的家庭经济困难的学生。国家助学金平均资助标准为每生每年3 300元,其中一档4 400元、二档3 300元、三档2 200元,分两次发放。

(三)申请条件

1.国家奖学金的基本申请条件

(1)热爱社会主义祖国,拥护中国共产党的领导;

(2)遵守宪法和法律,遵守学校各项规章制度,在校期间无违纪行为;

(3)诚实守信,道德品质优秀,上一学年两学期品行考核均为优秀;

(4)在校期间学习成绩优异(上一学年两学期均获校内一等奖学金,学年学业成绩在同年级同专业排名5%以内),社会实践、创新能力、综合素质等方面特别突出。

2.国家励志奖学金基本申请条件

(1)热爱社会主义祖国,拥护中国共产党的领导;

（2）遵守宪法和法律，遵守学校各项规章制度，在校期间无违纪行为；

（3）诚实守信，道德品质优秀，上一学年两学期品行考核均为优秀；

（4）勤奋学习，积极上进，学习成绩优秀，上一学年获得过校内奖学金，且上一学年学习成绩排名与综合考评成绩排名，原则上应该位于同年级同专业排名前20%，前20%确实无法评出，可以扩展到前30%。上一学年所有必修课程首次考试无不及格科目、无积欠补考和重修科目。

（5）家庭经济困难，生活俭朴，无铺张浪费现象。已被列入本校家庭经济困难学生建档对象。

3.国家助学金基本申请条件

（1）热爱社会主义祖国，拥护中国共产党的领导；

（2）遵守宪法和法律，遵守学校各项规章制度，上一学年在校期间无违纪行为；

（3）诚实守信，道德品质优良，二年级（含二年级）以上学生上一学年两学期品行考核均达良好以上（含良好）；

（4）勤奋学习，积极上进，原则上二年级（含二年级）以上学生上一学年所有必修课程无不及格科目（补考及格科目不超过两门）、无积欠补考和重修科目；

（5）家庭经济困难，生活俭朴，无铺张浪费现象，已被列入本校家庭经济困难学生建档对象。

（6）各学院要把农村脱贫户（原建档立卡贫困家庭）学生、低保家庭学生、特困救助供养学生、孤残学生、烈士子女以及其他城镇贫困群众家庭学生作为重点资助对象。农村脱贫户学生应当按照国家助学金最高档次给予相应资助。

同一学年内，获得国家奖学金的家庭困难学生可以同时申请并获得国家助学金，但不能同时获得国家励志奖学金。

（四）名额分配

学校原则上按照上级下达的指标，根据当年秋季各院大专阶段老生基数将国家奖学金、国家励志奖学金名额进行分配，根据当年秋季各院大专阶段学生总数将国家助学金名额进行分配，各院再将奖励或资助名额分配到各专业班级进行等额评审。

（五）申请与评审程序

1.学生本人申请。符合申请条件的学生向所在院评审认定工作小组提出申请，认真如实地填写《普通本科高校、高等职业学校国家奖学金申请表》《普通本科高校、高等职业学校国家励志奖学金申请表》或《普通本科高校、高等职业学校国家助学金申请表》，同时提交上一学年获表彰奖励等有关材料。同一学年内申请国家励志奖学金的学生可以同时申请并获得国家助学金，但不能同时获得国家奖学金。

2.班级认定评议。班级认定评议小组对学生申请国家奖学金、国家励志奖学金和国家助学金的情况进行客观公正的评议和认定，并将结果进行公示（公示时间不少于3天），公示无异议后将评议结果报各院评审认定工作小组。

3.评选认定工作小组审核认定。各院评选认定工作小组对班级的评议结果进行等额评审认定,提出获奖或受助学生建议名单,并进行公示(公示时间不少于 5 个工作日);公示无异议后,将个人的奖助学金申请表和本院申请汇总表等材料报学校学生资助评选认定工作领导小组办公室。

4. 上报评审结果。学校学生资助评选认定工作领导小组办公室组织教务处、学生工作部(学生工作处)、财务处、总务处、保卫处对各院上报的结果进行联审,并报学校学生资助评选认定工作领导小组审定,同时学生工作部(学生工作处)将结果公示(公示时间不少于 5 个工作日)。公示无异议后,上报校长办公会议研究。校长办公会议通过后,将获奖或受助学生名单上报"江西省学生资助中心"。

二、宜春幼儿师范高等专科学校中职国家奖学金实施办法

根据江西省财政厅、教育厅《关于转发财政部 教育部关于调整职业院校奖助学金政策的通知》(赣财教〔2019〕15 号)、教育部人力资源社会保障部、财政部关于印发《中等职业教育国家奖学金评审暂行办法》的通知(教财函〔2019〕104 号)文件精神,制定宜春幼儿师范高等专科学校中职国家奖学金工作的实施办法。

(一)中职国家奖学金的奖励对象

五年一贯制全日制正式学籍二、三年级学生中特别优秀的学生。

(二)中职国家奖学金的基本申请条件

1. 热爱社会主义祖国,拥护中国共产党的领导;

2. 遵守法律法规,遵守《中等职业学校学生公约》,遵守学校各项规章制度,在校期间无违纪行为;

3. 诚实守信,道德品质优秀,上一学年两学期品行考核均为优秀;

4. 在校期间学习成绩特别优秀(学年学业成绩在同年级同专业排名 5% 以内),在校期间道德风尚、专业技能、社会实践、创新能力、综合素质等方面表现特别突出。

(三)中职国家奖学金的评选比例

由上级部门直接下达指标。

(四)中职国家奖学金的奖励标准

每生每年 6 000 元。

(五)中职国家奖学金的操作流程

1. 政策宣传。

2. 个人申报:符合奖学金条件的对象如实填写《中等职业学校国家奖学金申请表》,提供相关材料(或复印件)。

3. 班级民主评议:班级认定评议小组对学生申请中职国家奖学金的情况进行客观公正的评议和认定,确定奖学金的获奖建议名单,并进行公示(公示时间不少于 3 天),公示无异议后将评议结果连同相关材料报学院评选认定工作小组。

4. 评选认定工作小组审核认定:各院评选认定工作小组对班级的评议结果进行评审

认定,提出获奖学生建议名单,并进行公示(公示时间不少于 5 个工作日),公示无异议后,将个人的奖学金申请表和本院申请汇总表等材料报学校学生资助评选认定工作领导小组办公室。

5.上报评审结果:学生工作部(学生工作处)汇总并进行公示(公示时间不少于 5 个工作日),公示无异议后,上报校长办公会议研究。校长办公会议通过后,将受助学生名单上报"全国中等职业学校学生管理信息系统"。

6.奖学金发放:待上级批复、奖学金下达后,通过中职资助卡发放给获奖学生。各院组织班主任通知受助学生及家长。

(六)组织领导

学校成立"学生资助评选认定工作领导小组",成员由学校领导、相关职能部门负责人及各院院长、书记组成,全面负责中职国家奖学金评选的组织审核工作。"学生资助评选认定工作领导小组"办公室设学生工作部(学生工作处),由学生工作部(学生工作处)长兼办公室主任。同时成立由主管学生工作的副校长任组长的学生资助评审委员会,具体召开工作会议,学习理解有关文件要求,确定中职国家奖学金的评审条件、原则和操作程序,研究制定相关工作方案。各院相应成立由院长、书记任组长、学生管理办公室主任为副组长、辅导员(或班主任)、学生代表为成员的评审认定工作小组,负责对本院学生申请中职国家奖学金的情况进行评议和认定。

三、宜春幼儿师范高等专科学校中职国家助学金实施办法

根据《关于扩大中等职业教育免学费政策范围 进一步完善国家助学金制度的意见》(财教〔2012〕376 号)《中等职业学校国家助学金管理办法》的通知(财教〔2013〕110 号)《江西省扩大中等职业教育免学费政策范围 进一步完善国家助学金制度的实施意见》的文件精神,制定宜春幼儿师范高等专科学校中职国家助学金工作的实施办法。

(一)中职国家助学金的对象

五年一贯制全日制正式学籍一、二年级学生,正常在校且家庭经济困难;国家划定的特困地区县(不含县城)的学生全部享受。

(二)中职国家助学金的比例

按在校学生的 15% 确定。

(三)中职国家助学金的条件

1.农村城镇低保家庭学生;2.孤残学生、烈士子女、优抚家庭子女等无直接经济来源者;3.单亲家庭、父母年事已高、患病丧失劳动能力或父母有一方已下岗,家庭无固定经济来源者;4.父母双方或一方有残疾,家庭无固定经济来源,基本生活难以维持的;5.学生家庭或本人突遭不幸(如家庭遭遇自然灾害,学生本人突发疾病或意外事故),超越家庭经济承受能力的;6.零就业家庭;7.有其他特别困难情形者。

各学院要用准用好资助系统下发的特殊困难学生数据,确保农村脱贫户(原建档立卡户)学生、城乡低保、特困救助供养、孤儿、残疾等特殊困难学生享受中职国家助学金。

（四）中职国家助学金的标准

每生每年 2 000 元。

（五）中职国家助学金的操作流程

1. 政策宣传。

2. 个人申报：符合助学金条件的对象如实填写《中等职业学校国家助学金申请表》，提供相关的困难材料（或复印件）。

3. 班级民主评议：班级认定评议小组对学生申请中职国家助学金的情况进行客观公正的评议和认定，确定助学金的学生名单，并进行公示（公示时间不少于 3 天），公示无异议后将评议结果连同困难材料报学院评选认定工作小组。

4. 评选认定工作小组审核认定：各院评选认定工作小组对班级的评议结果进行评审认定，提出受助学生建议名单，并进行公示（公示时间不少于 5 个工作日），公示无异议后，将个人的助学金申请表和本院申请汇总表等材料报学校学生资助评选认定工作领导小组办公室。

5. 上报评审结果：学生工作部（学生工作处）汇总并进行公示（公示时间不少于 5 个工作日），公示无异议后，上报校长办公会议研究。校长办公会议通过后，将受助学生名单上报"全国中等职业学校学生管理信息系统"。

6. 助学金发放：待上级批复、助学金下达后，通过中职资助卡发放给受助学生。各院组织班主任通知受助学生及家长。

（六）组织领导

学校成立"学生资助评选认定工作领导小组"，成员由学校领导、相关职能部门负责人及各院院长、书记组成，全面负责中职国家助学金评选的组织审核工作。"学生资助评选认定工作领导小组"办公室设学生工作部（学生工作处），由学生工作部（学生工作处）长兼办公室主任。同时成立由主管学生工作的副校长任组长的学生资助评审委员会，具体召开工作会议，学习理解有关文件要求，确定中职国家助学金的评审条件、原则和操作程序，研究制定相关工作方案。各院相应成立由院长、书记任组长、学生管理办公室主任为副组长、辅导员（或班主任）、学生代表为成员的评审认定工作小组，负责对本院学生申请中职国家助学金的情况进行评议和认定。

四、宜春幼儿师范高等专科学校中职国家免学费实施办法

根据《关于扩大中等职业教育免学费政策范围 进一步完善国家助学金制度的意见》（财教〔2012〕376 号）《中等职业学校免学费补助资金管理办法的通知》（财教〔2013〕84 号）《江西省扩大中等职业教育免学费政策范围 进一步完善国家助学金制度的实施意见》的文件精神，制定宜春幼儿师范高等专科学校中职阶段学生国家免学费工作的实施方案。

（一）免学费的对象

五年一贯制全日制正式学籍一、二、三年级农村（含县镇）户籍学生全部享受；城市家

庭经济困难学生按在校城市学生的 10% 确定。

(二)免学费的标准

免学费标准按照省政府及其价格主管部门批准的学费标准确定。

(三)免学费的操作流程

1. 政策宣传。

2. 个人申报:符合免学费条件的一年级学生如实填写《江西中等职业学校学生免学费申请表》。

3. 班级民主评议:班级认定评议小组对学生申请中职国家免学费的情况进行客观公正的评议和认定,确定免学费的学生名单,并进行公示(公示时间不少于 3 天),公示无异议后将评议结果连同相关材料报学院评选认定工作小组。

4. 评选认定工作小组审核认定:各院评选认定工作小组对班级的评议结果进行评审认定,提出免学费学生建议名单,并进行公示(公示时间不少于 5 个工作日),公示无异议后,将个人的免学费申请表和本院申请汇总表报学校学生资助评选认定工作领导小组办公室。

5. 上报评审结果:学生工作部(学生工作处)汇总并进行公示(公示时间不少于 5 个工作日),公示无异议后,上报校长办公会议研究。校长办公会议通过后,将免学费学生名单上报"全国中等职业学校学生管理信息系统"。

(四)组织领导

学校成立"学生资助评选认定工作领导小组",成员由学校领导、相关职能部门负责人及各院院长、书记组成,全面负责中职国家免学费评选的组织审核工作。"学生资助评选认定工作领导小组"办公室设学生工作部(学生工作处),由学生工作部(学生工作处)长兼办公室主任。同时成立由主管学生工作的副校长任组长的学生资助评审委员会,具体召开工作会议,学习理解有关文件要求,确定中职国家免学费的评审条件、原则和操作程序,研究制定相关工作方案。各院相应成立由院长、书记任组长、学生管理办公室主任为副组长、辅导员(或班主任)、学生代表为成员的评审认定工作小组,负责对本院学生申请中职国家免学费的情况进行评议和认定。

五、宜春幼儿师范高等专科学校特困学生补助办法

根据教育部有关文件精神,为了帮助学校经济困难的大学生解决在校期间的部分生活费用,使他们能够安心学习、顺利完成学业,特制定办法。

(一)学校设立特困学生补助基金

学校设立特困学生补助基金,基金来源:学校拨款,师生及社会各界捐款。

(二)特困补助条件、对象及范围

特困学生指学生家庭或本人遭受不可预见而无法抗拒的特殊事故而导致生活异常困难的学生(如家庭遭受严重自然灾害,直系亲属或经济来源者患重病、意外伤残等)。

接受补助的学生,在校期间应表现良好、积极参加集体活动、未受警告以及警告以上处分;生活简朴,不喝酒、抽烟,个人不拥有贵重手机(电脑)等与其经济状况不相符合的消费习惯;学习刻苦、本学年度无课程补考现象。

(三)补助评定比例、等级及标准

学校对特困生的补助每学年评定一次,12 月底以前完成申请、审查、小范围公示和补助金发放。

补助比例:控制在普通在校学生总数的5%以内。

补助等级:分甲、乙、丙三个等级;甲等按不超过学生总人数1%评定,乙、丙等级分别按不超过总人数的2%评定。

补助标准:甲等为每人每学年2 000 元,乙等为每人每学年1 500 元,丙等为每人每学年1 000 元。

(四)特困补助评定流程

1. 特困补助评定工作由学生工作部(学生工作处)统一部署协调,各学院组织实施;

2. 各班级成立由辅导员(或班主任)、党(团)支部、班委会、学生代表组成的困难补助评定小组;

3. 申请困难补助的同学,应先提交书面申请,填写《宜春幼儿师范高等专科学校特困学生补助申请表》,提供家庭经济收支情况、遭受特殊困难的原因、程度等佐证材料,上报班级困难补助评定小组。各小组根据学生实际情况及评定条件,对申请人进行评定。班主任和班长签字后上报学院。学院根据实际情况,进行协调、调查。初步确定受补助学生名单和补助等级,并将评定结果在本学院公示三天,公示无异议后报学生工作部(学生工作处)。学生工作部(学生工作处)对特困补助申请材料进行复核,提供具体的资助意见报校长办公会议研究。校长办公会议通过后,由财务处发放补助金至学生资助卡。

(五)特困生在享受困难补助期间如有下列情况之一者,取消其困难补助,追回补助金,在校期间不得再申请特困补助。

1. 触犯法律,受法律制裁者;

2. 受到警告及警告以上处分者;

3. 不如实填写特困生补助申请表,弄虚作假者;

4. 用补助金请客或用于其他非补贴生活急需者;

5. 学年有两门或两门以上课程补考者。

第二节 感恩教育

开展感恩教育,目的是让学生学会站在别人的角度,设身处地去想别人之所想,哀别人之所哀,急他人之所急,乐他人之所乐,积极学会体验他人的内心世界和内心的情感,只有这样才能使我们培养的学生感人所感,知他人之情,体谅他人,原谅他人,同情他人,帮助他人,爱护他人,从而培养学生的道德感。这样,教育就不会停留在靠纪律制度来强迫维持,而是从学生的心里流淌出,使学生的行为规范上升到心灵的自觉要求和对生活的热爱。因此,我们在培养学生自信、自立、自主、百折不挠品格的同时,对他们开展感恩社会、感恩父母、感恩老师的感恩教育,对树立正确的人格有着十分重要的意义。

以下是我校学子感恩教育相关优秀征文作品:

一、举助学之灯,照逐梦之路

生活需要一颗感恩的心来创造,一颗感恩的心需要生活来滋养。

——题记

如果有人问"感恩是怎样的?"李白说是:"剧辛乐毅感恩分,输肝剖胆效英才。"李洞说是:"镇时贤相回人镜,报德慈亲点佛灯。"皮日休说是:"犹有报恩方寸在,不知通塞竟何如。"是的,世间千变万化,答案丰富多彩,哪一个才是你心目中的答案呢? 于是我开始访问"感恩"的答案。

助学风来满眼春

"为什么我的眼里常含泪水? 因为我对这土地爱的深沉。"这份爱不仅源于我国是人民当家作主的国家,始终将人民的利益放在首位,也源于我国有着真心实意为人民服务,一心一意为人民解难题的政府,更源于深入人心的好政策。

2007 年 5 月,国务院发布相关意见,明确提出建立以政府为主导的家庭经济困难生资助政策体系,对高中以上学段的学生资助全面系统地做出了总体规划,开启了国家学生资助工作的崭新篇章。实现了贫困家庭"入学前不用愁、入学时不用愁、入学后不用愁"的"三不愁"。它的出现宛若一缕春风,不仅为一代代青年接受教育提供了强有力的政策机制,还为莘莘学子成长为社会主义事业的建设者和高水平人才提供了必要保障。

助学风拂神州大地,入目生机一片,春意盎然。

这助学,怎一个感恩了得

如果我是一位长途跋涉的夜行者,那么"助学"便是黑暗中的一盏明灯,照亮我前行的方向;倘若我是一条清澈见底的小溪流,那么"助学"便是溪中的小鱼儿,游动出我的生机勃勃;假如我是一株孤苦伶仃的小苗儿,那么"助学"便是润物细无声的一场春雨,呵护我茁壮成长。

"火焰能给你光明。但也不能忘记在黑暗中为你执灯的人。"读到这句话时,我思绪万千。记忆的闸门就此被打开,一幕幕刻在心头的往事如电影情节般在头脑中辗转不停,如山间的清脆鸟鸣,唤醒了我沉睡的心灵,勾起了我心中热烈的感激之情——感恩我国的"助学"政策,感激可爱而又伟大的祖国母亲为我漫漫求学之路以悠悠助学之情为伴。

"穷人家的孩子早当家。"也许对大多数人来说这仅是一串冰冷的文字,可对于出生在一个偏僻小山村的我来说,却是从小便懂得的道理。家境贫寒且身患先天性疾病,使我得到过太多与助学金相似的帮助。现今回首,细数如钻石般闪闪发光的往事。发现在人生的众多个分岔路口,若是没有党和国家的无私关怀与帮助,或许我仍是那个因天价医疗费用而退避三舍无法及时就医的女孩,仍是那个因疾病无法正常行走,害怕行人投来异样目光的自卑的女孩;如果没有国家给我带来希望,没有助学政策为我的求学之路保驾护航,我可能早已与大多数农村小孩那般放弃学业,早早步入社会;如果没有党和国家的扶持,也许我那本就如牛负重的父亲与母亲早已被生活的重担以及那如山的责任所压倒,面对这本丰富多彩的人生却看不到希望。但是,我是幸运的,在祖国母亲的关怀下,在政策的呵护下,我没有了无钱就医的担忧,没有了担心学费而辍学的忧愁,亦没有了担心父母压力过大的困扰。指缝很宽,时间太瘦,转眼间,曾经那颗渴望沐浴阳光的小苗,现今已在阳光的照耀下和微风的轻抚中茁壮成长,正欲悄悄绽放理想之花。

这恩情,怎一个感恩了得? 感激之心无以言表,唯想感慨一句"何其有幸,生于华夏。"

听,花开了

"你所站的地方就是你的祖国,你怎么样,中国就怎么样。你光明,中国便不会黑暗。"我始终牢记这句话。在受资助以来,我更是无比珍惜这来之不易的读书机会,不敢有一丝懈怠,功夫不负有心人,经过日复一日的努力我终于取得了不错的成绩。看,那在教室里俯身奋笔疾书的身影,这是我们对您爱的回应,您看到了吗? 我亲爱的母亲;听,那整齐爽朗的阵阵读书声,这是我们对您的感恩之声,您听到了吗? 我亲爱的母亲。

太阳从地平线上升起,照亮了城市尽头,也照亮了我们。你听,花开了,那沁人心脾的花香,正是我们悄然绽放的理想之花所释放的。

"没有一个冬天不可逾越,没有一个春天不会来临。""助学"之风吹走了寒冬,带来了春暖花开,而我在春意盎然中飞奔向前,展翅逐梦。孙中山先生说得好:"唯愿诸君将中华振兴之责任,置身于自身之肩上。"我定当牢记先辈之嘱咐和祖国之恩情,必将以梦为马,努力学习,不忘初心,铭记恩情,愿以我微小身躯,不菩微芒,造炬成阳。

21 语教三(10)班陈会黔

二、太阳的光芒会照耀每一寸土地

梦想就像一条麻绳,只有我们脚踏实地地一根一根地去编织,在困难面前,它才可以变成一股强有力的利器。如果说生命是一本书籍,那么梦想就是书写文章的墨水,有红的、黑的、白的、五彩斑斓的;有梦想的人会受益终生,会拓宽你的格局,丰富你的智慧。

以前的我认为有梦想的人很酷,直到现在我也还是这样觉得。但其实梦想的路也不好走,有崎岖不平,有布满荆棘,其中艰辛只有自知。现在的我已经上了大学,坐在宽敞明亮的自习室里,我看向窗外回忆起自己的求学之路,那个承载了我的梦想种子的旅途。梦想就是在你心底里深深扎根的一颗冬眠了的种子,它只是需要阳光的照耀和温暖,雨水的滋润和呵护。就像那朵刚刚冲出大地母亲怀抱的野雏菊,它历尽百般艰苦,风吹雨打,终于看到了初晨最美的一缕阳光,它是那么无私,温暖;看见了淅淅沥沥那滋养它的雨,是那么默默无闻地付出。

天意怜幽草,人间重晚情。上天会怜惜幽暗处默默生长的小草,也总会有阳光照射到它们,让它们也有生存下去的机会。"晚晴"不仅仅是雨后阳光,而是天意,是人生旅途上的机遇与希望。在我从高中升学到大学的时候我曾犹豫过我还能不能继续我的梦想,因为当时家里的经济负担很重,家里有四个孩子都在上学,有两个妹妹也已经在上初中了,面临着高中大学昂贵的学费。看着父母劳累的样子,我退缩了,我没有勇气再去要求父母为了我昂贵的学费,没日没夜地工作,省吃俭用地赚钱。我也是一个成年人了,作为姐姐我也应该担起家里的担子,为他们分忧。在和父母说了我的想法以后,我看见了他们脸上复杂的表情,那是我第一次看到父母那种力不从心的表情,那是皱纹里藏着一丝无奈无助又懊悔的表情。从那时起我突然长大了,暑假里不断地找工作,结果就是处处碰壁,最后只能去当服务员,在工作了一个月之后我感觉到了麻木,每天虽然也很充实争分夺秒地工作,累到倒头就睡,但是却没有当初有梦想的我那么快乐,我开始质疑和迷茫。

突然有一天,我的朋友告诉我你可以去贷款,我说贷款我还不起。他说国家有政策,贷款不用利息。听到这个消息后我那颗埋藏在心底的种子发芽了。而使我梦想绽放的花蕾是国家实施的"生源地信用助学贷款"政策,我果断向银行贷款,圆了我的大学梦。国家还实施了"助学金""励志奖学金""奖学金"政策,为了帮助那些贫困生完成他们自己的学业,实现他们自己的梦想,我感谢国家的助学政策,它就像阳光一样,照耀到了我这颗小草。国家助学,自我筑梦,共同铸人,三者紧密联系,相互衬托。我相信梦想一定会绽放,经历风雨终能见彩虹。

在人间的太阳总是要被天空收回的,但太阳的光亮会温暖我的一生,永不消散。现在的我只有努力学习,不断地完善自己才能使自己有能力为社会做出自己应有的贡献,因为不能辜负亲人对我希望和辜负国家的支援。除了"爱"以外,世界上最美丽的动词是帮助。感恩,不曾忘却;梦想,不曾放弃;一直努力,一直在路上。

19 小教三(13)班周钰

三、仰望星空,志存高远

一望无际的梦想星空,不论何时,都是我们的心之所向;广袤无垠的梦想草原,不论何人,都可以在草原上奔跑;不论何事,都可以被海水洗涤。助学、筑梦、助人,六字一形,内涵丰富,底蕴雄厚。

祖国富强,祖国繁荣,是国家的梦想;社会和谐,社会稳定,是社会的梦想,人间温暖,人间美丽,是全人类的梦想;吃饱饭,走好路,读好书,上好学,是贫困学子的梦想,也是我的梦想。我们经济条件不好,但我们梦想坚定;我们出身不好,但我们意志坚毅;我们家庭背景不好,但我们心灵向阳、心灵向美、心灵向好。

夜晚的星空,是贫困学子心灵觉醒的时刻,它会引领我们走向梦想的起点,然后我们自己好学奋进,实现梦想。踏上新的赶考之路,是人生的转折,只争朝夕,奋勇学习,是我们必备的条件。

助学是基础。顾名思义是在学习的各个方面去帮助那些贫困家庭的孩子,让他们能上好学,读好书,接受和其他人一样的教育。助学不仅仅只是助"物质学",更应该要助"精神学",助学也是一门学问,值得深思熟虑。我们应该抓住机会,借助"助学"的牵引绳,努力向上攀岩。我们更应该学会感恩、感恩国家、感恩党、感恩政府、感恩社会主义。感恩所有帮助过我们的那些"牵引绳"。要始终相信,如果没有他们的帮助,如果没有"助学"就没有我们的后续未来。

我生长在黄土边,黄泥路是我们那当时的象征路,但我仍然心怀美好,因为我还生长在祖国的春风里,生长在祖国的怀抱下,生长在中国!我的家庭经济从小就不富裕,幼时,大人口中的五十,一百元是什么我并不知道,"红票"是什么我并没见过,从小就和硬币打交道。从小就不怎么花钱,也没怎么见过钱,因为挣钱属实不易。

筑梦是方法。你还记得你幼时的梦想吗?是"我想当老师,培育祖国的花朵",还是"我想当警察,保护好大家"呢?志存高远,筑梦实现,不管是什么梦想,都是自己某一阶段的追求和向往。国家和政府明白我们所有学子的梦想,他们筑的既是"物质梦",也是"精神梦"。

我从小的梦想就是能吃饱饭,穿好衣,读好书,上大学。现在在国家和政府的帮助下我终于实现了,2019 年中考之后成功来到了宜春幼专,我人生中的第一所大学,也是我们家第一个大学生,成功圆了我的大学梦。我懂路途的坎坷,我懂成果的来之不易,所以我在校一直都好好学习,奋发图强,时刻保持自己的学习成绩在班级和专业的前列,积极参与各项活动,拿到更多的荣誉证书来丰富自己的经历和锻炼自己的能力。

助人是目标。从宏观的角度来说,我们国家始终以人民为中心,人民当家作主。国家大部分的政策,都是围绕人民来展开的。当学子们需要帮助时,国家和政府看到会奋勇当先,提供帮助,给予温暖。所以助学筑梦归根结底就是为了助人,助人外在的物质条件,助人内在的精神需求。助人先助人心,助人先助人志,我认为,助学助得好不好,看的就是有没有把人的心灵扶持好,扶持正,有没有把人的志气提起来,从这个角度来说,助人就是帮助贫困学子们解决生活中大大小小的事情,从小事做起,落到实处。

心灵站起来吧!胸脯挺起来吧!腰板硬起来吧!莘莘学子们,在当今伟大祖国和中国共产党的帮助下,我们无须惧怕眼前的困难,我们要做的就是好好把握机遇,不辜负所有人和自己,成功之后要感恩党和国家!让我们一起仰望星空,志存高远,构建起属于我们自己人生的宏伟蓝图!

19 数教五(3)班宋凯

四、云端与树洞

你说这个世界很公平,可有些人含着金钥匙出生,四肢健全,家庭美满,而有些人一出生就被剥夺了光明;有些人出生在干净整洁的医院,而有些人一出生就只能住在泥砖糊的瓦房里。你问我怎样看待云端和树洞的差距,大概就是当我小心翼翼地探出头去,想象从云端俯瞰世界如此美好,而现实却是一低头只能看到泥泞的路和前方密匝匝的草丛。

18岁以前我从不关心我能不能吃饱饭，上不上得了学，因为我认为那是自然而然的事情，总有一个人会在我背后为我默默交上学费，默默往我的饭卡里充足够的钱，父母的爱让我没有后顾之忧。直到上大学，当父亲看似轻而易举地把那笔学费交到我手上时，我忽然意识到，这笔钱，来的好像并没那么容易。为了我的学费，父亲要没日没夜地守着他的小店，从白天到深夜，看着一件件商品被换成几毛钱的盈利，黑发被夜晚染成白色，而流水般的时间也在悄悄地偷走父亲的岁月。

忽然就很难过，我生来就是草芥，只能在父母的臂膀下与世界博弈，我看着那些对我来说很昂贵的材料费，陷入了沉默。

王尔德说，我们都在阴沟里，但总有人仰望星空。我们身处阴沟，星空不属于我们，云端亦不属于我们。可是，我们有仰望星空的权力，为什么不能拥有攀上云端的能力呢？

都说五星红旗就是信仰，而正是这时，国家会在我们最艰难的时候挺身而出，成为挡在我们与困难之间的最后一堵墙。

2021年，在习近平新时代中国特色社会主义思想指引下，各级教育、财政部门和各级各类学校，坚持以人民为中心，紧紧围绕立德树人的根本任务，进一步完善学生资助政策，大力推进精准资助，全面促进资助育人。而我，何其有幸，成为了被资助的学生之一。

曾经的我们站在风雨下，身处泥泞里，是国家出了一分力量把我们安顿在遮风蔽日的树洞，给了我们一次顺利求学的机会。

但是，如果一艘船不知道驶向哪个港口，那么任何方向吹来的风都不会是顺风。寒门学霸韩褚银，靠国家资助圆梦清华，成才后热衷公益被校长点赞。国家给予我们资助，是希望我们的求学之路不为金钱所困，是希望我们在最好的年纪刻苦奋斗，将来成人之后，不但能为自己排忧解难，也能有余力为他人伸出援手。资助的意义就在于此，而不是拿着国家资助，过早地攀上不属于自己的云端，提早享乐，最终只会因为腹中浅薄的诗书气和德行不足以支撑云端的高度，惨烈摔下云端。

我们在树洞里遮风蔽日，长大后葱葱郁郁，是为了有一天也可以用自己的枝干为社会为祖国挡下一小片风雨。

一时寒酸，无须顾影自怜；今日富足，仍需饮水思源。最近，一名清华贫困生的匿名自白《在树洞里》引起了许多人的关注和感动。与当初求学时的艰难相比，作者更看重在求学路上学校和国家对他的帮助，他把一路上的磨难变成前行的动力，把那些帮助变成克服困难的勇气。而他自始至终都没有忘记最初，是谁在他最困难的时候给予他栖身的树洞，帮助他成长成才。我想，出人头地是我们对自己的要求，学会感恩与尊重是我们毕生都需要学习的课程。作为当代青年，只有不忘初心，才能方得始终，只有脚踏实地，才能前程似锦。

都说自强不息，厚德载物，我们所受到的资助，所得到的一切，都需要一定的德行和成绩来支撑。作者虽然能力有限，但他用自己当家教赚的钱开展了一个公益组织，帮助家乡贫困小学的孩子圆梦。我想，每个人都可以成为自己的火焰，既照亮自己，也温暖别人。也许，国家帮助我们成长成才，更多的是希望中国青年积极向上，厚德载物，自强不息的星星之火能够不断传递下去。

鲁迅先生曾说:"青年所多的是生力,遇见深林,可以辟成平地的,遇见旷野,可以栽种树木的,遇见沙漠,可以开掘井泉的。"既然得到了国家的帮助,那刻苦奋斗便是我们的责任。同时,我们也不能忘了根本,无论是身处逆境还是顺境,都要锤炼心智,志存高远,敢于创新,坚定信念,勇担责任。

在这个快节奏的时代,坚持和刻苦成了奢侈品,是选择在云端做自由的孙行者,还是耐心地在树洞里静看万物生长,体会生命百态,吸收万物精髓,最后成为那颗铆劲向上的大树,去触碰自己的云端,我心中已有了答案。

待在树洞里,生长筋骨,磨炼心智,我想未来有一天,蔚蓝的天空上,会有一片独属于我的云彩。

21 美教三(3)班胡雯雯

五、穷且益坚 不坠青云之志

"助学筑梦铸人"一路播种爱、奉献爱,处处开花。我们在家人的陪伴下成长,在学校的教育下不断进步,在社会的激励下不断成熟,在国家的帮助下变得优秀。追梦的道路披荆斩棘,没有谁是一帆风顺的,国家的一系列政策为我们解决了生活琐事,就像一束阳光照耀着我们前行。

助学,为求知学子保驾护航。我出生在贵州省的一个农村家庭,在考上大学,收到录取通知书的那一刻起,除了喜悦之情以外剩下的就是父母开始为我的学费书费以及生活费开始担忧,因为父母都是仅靠微薄收入支撑起全家的生活,加上时常患病在身,在这个贫病交加的情况下,好在国家助学贷款政策让我圆了我的大学梦,也给父母减轻了一些负担。国家帮助的人虽然有限,但是可以享受国家的帮助是多么幸福的一件事。当我办理了国家助学贷款,开启了我的大学生活,作为国家助学贷款的受助对象和最终的受益人,我深深感受到国家政府对贫困生的关爱和大力资助。助学贷款不仅仅是经济上给了我帮助,更是给了我一种信念。

"长风破浪会有时,直挂云帆济沧海"。筑梦,让追梦的路途充满了光亮,正因为有了国家的帮助,给了我们实现梦想的机会,所以我们更应该奋斗,尽管有太多的荆棘,有无数的辛酸,跌倒了算什么?失败了又算什么?没有人甘心平庸一辈子,也没有人愿意一直碌碌无为,我们的目的不是现状,而是未来,梦想无法用金钱衡量,国家的政策也是无法用金钱来衡量的,那是国家对我们的希望,只要我们刻苦努力,只要我们坚持不懈,终将有一天会乘长风,破万里浪,挂上云帆,横渡沧海,到达梦想的彼岸。梦想不会抛弃苦心追求的人,只要不停追求,就会沐浴在梦想的光辉中。

"青年之字典,无'困难'之字,青年之口头,无'障碍'之语;惟知跃进,惟知雄飞,惟知其本身自由之精神,奇僻之思想,锐敏之直觉,活泼之生命,以创造环境,征服历史。"李大钊说作为青年一代的我们要正视困难,磨砺意志,成为国家、民族的希望,任重而道远。因此,进入大学的我刻苦努力,同时也是静以修身、俭以养德;杜绝一切奢侈浪费,不从众、不跟风、不攀比,我必须用心学习,争取在大学期间掌握好专业知识,提高自己。同时,我在大学期间申请了国家助学金且获得了国家资助,作为一个大二的学生,这是我获得国家的第二次资助,所以我深知我要更加勤奋努力来回报社会和国家的关爱。

无论是国家助学贷款还是助学金,都是一笔不小的金额,都是国家给予我们深深的关怀。国家的一个资助,它不仅仅能帮助我们继续完成学业,而且它所呈现的意义太多太多,牢固了我们的梦想,使我们坚持心中的那份理想与信念。古人云"滴水之恩,当以涌泉相报",作为一名受国家资助的学生,我十分感恩国家,感恩社会,感恩学校,让我们的理想在追求中闪烁光芒。

助学,助贫寒学子不再惧怕;筑梦,为在黑暗中拼搏的贫寒学子点亮了明灯;铸人,让贫寒学子迈出了成功的步伐。

20 小教三(10)班张念念

六、风中有朵雨做的云

"钱我会努力去挣的,在学校好好放心读书,别太担心家里。"

听筒那头传来千里之外熟悉的乡音,我木然地放下电话,没有以头抢地,甚至没有哭。我既感动又有几分悲哀,觉得似乎有风吹进心里,空洞洞而且冷冰冰的。我仰起头,漆黑的天空上没有闪闪烁烁的星,也看不到洁白的月亮,显得很是孤独。空旷的街道上撒落着星星点点的灯光,偶尔吹过的凉风,吹拂着我湿润的眼眶。

因为贫困,到我很早就体味到生活的艰苦。很小的时候家人就告诉我只有好好学习,将来才有出息。我家里没有什么经济来源,母亲已经年纪大了,而且加上之前出车祸留下残疾,全家人就靠父亲一个人微薄的收入,加上奶奶体弱多病也花费不少钱。我的家庭被乡政府批准为低保户,还有就是家里入不敷出,根本无法承担我的学费,我是暑假打工挣来的学费。从收到宜春幼儿师范高等专科学校通知书的那一刻开始,我就要求自己,在大学里我要像高中一样,始终保持积极向上的学习态度,因为父亲赚的每一分钱,是真的来之不易。

从很小的时候起,我学习就一直很努力,尽管我天资并不算聪明,但其他方面也一直很努力。在高中曾担任过三年班长,是老师的得力助手,也是父母的骄傲和希望。我经常幻想自己有一份收入可观的工作,好让家人不再为我担心,一直以为,我认为好好学习就是对父母最大的回报。

同时,在生活上也比较节俭,深知上大学的不易。所以我从不敢懈怠,也从不敢奢求在物质上的满足,我不跟其他同学去攀比名牌衣服,也从不随意消费等。我只和同学们比在大学学到了什么、学到了多少,以及在各个方面都获得了哪些巨大的进步,综合素质得到了多大的提高。曾在电视上看见有一段话让我印象十分深刻:"很多大学生的家庭条件非常一般,父母要么是普通的工薪族,要么是面朝黄土背朝天的农民。当你和男朋友沉浸在西餐厅那低柔的音乐里,你有没有想过你的父亲可能正在某个地上扛水泥?当你站在商场的柜台为女朋友挑选最高档的化妆品,你可否知道,你的母亲可能正用皲裂的双手在地里辛勤地劳作?她将卖粮的钱寄给你做生活费,而你有没有考虑过为她买一瓶哪怕是最便宜的护手霜?"每当我想要堕落的时候,我就时不时地拿这句话来问自己:你对得起自己的亲人吗?

虽然很贫困,但我并不会抱怨,我在学校更是从来不乱花钱一分钱。就像妈妈说的一样:"钱一定要换来一些有意义的东西,就像我把所有可以省下来的钱供你上学,我们全家这样省吃俭用谁都不后悔。"上大学以来,我希望通过我的努力,能让我的家人宽慰,用良好的成绩来回报帮助过我的亲人和朋友,来回报国家和社会。我对生活充满了激情和信心,我的家庭虽不富裕却很温暖,总让我觉得自己特别幸运。爸妈总是说:"'钱'我会努力去挣的,你只要把学习搞好就行了。"每当我听到这句话,我都会感到阵阵心痛。家里的穷态与父亲不辞劳苦的工作全是为我们着想,甚至连父亲自己都舍不得买一盒好烟。他们只是希望我能过得好一点点,而我也只能用学习成绩来回报他们,仅此而已。每次向家里汇报好成绩的时候,我都可以感受到家人舒心的笑容,还有他们的嘱咐,这时我便会特别幸福和感动。

尽管如此,我仍然一直把自己当作一只笨鸟,不过,我更相信勤奋可以弥补这一切。因此我变得更加努力,尤其是在我光荣地加入了中国共青团这个组织后,我更是深感自己肩头的重任。在接下来的大学生活中,我会不断地加倍努力,让自己的求学之路精彩圆满,我会在大学追求我的人生梦。国家的资助政策让我在风雨飘摇中找到了一把遮风避雨的伞,伴我避过泥泞,透过烟雨,寻到终点站的足迹。

俗话说,滴水之恩当涌泉相报。我会铭记,是国家贫困助学政策为我插上了理想的翅膀,国家助学金带给了像我这样的贫困生新的生活的希望。我满怀热血感谢党和国家对贫困学生的关心。我一定会好好珍惜,在今后的学习过程中我会更加努力的!国家给了我帮助,以后我也一定要回报国家,哪怕是只能为中国梦的实现献出自己一点微薄之力。

"天行健,君子以自强不息。地势坤,君子以厚德载物。"我坚信,命运给了我一个比别人低的起点,是想告诉我,让我用自己的一生去逆袭出一个绝地反击的故事。于是我决定,在大学,在更远的以后,我愿在江南绵绵烟雨中,怀拥梦想,撑助学之伞,走在雨巷中,做一个乐观向上的人,快乐地生活,健康地成长。

21 小学道德与法治班陈钰婷

七、梦在心中,路在脚下

罗曼·罗兰曾经说过:"人生应该有两盏灯,一盏是信仰之灯,一盏是理想之灯。"在逐梦人生的路途中,人人都有梦想。

——题记

梦想的力量在于即使身处困境,亦能帮助你扬起前进的船帆;梦想的伟大在于即使身处险境,亦能唤醒你鼓起生活的勇气;梦想的魅力在于即使身处不幸,亦能促使你保持崇高的心灵。

梦想起航新征程。六月的阳光炽热但并不那么热烈,金色的阳光散落在地面上,我迎来了一年一度的高考,一直以来我的梦想都是成为一名光荣的人民教师。九月如约而至,我很幸运能如愿进入宜春幼专,开始我生命中的崭新历程。在这片校园里,我拓展了自身的视野,锻炼了自己的能力,获得了宝贵的经验,在大学的时光里茁壮成长。

资助育人怀感恩。我来自一个普通而又平凡的家庭,母亲失业在家,奶奶年迈体弱需常年服药,坚强的父亲用厚重的肩膀辛勤工作,负担我和弟弟的学费以及所有家庭开销。刚步入幼专时,我也曾对生活、对学习感到过迷茫和无助,幸而有国家资助政策保驾护航,幸而有辅导员老师谆谆教诲点亮前行之路。经过努力,荣获 2020～2021 学年度国家励志奖学金,当获得这份珍贵荣誉的那一刻,我感受到的不是久旱逢甘露般的欣喜,而是滋润心田的一股暖流,它似乎在诉说着:努力有回报,国家政策有希望。我很感谢一路上陪我成长的家人和朋友们,感谢国家对我的帮扶,也感谢所有给予过我帮助却不求回报的老师们。在以后的日子里,我定将勤加自勉,努力坚持。

砥砺前行谋发展。步入幼专,脚步紧跟学校高质量跨越式发展。作为一名学生工作者,担任班级团支书,曾任外国语学院学生团委副书记,认真负责地对待工作,温柔宽厚待人,与师生和谐相处,是老师们的左膀右臂。阳光总在风雨后,从懵懂到成熟,从低速到高效,从误解到理解。一份份表格,一次次挑战,高质量完成材料的一刻冲淡熬夜的艰辛。我时常牢记爸爸对我说的话:"一件事情要做就尽力做到最好"。在学习中成长,在经历中成才,在困惑中发展。

不忘初心表忠心。始终牢记学习主业,我一直秉承着学以致用的方法,明确自己的目标,尽自己最大的努力,对所学的内容认真总结,不断提升自己。始终牢记服务意识,我多次参加志愿者活动,协助辅导员老师们完成学院团学管理工作、班级团学管理工作,踊跃参加活动竞赛等社会实践活动。始终牢记教师素养要求,在校打好理论基础,实习增长实践经验,作为实习教师,把握角色转换,一改学生时的任性,成为一名稳重且为党育人、为国育才的教师。将梦怀揣在口袋里,将所想装进心里,将自身所学毫无保留奉献在教育事业里。

汪国真在《热爱生命》中写过:"我不去想是否成功,既然选择了远方,便只顾风雨兼程"。也许人生的道路不能一帆风顺,或险象迭生,或坎坷艰难,或荆棘丛生,但一切掌握在自己手中、梦中、心中,路在脚下,让我们常怀感恩之心,去铸就属于自己的梦想之路。

19 英教三(2)班黄蕾

八、梦在前方,路在脚下

岁月如梭,韶光已逝。转眼间,我竟已经陪幼专走过了一年半的光景,四季更迭,花开花落,回想这一年半,百般情绪涌上心头。

最初是纠结与不安。还记得高考结束后,由于家中经济状况较差,爷爷卧病在床,医疗费用支出大,父母又年逾五十,身体也并不康健,所以我找了一份暑假兼职,以此来减轻父母的压力,同时我也担心着家里是否能够承担起我上大学的昂贵费用,我的大学梦还能继续吗?

是期待与信念。在我困于窘境之时,助学金像光一般照进我灰暗的生活,国家发放的这笔资助款减轻了我家庭的负担,圆了我的大学梦,踏进幼专的那一刻,我满心欢喜与感动,紧张的生活顿时有了许多的宽慰。不仅是我,我相信助学金一定也给千千万万的求学之子带去了温暖与希望。

泰戈尔曾经说过："火焰能给你光明,但也不要忘记在黑暗里为你执灯的人。"细细品来,不正是国家资助政策对我的帮扶吗?

　　是努力与奋进。受到国家助学金的激励,我立定目标,在未来成为一名英语教师,为了实现这个目标,我每天坚持早起去教室读书,课堂上我自觉遵守上课纪律,课后认真完成老师布置的任务;课堂外无论是学校还是学院举办的活动,我都踊跃报名,积极参加。在这样日复一日的努力后,我获得了两次校内一等优秀学生奖学金,一次性通过了普通话等级考试,英语四级考试,英语书法、听写及演讲比赛都获得过较好的名次。现在,我也正积极地准备着即将到来的英语六级考试及明年的计算机等级考试,希望这能为我大三的实习生涯做一个充足的准备。

　　是梦想与前方。助学金为逐梦者保驾护航,身为大学在校生的我,在学校不仅要学好专业知识,还要学会立德树人。在即将不久的将来,我们也要离开学校,步入社会,而面临的将是更多的竞争与机会。千里之行,始于足下。只有心怀梦想,踏踏实实,一步一个脚印,才能在纷繁复杂的世界里走出一条属于自己的康庄大道。"杂交水稻之父"袁隆平一生都在为"全球覆盖梦和禾下乘凉梦"而奋斗,八十岁高龄依然奔走在田垄之间,为了梦想不懈研究数十年,最终离梦想更近一步,现如今,这位功臣与世长辞,我们在哀悼先生千古的同时,是不是也应该反思自己,正值青春的我们应该做些什么? 有人说"少年不惧岁月长",可我想说"青春有如萤火绚丽的银河,灿烂却极致短暂",我们既然来到这世上,何必庸庸碌碌浪费寸许光阴? 要好好把握青春,珍惜青春,将青春的力量发挥到极致,如此,待你将来回望,才不至扼腕叹息。

　　一年半的光阴里,有太多太多的关怀,许许多多的感动。感恩国家的资助政策圆了我的大学梦,正因为有国家资助政策的扶持,才更加激励我精进学习,奋斗上进;感恩幼专对我的培养,感恩学院领导和老师们对我的栽培与指导;感谢我的同学们对我的帮助与鼓励。

　　梦在前方,路在脚下;不忘初心,砥砺前行。我将奋斗作为这美好年华里的底色,立志成为有用之才,求学爱学,孜孜不倦,为的是在将来能够回报国家,回报社会,回报母校和父母。不负青春,不负国家!

20 英教三(3)班黄娟

九、助学筑梦,励志成长

　　它如同一道光,驱散了笼罩在我们头顶的乌云,划破了漆黑的夜,为我们打开了一扇未来的门。它就是——国家助学金,是照亮贫困学子求学之路的灯塔,也是筑就贫困学子放飞梦想的基石。

　　我出生在一个普通的农民家庭,父母文化水平不高,但他们从小就告诫我要踏实努力学习,用知识改变命运。我也深知父母的不易,所以更加懂得学习的重要性。但求学之路漫长,对于我这样的家庭来说,供养三个孩子读书成为了父母肩上沉重的负担,但他们从来不言辛苦,总是竭尽全力支持我们的学业。看着父母渐弯的腰和日益增长的白发,我的心里五味杂陈,进退两难。

幸运的是,近年来,国家相继出台了一些促进教育事业稳固发展的政策,国家的助学政策为贫困生在物质与精神上提供了很大的帮助,为贫困学生扫清了接受教育的障碍,营造了一个优良的学习环境,帮助像我一样的贫困学生顺利完成学业,追逐梦想。获得助学金时,我心中满是感激,我知道它代表着国家对我的关爱和鼓励。于是我更加明白我的任务是什么,责任是什么。也许现在的我没有能力做出惊天动地的大事回报社会和国家,但我知道有一件事我们一定能做够到,那就是刻苦学习科学文化知识,成为一个对国家有所奉献,对社会有所回报的人。

"工欲善其事,必先利其器。"我坚信:只有厚积才能薄发,如果成功有捷径,那便是奋斗。国家助学金的获得,激发了我的学习斗志,不论是在学习还是生活中,我都严格要求自己,努力做好每件事。入学一年多来,我在各方面都收获不少:学习上认真学习专业知识,力争上游,在大一上下学期分别获得校内一、二等奖学金,荣获"三好学生""优秀学生工作者"称号,并一次性通过了四级考试。努力学习的同时,我积极参加课外实践活动,例如,党史知识竞赛、诚信主题演讲比赛等。暑假期间参加三下乡实践活动,更深入地了解了我国乡村振兴事业的发展。此外,我还利用暑假时间兼职,提高自己的社会实践能力和适应能力。

"路漫漫其修远兮,吾将上下而求索。"在我的求学之路上,助学金始终激励着我。滴水之恩当涌泉相报,获得助学金的我始终提醒自己青春正当时,奋斗莫懈怠,要将这份诚挚的谢意践行到生活实际中,树立更高远的目标,一如既往地不断奋斗,以饱满的热情和积极的心态全面提高自己的综合素质,扎实学好专业知识,提高自己的思想道德修养,成为国家建设中的一员,以炽热的爱国情回报社会。

心怀赤诚,铭记感恩。在此我要再次感谢那些在我身后默默支持和帮助我的老师和同学,更要感谢国家的助学政策,让我安心踏实地在学校里学习知识和技能,并有了今天的成就,使我看到了理想实现的希望。

20 英教三(3)班李紫怡

十、感恩资助,助梦飞翔

白日不到处,青春恰自来。苔花如米小,也学牡丹开。

——题记

求学数十载,一路上免不了风雨泥泞,也曾彷徨,也曾失措,但在我的背后,似乎总有一股力量,默默支持,无声地推动着我前进……

很喜欢这一句话:身在井隅,心向星光。我,好像就一直身在井隅,但我一直逐光前行,为梦远航。在这背后,少不了父母付出,少不了国家资助。

记得在读高二的时候,还没有到过年,爸爸妈妈里就从新疆回来了,团聚的喜悦和忙碌的学业让我忘记了他们为什么回来的疑惑。后来才知道,是因为爸爸在新疆时从树上摔了下来,肋骨骨折,要静养,所以只能提前回来了。这场变故,让爸妈都无法出去打工了。爸爸妈妈把土地打理出来,开始种菜。也买了能生蛋的鸡、鸭回来喂养。不知大人之间是怎样商量着的,爸妈就在那个时候起开始在家做农活了。

阳光未照射的那一面,总是黯淡的。自从爸妈在家做农活之后,家里的东西仿佛就越来越少了。炒菜用的调味料,鸡精、味精,从最开始的各一包,逐渐到只有一包,再到一包也没有。但我从学校放假回家时,早上我习惯性地早起,想着去给爸爸妈妈下一碗面,看到灶台上的调味料,竟然只有盐、酱油、醋。我也知道,做农活的收入,并不是每个月都能有的,家中的经济,我也清楚⋯⋯

我心中的大学梦在此刻,仿佛正摇摇欲坠。

高考过后,去领取大学录取通知书的那一天,脚步沉沉,心事也沉沉。细细翻阅通知书,看到在里面有各项资助政策的宣传,心中熄灭了的火花,仿佛又重新燃烧了起来。

"国家助学金、国家助学贷款、学费补偿贷款代偿、勤工助学、校内奖助学金、困难补助、伙食补贴、学费减免等多种方式并举的资助政策体系,同时实施家庭经济困难新生入学绿色通道。"种种资助政策,为更多家庭经济贫困的学生提供了帮助。

父母的负重前行,国家的资助,让我深深明白求学的不易。于是,怀揣着感恩之情,也为了锻炼自己,让大学生活不留任何遗憾,我加入了好几个社团,结识了许多自律优秀的朋友;开始了脚踏实地、扎实学习专业课知识的旅途;积极参加志愿者等各种社会实践活动,不断提高自我的价值;闲暇时写写文章,陶冶情操。在这该让梦想发光的年纪,迸发出青春的朝气,不浪费每一分每一秒,以后回想起来,不会因曾经碌碌无为而悔恨,也不会因虚度年华而悔恨。对我来说,国家资助政策已经大大缓解了我的学费压力,让我能够继续完成那"大学梦",让我能拥有选择改变自己命运的机会。

"喝水不忘挖井人""滴水之恩当涌泉相报",这些大家都耳熟能详的谚语,我也深深牢记着。未来在我们自己的手上,奔赴梦想的最终点,努力成为国家下一代合格的建设者和接班人。

学前教育学院
21 心理健康三(2)班彭高丽

第三节　励志教育

励志教育,是应用教育心理学、教育激励学激发和唤醒学生内动力,使学生从"被成长"中产生生命自觉,让学生用自己的力量成长,最终达到成人成才的目的。

以下是我校学子励志教育相关优秀征文作品:

一、岂曰无衣,与子同袍

治贫先治愚,扶贫先扶教。教育扶贫,是我国扶贫助困的治本之策。我们常说:学习改变命运,知识改变未来。这也鼓励更多贫困山区的孩子通过努力学习走出大山,融入城市,改变贫困的命运。教育好一个孩子,可以彻底挖掉一个家庭的穷根。

"一举一动"

扶贫先扶智,扶智先通语。这个夏天,爱在都昌。"为爱前行"青年志愿推普扶贫在行动,幼专学子远赴都昌开展志愿服务。我们相信,这一次旅途将使宜春幼专筑梦队的羽翼更加丰满。志愿队员们带着满满的爱与责任踏上了这次都昌之旅。旅途中的小间隙,也不舍得浪费,队员们再三确认活动细节,在火车上进行活动探讨。

在远处山坡的那边,鄱湖之爱温暖而悠远,山高水长的支教情正熠熠生辉。他在斑驳的光影里来回走动,用他略显枯瘦的手在黑板上来回擦写,写给同学们讲解,阳光透过树枝的缝隙在他身上落下光斑,他的身影淡得就像珍藏了很多年的水彩画。微风不燥,志愿正红。

"一心一意"

扶贫,也要扶智,更要扶志。2016 年第三个"全国扶贫日"到来之际,党政办主任廖丽华等一行赴我校定点帮扶村——大城村开展精准扶贫工作。在大城村工作人员的陪同下,一行深入我校定点帮扶村的每个贫困户家中,给大家带去了慰问品,详细了解家中近期的生产、生活情况。

每到一户,廖主任最关心的还是贫困家庭的教育问题,详细了解家中小孩的学习情况。他表示,教育扶贫能从根本上改变个人和家庭的命运,能够让贫困户彻底脱贫。在贫困户邓细雄家中,得知其女儿正在读大四,对邓细雄努力送女儿读大学的行为表示赞赏,表示学校也会尽力协助其女儿完成学业,并与邓细雄共同商讨脱贫致富措施。

"一村一品"

克服困难,走访摸排。2017 年 5 月,黄华就任相城驻村扶贫第一书记,从就任第一天开始,他就暗自下定决心,驻村要"驻心",一定要倾心倾力,为村里脱贫攻坚竭尽所能!事实上,黄华是这样想的,更是这样做的。两年里,他每月定期进村入户,到贫困户家中了解实际困难,解决问题,积极宣传党的扶贫政策,让建档立卡的贫困户切实了解党的扶贫政策,知党恩、感党恩。

脱贫致富快,全靠产业带。黄华抓住重点,落实好光伏发电、光伏发电站产业扶贫及小额贷款金融扶贫资金;管理好高产油茶种植,20 户建档立卡户参加金鑫养殖产业合作社,为刘帮良家落实产业扶贫资金 5000 元。在黄华的努力带领下,圆满完成全村 13 户41 人脱贫任务。他也连续两年获得高安市"扶贫工作先进个人"荣誉称号。

"越穷的地方越难办教育,但越穷的地方越需要办教育,越不办教育就越穷。这种马太效应,实际上也是一个'穷'和'愚'互为因果的恶性循环。"但是,一句温暖的话语、一双搀扶的双手、一点扶弱帮困的善心,这样的事,你我都可以做到。扶贫济困,你我同行。

17 语教五(1)班罗采凌

二、教育扶贫,筑梦航行

三月是春暖花开、百花齐放、微风细雨、孕育生机的季节。鸟儿翱翔在空中、莺儿唱燕儿舞,这些大自然的歌唱家用她们独特的歌声陪伴着在田地里辛勤耕作的农民伯伯们。三月的校园更是风景不殊、美轮美奂。

伴随着初春的鸟语花香、夏日的郁郁葱葱,秋日的湛蓝如水,冬日的银装素裹漫步在校园小道。坐在宽敞明亮整洁的大教室课堂上,老师授课生动有趣而在课余我们也有了更多的实践锻炼机会。我何其幸运,这都受益于教育精准扶贫。党和国家、学校对我们的关怀和帮助我们要懂得感恩。而著名科学家居里夫人也说:一个人不管取得多么优秀的成绩我们都应该饮水思源,不要忘记了感恩。

我们"00后",生活在一个美好时代。科技飞速发展,从小就伴随着互联网的兴起而长大。生活质量有了显著提高。但还有很多贫困地区的家庭孩子因为学费而发愁,因为家庭太过于贫困而导致辍学的事例也有很多。对此,国家实施了一系列的贫困学生补助措施。教育部也颁发了以下几项举措推进教育脱贫攻坚:(1)建立健全教育扶贫制度体系。(2)深入实施教育扶贫重大工程项目。(3)着力推动精准到人的学生资助体系。(4)推动落实教育扶贫倾斜政策。(5)积极探索定点扶贫路径。虽然我们带着贫困生的标签,但我们不会因此而感到自卑。反而,我觉得我们被爱包围着,国家实施了一系列的补助措施,这些都是我们求学路上坚挺的后盾。在学校,我们也被无微不至的关心和爱呵护着。

近年来,我们学校在全校开展"五帮一扶"结对帮扶困难学子活动中,252名教职工联系帮扶429名困难学子,书记、校长、其他班子成员分别帮扶6名、5名、4名困难学子。活动围绕帮思想、帮学习、帮生活、帮困难、帮就业、扶立志开展,通过钱物资助、谈心谈话、学习辅导等方式,用心、用情、用力做好学生的知心人、暖心人、护心人,让每名学子在学校感受到学校对贫困学生的温暖和关爱。而我也很幸运在2019年加入这个有爱的大家庭中。

我出生在一个普通的小城镇,各方面的基础设施一般,而学校的基础设施更是一般。印象深刻的是,在小学时三月份还好,但到了七八月雨季时,我们在教室一边上课一边想各种方法去堵住天花板的洞让雨水不要把我们的课本淋湿。而且我们的寝室也比较简陋,闷热的夏天我们没有风扇。即使条件艰苦,但这使我们班上的同学在手工方面都技艺娴熟,我们会制作各种各样的小饰品和小风扇。即使生活条件艰苦,但在求学方面我们并未放弃。求学路上我也碰到过很多或大或小的困难,而我身边也有很多和我一样家庭普通、经济水平一般的朋友,而我们都认为正是因为我们的平凡才成就了我们以后的不平凡。

数学这门学科可能对于很多人来说很简单,但我却需要比他人花费更多的时间去琢磨。才可以追赶上他人的步伐,面对着令人苦恼的一堆堆题目内心很多次想过要放弃。但我在日记中写下:无论如何,不许不努力、不许放弃。《平凡的世界》在前进的道路中给予了我许多力量。此书的作者是路遥,主人公是孙少安的弟弟孙少平。

《平凡的世界》中孙少平是一个积极进取,敢于拼搏的少年。生在农村,学习相当艰苦,却始终不放弃;经历挫折,反而更加勤奋。年幼时家庭的贫困曾经给他的心灵造成了很大的阴影,让他长大以后也难以忘记所受的屈辱;苦难从来都是盲目的,却总是有意降临到本来已经足够不幸的人的身上。只是,在那些对生活有深刻认识的人的面前,苦难可能会造成一段时间的悲观沉沦却是永远无法把他们击垮,因此,孙少平总能在每次打击面前崛起,重新燃起生活的希望。

而我们这一代始终是幸运的,我们生活在一个幸福的时代。求学路上党、学校一直给予我们温暖和最大的支持。所以,我们即使遇到挫折也不能轻易放弃。有一句老话说:上帝为你关了一扇门肯定会为你打开一扇窗。即使我们童年没有享受过手机游戏带来的快感,也没有享受过游乐场里面的旋转木马和摩天轮。但我们可以与大自然共舞,这些乐趣都是无法再感受一次的,而手机游戏和旋转木马永远都不会过时只要你想去体验。光阴似箭岁月如梭,明年我们即将告别这个熟悉的校园踏上四海八方的旅程。即使我们毕业了但我们会永远记得这些温暖,带着温暖前行。习近平总书记曾说过,扶贫必扶智,让贫困地区的孩子们接受良好教育,是扶贫开发的重要任务,也是阻断贫困代际传递的重要途径。教育扶贫,是一个治愚、扶志、扶智的系统工程。榆社县从制约教育发展的障碍破冰,向群众关切的难点问题发力,确保每个贫困孩子享有受教育的机会,激发走出贫困的原动力。

在网上也可以看到许多助力学子的案例,这些故事一直感动着我们。令我印象深刻的一个故事是职业教育,就业一人脱贫一家,在乌恰县黑孜苇乡康什维尔村,28岁的麦尔旦·亚力坤是出了名的"斜杠青年"。麦尔旦毕业于新疆农业职业技术学院畜牧兽医专业,2017年,他凭着能吃苦、肯钻研的拼劲儿,创办了养鸡场,年收入10万元,第二年一家人脱了贫。去年,麦尔旦又申请贷款,扩大养殖规模,发展养牛业,带动乡亲增收致富。"今年我打算在县城买一套楼房,将来让孩子接受更好的教育。"对未来,麦尔旦充满信心。

带着温暖出发,一路披荆斩棘。最终我们会摘得胜利之果实。

19商务英语班黄冬梅

三、风雨扶贫路

雷锋精神的核心是为人民服务。为人民服务,是党的根本宗旨,是为人民的利益而奋斗。自1944毛主席提出"为人民服务"这一口号,党便朝着这一方向不断出发前进、深入。脱贫攻坚战就是新中国成立以来的一项重大举措。而为实现到2020年全面建成小康社会这一国家重大战略目标,宜春幼儿师范高等专科学校相继开展了各项扶贫工作项目,积极响应国家政策。

2019年暑假期间,有这么一支红色志愿小队,由几位宜春幼儿师范高等专科学校大学生组成,在炎炎夏日,怀揣着初心与使命,登上了去往多宝乡的大巴车。在颠簸闷热的大巴内,志愿者们脸上都洋溢着雀跃的笑容,对这一次的旅途,他们都满怀期待。2019年,宜春幼儿师范高等专科学校荣幸入选"推普脱贫攻坚"全国大学生暑期社会实践专项活动,宜春幼儿师范高等专科学校积极开展"推普脱贫攻坚"活动。校团委书记盖双玲组织志愿者组成宜春幼儿师范高等专科学校推普志愿小队,再次去往九江市都昌县多宝乡多宝回族村,开展推普活动。推广普及普通话,营造良好的语言环境,有利于促进人员交流,拉近人们之间的距离。我们推普小队走进多宝乡,与乡里小同学们近距离接触。不大的砖瓦教室,一方小小的讲台,和几个淳朴的学生。志愿者们当起小老师,与同学们唱歌,做游戏,教他们学习普通话,黑板上的绕口令真是难住了不少小朋友!在一片欢声笑语中,小朋友在学习,我们志愿者也更加坚定了接下来推普的意念与信心。

这次推普活动,延续了之前的奉献精神,不仅展现出宜春幼儿师范高等专科学校对学生实践的培养与锻炼,也充分体现了宜春幼儿师范高等专科学校强大的组织行动力和对扶贫方面工作的重视。

而除去由学生组成的扶贫小队,宜春幼儿师范高等专科学校的学校干部也身体力行,积极投身脱贫攻坚战中。

2020年8月14日,一个热气腾腾的下午,高安市石脑镇陈罗村迎来了我校杨学龙副校长等一行人,随行的还有我校驻村"第一书记"聂振华。天气是炎热的,杨副校长也带着一颗滚烫的赤诚之心来到了陈罗村。此行的目的一是参加"优环境促发展"的讨论调研活动,二是看望慰问陈罗村的留守儿童与老人。"优环境,促发展"是宜春开展的一场讨论大活动,为经济建设与政治作风方面提供决议方法与可行措施。杨副校长为帮扶陈罗村脱贫工作提供了可行建议,针对陈罗村当前产业发展面对的困难,陈副校长提出了自己的见解与观点,在陈罗村脱贫工作中,充分体现了宜春幼儿师范高等专科学校对脱贫工作所做出的努力。陈副校长也承诺,在陈罗村之后的脱贫工作中,宜春幼儿师范高等专科学校会尽一切所能配合其工作,将宜春幼儿师范高等专科学校奉献之心贯彻到底。除了这次讨论,杨副校长还深入拜访陈罗村留守儿童与老人的家庭,带去慰问品,其中包括文具书籍与生活用品。

大到陈罗村发展,小到生活的方方面面,杨副校长以自身行动表现出了宜春幼儿师范高等专科学校的脱贫攻坚坚定的信念,也昭示着我们宜春幼儿师范高等专科学校对国家脱贫攻坚的坚定信念和无私奉献。

扶贫攻坚,党心所向,民心所依。脱贫攻坚路上的风风雨雨,有着无数人的齐心协力。在未来,我相信宜春幼儿师范高等专科学校能将这种奉献精神持续延续下去。作为宜春幼儿师范高等专科学校的一分子,我要常怀着对宜春幼儿师范高等专科学校的期待与热爱,相信未来不管是祖国还是学校都会越来越好!

20英教三(4)班高芳芳

四、教育扶贫,筑梦未来

扶贫必扶智,让贫困地区的孩子们接受良好教育,是扶贫开发的重要任务,也是阻断贫困代际传递的重要途径。

——习近平

"精准扶贫"的重要思想最早是在2013年11月提出的,习近平到湖南湘西考察时首次作出了"实事求是、因地制宜、分类指导、精准扶贫"的重要指示。而教育扶贫则是彻底实现扶贫工作的重要推手。

教育扶贫就是通过在农村普及教育,使农民有机会得到他们所要的教育,通过提高思想道德意识和掌握先进的科技文化知识来实现改造和保护自然界的目的,同时以较高的质量生存。而我,就是教育扶贫工作的受益人之一。

我叫徐红梅,家住江西省抚州市南丰县琴城镇的一个小村庄中,因家中基础用房的建设而欠债数万元,家中共四口人,父亲徐水泉常年在外务工,以供家中的基本开销,而母亲曾爱云因幼时患病,留下腿部残疾,基本没有劳动能力,我现就读于宜春幼儿师范高等专科学校,弟弟徐俊就读于琴城中学,家中为农村低保户,亦属于精准扶贫对象,我们有幸生于中国,享受到了许多国家的补助政策,国家的教育扶贫于我帮助良多。

我从初中开始享受国家助学金补助,那时我就读于琴城中学,一年1000元的补助给了我和我的家庭很大的帮助,从初二开始,我接受国家补助直到初中毕业。初中毕业后,我在南丰县第一中学就读高中并度过了三年的学习生活,自我入校起,我享受到了免除学费并接收到了每学期1250元的助学金补助,从高一至高三,我得到了补助5000余元,这笔钱使我的家庭减轻了许多负担并支撑着我读完了三年的高中。高中毕业后,我害怕无法支付大学的学费而纠结是否接受大学教育,在那时我得知了一个消息,国家为家庭贫困学生提供每年最多8000元的学费贷款,在知道这个消息之后,我心中激动不已,深深明白了国家对于教育扶贫工作的重视与深刻贯彻。现在,我是宜春幼儿师范高等专科学校的一名大一新生,在入学一年来,我收到了国家共4440元的助学金,大大减轻了家庭的负担。在我这么多年的读书生涯中,陆陆续续接收到了国家一万多元的补助,更加深刻地认识到了"教育扶贫,一个都不能少"这句话并不是说说而已。

国家开始实施扶贫计划已经八年了,这八年来近一亿的农村贫困人口脱贫,这是一个令人惊叹的奇迹,我也深刻明白了中国真的是一个敢说敢做,用心说用心做,全心全意为人民谋幸福的国家。感谢国家圆了我的读书梦,圆了我的大学梦!

20语教三(5)班徐红梅

五、有时候不试一下,你怎么知道自己行不行呢?

在端午假期,我去新华书店时偶然接触了一本书叫《飓风少年》对我的感触颇深,整本书讲述了一个非洲小男孩自强不息的成长故事。故事的主人公威廉,生长在非洲大地上以全世界最不发达地区之一而著称的马拉维,这里的原著居民世代以种植为生。虽然说在这里种植技术从几千年前持续到了现在,但是他们耕种的过程毫无方法、技术可言,众所周知,非洲大陆分为旱季和雨季,两个季节占领了全年,两个季节周期长而且非常极端,他们的皮肤黑就是为了防止炽热的阳光灼伤皮肤。可已经几千年了,面对偌大的土地他们依然纯靠人力来完成翻地(是的,没有牛的参与,因为牛在他们的文化中是高贵的存在)、播种、收割等一系列过程,后来发生了一系列事情(有兴趣了解者可以去观看同名电影,依据现实改编,但是大致内容都是主人公的真实经历),最终他完成了村里的第一架风力发电机,借助风力发电,灯泡亮了,后来水泵也被启动,地下水被抽上来,干涸了几千年的土地,终于迎来了源源不断的灌溉水源,农田里重新长出了粮食,威廉最后在社会人士和政府的帮助下获得奖学金在马拉维完成了丢弃的学业,后来他到南非就读了非洲领导学院,还获得了去美国留学的机会,影片末尾"真实故事改编",如刚才所述,这是根据真人真事改编的励志故事。如今的威廉,已是一位著名的工程师,当他站在讲台上时,提起自己的奋斗经历,他笑着总结道:"我努力尝试,最后成功了,仅此而已。"如果没有自己的坚持与当地政府的帮助,威廉断然一辈子走不出那个山沟沟,二者缺一不可。愿所有的努力都不会被辜负,愿每个孩子都被善待。

仔细分析威廉的经历,大致分为:奋斗精神＋经济帮助。

永远不要放弃奋斗。我来自一个很小很小的乡村,家庭条件只能用一句话描述"祖上三代都是贫民",在步入大学时,每个月生活费很有限,我不止一次怀疑过上天不公,为什么有的人生来衣食无忧,而我却有时候连饭都吃不饱,但是每次都会安慰自己,要走一条自己的"朱重八逆袭之路"(指代明朝开国皇帝朱元璋的逆袭)！大一完全靠自己打暑假工赚的钱每个月补贴自己的生活,大二很幸运,得到了"国家助学金",在此之前,有许多次室友出门叫我一起去吃饭,我都笑笑着说:"我不饿,你们去吧",我曾经利用学习之外的业余时间赚一些零花钱,虽然不是很多,但是在努力赚钱的这个过程中也让我学到了许多,包括与人交往,如何在交易的时候尽量让利益最大化等等(当然……也曾被诈骗过,所幸不多,这也是一个让我成熟的一个经历)。马斯洛需要层次理论第一层就是"生理的需求",比如水、食物等,如果这些需要(除性以外)任何一项得不到满足,人类个人的生理机能就无法正常运转。换言之,人类的生命就会因此受到威胁。在这个意义上说,生理需要是推动人们行动首要的动力。马斯洛认为,只有这些最基本的需要满足到维持生存所必需的程度后,其他的需要才能成为新的激励因素,而到了此时,这些已相对满足的需要也就不再成为激励因素了,虽然因为每个人的起跑线是不同的。在偏远地区,温饱问题慢慢地得以解决,但是经济问题一直是一块硬骨头,它影响到了一个家庭对下一代的教育问题,通俗点说,没有钱,家长就让孩子去打工赚钱,让贫困的家庭能够增加一份收入,但是国家一直对扶贫特别重视,习主席曾说:"我们已走过千山万水,但仍需跋山涉水。"《光明日报》中有一篇文章也提道:"救助和扶贫带给受助者的未必只是摆脱贫困的境遇,还可能是爱心和善心的接力。"扶贫是传递希望的火苗,能点燃一个人内心的希望与力量,在低落时永不放弃,因为不试一下,又怎么知道自己行不行呢?

很庆幸生活在这个国家,让我远离战争,远离饥饿与寒冷,没有共产党就没有新中国,十分感谢党和国家对贫困学生的帮助与支持,许多人因此改变了自己对生活对世界的看法,锦上添花不如雪中送炭,艰苦的日子总是能让人留下深刻的回忆,国家的帮助我会在心里永远铭记。多少所谓的名人,因会几句英语而自豪,因出国留学而感觉自己高人一等,却不知生活在这个美好的中国是多么荣耀！永远保持自己奋斗的初心,为这个国家作出自己的贡献,将是我毕生的追求。

19 心理健康三班曾龙辉

六、助学圆梦

2019 年对我来说是意义非凡的一年。交完高考最后一张答卷走出考场的我内心说不出是什么滋味,喜悦、沉默、苦闷、抑或是一时的解脱。直到高考成绩下来的一刻我知道所有的情感最终只剩苦闷与无法言说的悲伤。看着爸爸逐渐佝偻的背影和弯曲的手臂,妈妈乌黑秀发渐冒出的几缕白发,岁月的痕迹不知何时已悄然来临,布满妈妈眼角和面颊。家庭经济入不敷出,我不甘心就这样止步,两难的选择在我脑海里激烈作战,是选择再来一年还是以这样的成绩读大专我无法抉择。是爸爸在我无助时,对我说"再来一年吧你不要考虑钱的问题,我知道你不想像我和你妈妈一样面朝黄土背朝天,你不要老是担心钱的问题,你忘记了吗我们家精准扶贫户,只要你想读书,国家和政府会大力支持和帮扶的,而且你高中三年获得的教育资助的钱我都给你存着的,我知道你是想要复读的,既然有想法,为什么不去做呢？梦想是靠自己去奋斗啊。"爸爸的话像是一击重锤直击我的心灵。我毅然选择复读。重回母校,熟悉的环境,熟悉的老师,熟悉的课桌,高考仿佛只是昨天的正常上课,但我心里明白过去的已经过去,时光不会倒流,能再次回到高中课堂,是我莫大的幸运。复读生没有贫困补助,这一年的学费仅仅依靠爸爸微薄的收入是不够的,如今国家精准扶贫教育资助的钱刚好派上用场。

时光飞逝,岁月如梭,2020高考圆满结束,如今的我已是大学莘莘学子中的一员,拿着大学生在校期应缴费用的单子我没有了两难的选择,不用担心没有钱交书本费,不用担心生活问题,一切的一切可以说国家的教育资助政策发挥了极大作用。为不让一个学生因为家庭经济困难而失学,体现了党和政府对普通本科高校、高等职业学校家庭经济困难学生的关怀,帮助其完成学业,根据国务院关于建立健全普通本科高校,高等职业学校家庭经济困难学生资助政策体系的意见于2007年正式施行国家助学金政策。正是这样好的政策让我在求学成才的征途中,树立了坚定的理想信念。遨游在知识的汪洋大海中,不会迷失方向,面对人生的坎坷,相信事物的发展总是曲折前进,盘旋上升,面对生活中不断出现的困难,也始终坚信量的积累,可以促成质的飞跃。

国家助学奖贷助+绿色通道多元混合资助为无数个家庭经济困难的学生提供了圆梦高考、圆梦大学的物质基础。如果没有国家资助这好的政策,我甚至不敢憧憬大学的美好时光,更不能规划美好的未来生活。

20级思政班 熊文仪

传染疾病　科学预防

学习目标

1. 了解甲乙丙类传染病管理措施。
2. 了解乙类乙管最新政策。

学习重点

1. 明确传染疾病的预防措施。
2. 最大限度减少传染疾病对大学生学习生活的负面影响。

第一节　甲乙丙类传染病管理措施

一、甲乙丙类传染病的定义和分类

甲乙丙类传染病是指按照《中华人民共和国传染病防治法》规定的划分方式，并被国家卫生健康委员会列为法定传染病范畴的疾病。根据传染病的危害程度和传播途径的不同，甲乙丙类传染病分为三类：甲类传染病、乙类传染病和丙类传染病。

甲类传染病是指危害极大，传染性与死亡率极强的传染病，如鼠疫、霍乱、脊髓灰质炎等。乙类传染病是指比较严重的传染病，如新冠肺炎、肝炎、结核病、艾滋病等。丙类传染病是指具有一定传染性和病原学特点，在一定条件下可以传播的传染病，如感冒、手足口病、流行性腮腺炎等。

二、甲乙丙类传染病管理措施的目的和原则

甲乙丙类传染病管理措施的目的是控制传染病的传播，降低传染病的发病率和死亡率，保护公众的健康和生命安全。甲乙丙类传染病管理措施应当遵循以下原则：

（1）法律原则：依照《中华人民共和国传染病防治法》的规定执行，强制性措施必须合法、合规。

（2）科学原则：根据传染病的流行特征、传播途径、传染源和易感人群等科学原则，采取相应的管理措施。

（3）预防为主：采取预防为主，防止疫情扩散。

（4）区分病情、采取措施：因病采取不同的管理措施，防止对无病之人造成不必要的限制和损害。

三、甲乙丙类传染病管理措施的内容和步骤

甲乙丙类传染病管理措施的内容包括传染病的预警、监测、报告和处置。具体步骤如下：

（1）传染病预警：通过建立预警系统，及时掌握传染病的发生情况和流行趋势，采取针对性监测措施。

（2）传染病监测：对传染病的流行病学调查进行监测，及时发现传染病患者并采取控制措施。

（3）传染病报告：传染病患者必须立即报告，确诊后及时向卫生部门进行报告。

（4）传染病处置：根据传染病类别和流行病学特征，制定相应的处置方案，加强传染源的隔离和治疗，对密切接触者和疫点采取隔离和观察措施，加强环境和消毒等管理措施。

四、甲乙丙类传染病管理中存在的问题和改进措施

在甲乙丙类传染病管理过程中,存在以下问题:

(1)管理措施不够严格:部分地区对于传染病的预防和控制措施不够严格,导致传染病的传播难以遏制。

(2)卫生资源不足:一些地区卫生资源紧缺,难以满足传染病管理的需要。

(3)个人意识不足:部分人群缺乏传染病防治意识,不遵守防疫措施或故意隐瞒病情,对传染病的防治工作造成不良影响。

为了改进甲乙丙类传染病管理,可采取以下措施:

(1)加强当地传染病防控机构的建设,完善传染病信息共享机制,提高预警能力。

(2)加强卫生资源投入,提高防疫能力。

(3)加强宣传教育,提高公众传染病预防意识,增强自我保护能力。

(4)加强法律法规的制定和执行,建立完善的法律制度和监管机制,加大对违法行为的打击力度。

通过不断加强预防和管理,可以有效地控制和预防甲乙丙类传染病的流行和传播,保护公众的健康和生命安全。

第二节　乙类乙管最新政策

新型冠状病毒肺炎(Corona Virus Disease 2019,COVID－19)简称"新冠肺炎",世界卫生组织命名为"2019 冠状病毒病",是指 2019 新型冠状病毒感染导致的肺炎。2019 年 12 月以来,湖北省武汉市部分医院陆续发现多例有华南海鲜市场暴露史的不明原因肺炎病例,证实为 2019 新型冠状病毒感染引起的急性呼吸道传染病。2020 年 2 月 11 日,世界卫生组织总干事谭德塞在瑞士日内瓦宣布,将新型冠状病毒感染的肺炎命名为"COVID－19"。2020 年 2 月 22 日,国家卫生健康委员会发布通知,将"新型冠状病毒肺炎"的英文名称修订为"COVID－19"。3 月 11 日,世卫组织认定新冠肺炎疫情已全球大流行。

2022 年 12 月 26 日,国家卫生健康委发布《关于对新型冠状病毒感染实施"乙类乙管"的总体方案》。《总体方案》明确指出,2023 年 1 月 8 日起,对新型冠状病毒感染实施"乙类乙管"。

实施"乙类乙管",是综合评估病毒变异、疫情形势和我国防控工作等基础上作出的防控策略调整,是实事求是、因时因势优化完善防控措施的主动作为,是为了不断提升防控工作的科学性、精准性、有效性。实施"乙类乙管",对新冠病毒感染者不再实行隔离措施,不再判定密切接触者;不再划定高低风险区;不再对入境人员和货物等采取检疫传染病管理措施。对新冠病毒感染者实施分级分类收治并适时调整医疗保障政策,检测策略调整为愿检尽检,调整疫情信息发布频次和内容。当然,实施"乙类乙管",绝不是放开不管,重点是强化服务和保障。要抓实抓细医疗救治资源准备,着力做好群众用药需求,全

力做好老年人、儿童等重点人群的防护和救治，特别是强化老年人疫苗接种和健康管理，切实加强农村地区疫情防控。实施"乙类乙管"，仍然需要广大群众尤其是青少年大学生的支持和配合。要继续坚持近三年来养成的良好个人卫生习惯和健康生活方式，始终做好个人防护，让每个人都是自己健康第一责任人的理念深入人心。

抗击疫情是一项系统工程，防控疫情、保障群众正常生活、确保经济社会必要运行，三者相辅相成、辩证统一、缺一不可。回首抗疫之路，疫情突袭时，党中央以非常之举应对非常之事，采取的所有防控措施都首先考虑尽最大努力防止更多群众被感染，尽最大可能挽救更多患者生命；病毒猖獗时，防控策略不断优化，抵御了一波波全球疫情大流行的冲击，最大程度降低了重症率和病亡率；病毒毒力减弱时，作出一系列重大调整，工作重心从防感染转向保健康、防重症，最大限度减少疫情对民生和经济社会发展的影响。

"只要我们党始终保持同人民群众的血肉联系，始终与人民同呼吸、共命运、心连心，就能拥有战胜一切艰难险阻的强大力量。"在党中央正确领导下，经过各地相关部门和人们的共同努力，新冠疫情的高峰期已经过去，新冠病毒对人们身体上的损害程度，也已不复以往，百姓生活也都逐渐走向了正规，同学们不再担心新冠疫情对学习、工作和生活的影响。但新冠带来的伤害仍然是一个需要长期关注的问题。2023年上半年，出现大批量的二阳，虽然症状不是那么强烈，仍然给不少人的身体造成一些伤害。最近，各地陆续有三阳的病例出现，仍然存在一定的传染性，值得警惕。我们可以通过佩戴口罩，勤洗手，保持社交距离等措施，确保自己和家人、同学的安全。

3年多来，疫情牵动着每个人的心弦，也磨砺着每个人的意志。人无精神不立，国无精神不强。唯有精神上站得住、站得稳，一个民族才能在历史洪流中屹立不倒、挺立潮头，一个人才能在人生成长中经风雨、见彩虹。同学们作为担当民族复兴大任的时代新人，在学生时代经历这场疫情，更应当在国家和人民的苦难中砥砺品行、磨练意志、奋发图强，大力弘扬伟大抗疫精神，使之转化为自我成长成才的强大力量，更加自觉地坚定跟党走的信念，更加自觉地团结在以习近平同志为核心的党中央周围，增强"四个意识"，坚定"四个自信"，做到"两个维护"，认真学习知识，努力提升本领，放飞青春梦想，实现人生价值。

【延伸阅读一】

面对疫情，大学生可能会出现哪些心理问题？

焦虑、多疑：特别关注身体的各种感觉和变化，并将身体的各种不适和疫情联系起来，加重紧张、恐慌的情绪，并可能导致产生一系列盲目从众的行为，如抢购囤积药品、口罩、消毒液等。

愤怒情绪：变得冲动、不理智，容易指责他人或对身边的人发脾气，做出轻率的决定或冲动的行为，并对疫情相关的"负面"信息感到愤怒。

低落、抑郁：在居家不出门的过程中，可能会出现情绪低落、厌食、睡眠障碍等，对一切似乎都失去了兴趣，难以感到愉悦。容易疲劳、精神不振，难以集中注意力。

盲目乐观：有些人会认为只要做好预防措施，就不会被感染，从而放松警惕。在后续疫情蔓延的势头得到有效控制时，容易以为危机已过，不再严格做好预防措施。

面对疫情,大学生应该如何调整自己的心理状态?

第一、正确认识自己的心理状态:疫情的持续会令我们处在"应激"的状态里,这是身体在帮助我们更好地应对压力,所以不必有过重的心理负担。但要注意对自己的心理状态有一定的监控和调整,避免出现过大的情绪波动。

第二、以恰当的心态对待疫情信息:通过政府、权威机构发布的信息,掌握流行情况和防控知识,对政府的防疫工作保持足够的信心,不轻信传言,避免不必要的担心。

第三、积极与外界展开沟通交流:可以通过电话、互联网等方式与家人、朋友交流,互相鼓励和支持,舒缓不良情绪。当自己或家人的心态难以自控时,应积极寻求精神卫生、心理健康专业人士的帮助。

第四、保持健康有序的生活方式:保持积极乐观的心态,维持原有的规律作息,选择合适的身体锻炼方式,做一些让自己感到愉悦的事情。

【延伸阅读二】

从疫情大考看中国形象

病毒肆虐,举国抗击。疫情防控既是一次危机,也是一次大考。在以习近平同志为核心的党中央坚强领导下,中国举全国之力战"疫",为人民的生命健康筑起了坚实"长城",也以世所罕见的领导力和组织动员力展现出"负责任大国形象"。

"毫不夸张地说,中国的许多措施实际上正在成为疫情应对的新标杆。""世卫组织继续对中国控制疫情的能力充满信心。我毫不怀疑中国对透明度和保护世界人民的承诺。"连日来,世界卫生组织总干事谭德塞每次公开讲话,都代表了国际社会的主流声音。病毒的阴霾,遮不住四面八方的"阳光"。疫情之下,由"中国力量""中国精神""中国效率"和"中国担当"所构筑起来的大国形象更显丰厚。

"中国展现出强大高效的组织和动员能力"

疫情发生以来,以习近平同志为核心的党中央及时部署、精准施策,采取强有力措施有效控制了疫情蔓延,及时准确对国内外披露疫情信息,迅速高效开展疫苗研究,并与世界卫生组织保持高效沟通,统筹做好疫情防控和经济社会发展,保持了国内社会大局的稳定。国际社会普遍认为中国采取的坚决有力的防控措施,展现出强大的"领导能力、应对能力、组织动员能力、贯彻执行能力",生动诠释了什么是"中国力量"。

"中国共产党采取史无前例的安全措施,体现出中国政府各机构各部门极高的协作水平,彰显了中国共产党出色的治理能力",哈萨克斯坦共产人民党中央委员会书记科努罗夫如此评价。法国前总理拉法兰深刻指出,在疫情面前,中国展现出强大高效的组织和动员能力,这正是中国制度的优势。中国–世界卫生组织新冠肺炎联合专家考察组外方组长、世卫组织总干事高级顾问布鲁斯·艾尔沃德在结束考察后高度赞赏中国应对疫情的做法,并直接表明"中国的方法被事实证明是成功的方法"。

"我从未见过一个社会有如此的集体奉献精神"

"要全力以赴救治感染患者","坚决遏制疫情蔓延势头",党中央的要求字字铿锵。960万平方公里国度上,14亿人民团结一心、顽强不屈,用坚实的臂膀扛起了抗击疫情的战斗,汇聚起疫情防控的硬核力量,书写了令世界瞩目的伟大"中国抗疫故事"。海外舆论高度赞扬中国医生和科学家们辛勤付出、中国人民无私奉献和自强不息的"中国精神"。

"相信中国人民终将战胜挑战，就像历史上曾经面对的历次困难一样。"南非独立传媒集团执行主席伊克博·瑟维高度赞扬中国人民为抗击疫情付出的艰苦努力。德国网民们在海外社交媒体上向中国无私奉献的英雄们表达敬意，一位网民深情地写到：尽管中国参与一线疫情防控的工作人员都穿着厚厚的防护服，行动很不方便，但当拍照时，还是会摆出"胜利"的手势，笑着面对镜头。在这样严峻的形势下，中国人也保持着积极乐观心态，努力保护其他人远离病毒。我爱你，中国！大众汽车集团（中国）首席执行官冯思翰感慨到："我从未见过一个社会有如此的集体奉献精神！"

"强大的执行力，这一点只有在中国能实现"

疫情发生后，在以习近平同志为核心的党中央坚强领导下，各地纷纷启动重大突发公共卫生事件一级响应机制，各部门各地区紧急驰援湖北共同抗击疫情，"火神山""雷神山"医院数日内建成并投入使用，全国迅速建立联防联控机制。国际社会对中国抗击疫情的强大决心和执行力、集中力量办大事的制度优势、在防控疫情扩散方面的有力措施印象深刻，纷纷点赞并见证"中国效率"。

埃及《消息晚报》总编辑贾迈勒·侯赛因说，"在短时间内建成可收治千余名患者的雷神山、火神山医院，真是一件了不起的事情，世界上恐怕只有中国可以做到！"孟加拉国人民联盟主席、政府总理哈西娜表示，"在习近平总书记的亲自指挥和部署下，中方立即组织救援力量，采取迅速修建多所应急医院、集中收治病患等措施，使疫情得到有效控制"。匈牙利工人党主席蒂尔默强调，中国为抗击疫情付出了巨大努力，世界上没有任何一个国家能够在短时间内高效调动如此多的人力和医疗资源，这充分展示了中国特色社会主义的强大力量。

"他们正在为全人类作贡献"

中国为防治疫情在世界蔓延所采取的坚强有力举措，不仅让中国人民对打赢疫情防控战充满信心，也给世界吃了一颗"定心丸"；不仅是在对中国人民生命安全和身体健康负责，也是在为世界公共卫生事业作贡献。在这场没有硝烟的战"疫"中，中国共产党带领中国人民书写的"中国故事"、发出的"中国声音"令世界动容。疫情中，世界看见"中国担当"。

联合国秘书长古特雷斯表示，为了有效防控新冠肺炎疫情，很多中国人无法过上正常生活。"我要向所有目前生活在中国的人、那些无法过上正常生活的人表达感激之情"，中国人民为防控疫情作出了巨大牺牲，"他们正在为全人类作贡献"。布基纳法索争取进步人民运动代主席孔波雷表示，中国共产党采取的政治决策和卫生防控举措，将成为人类大型流行病管理史上的里程碑。美国库恩基金会主席罗伯特·劳伦斯·库恩指出，"在全球化的世界中应对公共卫生事件，历史很可能为此感谢中国。"

国有国的气质，大有大的样子。在这场疫情大考中，国际社会看到众志成城、共克时艰的中国，看到顽强不屈、逆境奋进的中国，看到迅速出击、蹄疾步稳的中国，看到担当有为、守护世界的中国。这是以行动诠释构建人类命运共同体的庄严承诺，这是以行动践行阻止疫情蔓延的大国担当！（摘自：求是网 2020－02－27）

【延伸阅读三】

疫情大考更显中国制度优势

作者：夏振彬　毛梓铭

面对新中国成立以来在我国发生的传播速度最快、感染范围最广、防控难度最大的一次重大突发公共卫生事件，举国上下闻令而动，各地医疗队星夜驰援，火神山、雷神山医院"神速"完工……中国，再一次向世界展现了中国力量、中国精神、中国效率，展现了出色的领导能力、应对能力、组织动员能力、贯彻执行能力。中国力量何以如此巨大？中国精神何以如此伟岸？中国效率何以如此之高？

习近平总书记在会见世界卫生组织总干事谭德塞时强调："在中国共产党的坚强领导下，充分发挥中国特色社会主义制度优势，紧紧依靠人民群众，坚定信心、同舟共济、科学防治、精准施策，我们完全有信心、有能力打赢这场疫情防控阻击战。"2月23日，在统筹推进新冠肺炎疫情防控和经济社会发展工作部署会上，习近平总书记强调："防控工作取得的成效，再次彰显了中国共产党领导和中国特色社会主义制度的显著优势。"

制度优势是一个国家的最大优势。制度优势始终是我们党和人民经受住各种风浪考验的信心和底气所在。

（一）

制度，人类的智慧发明。在数千年乃至上万年人类文明演进的过程中，不断有各种各样的制度产生、发展、兴盛、消亡。这正是人类社会生生不息、进行伟大创造的过程。

正如马克思所说："人们自己创造自己的历史，但是他们并不是随心所欲地创造……而是在直接碰到的、既定的、从过去承继下来的条件下创造。"中国特色社会主义制度从何而来？不是从天上掉下来的，而是在中国的社会土壤中生长起来的，是经过革命、建设、改革长期实践形成的，是马克思主义基本原理同中国具体实际相结合的产物，是理论创新、实践创新、制度创新相统一的成果。

改革开放以来尤其是党的十八大以来，中国制度不断发展、日臻完善。以习近平同志为核心的党中央对完善和发展中国特色社会主义制度进行顶层谋划、全面部署，推动中国特色社会主义制度更加完善、国家治理体系和治理能力现代化明显提高。

衡量国家制度管不管用、有没有效，实践是试金石。新中国成立70年，中华大地沧桑巨变，创造了经济快速发展、社会长期稳定的"两大奇迹"——实践证明，中国特色社会主义制度行得通、真管用、有效率，具有独特的显著优势，显示出强大的治理效能。

一套制度管不管用、有没有效，还要看能否经得起各类风险考验。新中国一路走来，筚路蓝缕、风雨兼程。地震、台风、泥石流、雨雪冰冻等重大自然灾害，天花、血吸虫病、疟疾、"非典"等重大疫情——这些风险考验我们都克服了，都战胜了，靠的就是中国特色社会主义制度的显著优势、磅礴之力。

习近平总书记指出："中国特色社会主义制度是当代中国发展进步的根本制度保障，是具有鲜明中国特色、明显制度优势、强大自我完善能力的先进制度。"这是经过长期历史锻造、经过历史反复检验的结论。

（二）

中国制度优势从何而来？从党的领导中来。党的十八大以来，习近平总书记一再强调：中国特色社会主义最本质的特征是中国共产党领导，中国特色社会主义制度的最大优势是中国共产党领导。坚持和完善党的领导，是党和国家的根本所在、命脉所在，是全国各族人民的利益所在、幸福所在。

纵观中国共产党成立以来的历史，不难发现，党的领导这个显著优势，被革命、建设和改革所一再证明。中国共产党历来敢于斗争、善于斗争，在斗争中锻炼成长起来的中国共产党，永远是中国人民在困难和灾难面前的"主心骨"。此次抗击新冠肺炎疫情，再次凸显了党的领导的极端重要性，再次彰显了党的领导的伟大力量。

力量，来自党中央集中统一领导。面对新冠肺炎疫情重大斗争，党中央统一指挥、统一协调、统一调度，作出了一系列重要指示和政治决断，出台了一系列重要政策和工作安排，总揽全局、协调各方，充分发挥了集中统一领导的作用。习近平总书记亲自部署、亲自指挥，多次召开会议、多次听取汇报、作出重要指示。与疫情对垒，形势如棋。党中央是坐镇中军帐的"帅"，车马炮各展其长，一盘棋大局分明。

力量，来自无可比拟的政治优势、组织优势、密切联系群众优势。中国共产党是按照马克思主义建党原则建立起来的。这一组织体系可以确保有令即行、有禁即止，能够确保各项决策部署快速落地生根。党的基层组织覆盖各行业各领域，组织调动起亿万群众的力量。9000多万党员分布于社会各行各业，一面面党旗在防控疫情斗争第一线高高飘扬，为打赢疫情防控阻击战提供了坚强政治保证。

"中国共产党是世界上最大的政党。大就要有大的样子。"大的样子，不仅是超大规模、庞大的组织体系，更是共产党人的大胸怀、大担当、大格局、大能量。正是得益于党的领导，我们在困难挑战面前一次次将"不可能"变成"一定能"；正是在党中央的集中统一领导下，中国特色社会主义制度的优越性一次次充分显现。

（三）

中国制度优势从何而来？从集中力量办大事中来。习近平总书记指出："我们最大的优势是我国社会主义制度能够集中力量办大事。这是我们成就事业的重要法宝。"

新中国成立后，我国在重大战略实施、重大科技攻关、重大工程建设、重大灾害防治的过程中，逐步形成了集中力量办大事的制度优势。为何要"集中力量"？集中力量，才能保证重点；集中资源，才能实现突破。一个国家、一个区域，资源总是有限的。哪些矛盾和问题优先解决，需要统筹规划；如何确定发展重点、次序，必须合理安排。

上下同欲者胜。此次疫情，火神山医院、雷神山医院在数千台工程机械轰鸣中，在10天之间便建成投入使用；疫情防控所有紧缺物资由国家统一调度，企业、政府、银行等诸多部门单位迅速"拧成一股绳"；集中力量救治患者，确保应收尽收、精准救治；集中力量外防输入，确保交通检疫"滴水不漏"；集中力量内防扩散，确保社区防线织织牢密……从人员物资调配、交通运输管理到社会秩序维护，从城市社区、乡村网格化管理，到对每一户家庭的发动引导，方方面面的人力、物力等被调动起来，动力澎湃。难怪世界卫生组织总干事谭德塞作出这样的评价，"中方行动速度之快、规模之大，世所罕见""我一生中从未见过这样的动员"。

疫情下的中国力量、中国精神、中国效率，正是集中力量办大事这一制度优势最硬核的展现。

（四）

中国制度优势从何而来？从以人民为中心中来。

人民群众是社会变革的决定性力量，这是历史唯物主义最基本的观点，这也是中国特色社会主义制度的基本立场。

实践反复证明，一个国家的制度能否具有持续的生命力，关键取决于这一制度安排能否充分有效发挥人民群众的历史主体作用，能否善于从人民群众的智慧和力量中汲取前进的不竭动力。

中国共产党的历史，是与人民同呼吸、共命运、心连心的历史，是团结带领人民群众，攻克险阻、取得胜利的历史。习近平总书记一再强调，"人民是历史的创造者，人民是真正的英雄""只要我们紧紧依靠人民，就没有战胜不了的艰难险阻"。一直以来，始终站在最广大人民群众的立场上，坚持以人民为中心的发展思想，尊重和维护人民的主体地位，是中国特色社会主义制度和治理体系获得人民认同拥护而具有生命力的动力源泉。

人民有力量，得益于体现人民意志、保障人民权益。抗击疫情为了人民，抗击疫情依靠人民。在这场人民战争中，从城市到乡村，从内陆到边疆，14亿人民响应党中央号召，自觉听从疫情防控安排，行动起来、组织起来、凝聚起来，心往一处想、劲往一处使，共同构筑起群防群治的严密防线。

人民有力量，得益于激发人民创造。战"疫"中，人民群众的创造精神充分迸发。模式创新者，由村居干部、基层民警和医务人员结成"三人小组"，上门入户、全面摸排；管理创新者，借助网格化管理的独特优势，资源下沉、服务就位；参与创新者，发挥党组织战斗堡垒和党员先锋模范作用，令行禁止、有呼必应……

衡量一个社会制度是否科学、是否先进，是否得到人民拥护是一个重要指标。举国动员，全民参与，众志成城，团结奋战，疫情防控的人民战争正是我国制度优势的生动体现。

"正入万山圈子里，一山放出一山拦"。在推进事业的征程上，困难和挑战就像拦在我们面前的一座座险峰、一道道沟壑。越是面对艰难困苦和重大斗争，中国特色社会主义制度优势愈是彰显得淋漓尽致。（摘自：学习强国）

【延伸阅读四】

伟大抗疫精神

习近平总书记在全国抗击新冠肺炎疫情表彰大会上的讲话中指出，"在这场同严重疫情的殊死较量中，中国人民和中华民族以敢于斗争、敢于胜利的大无畏气概，铸就了生命至上、举国同心、舍生忘死、尊重科学、命运与共的伟大抗疫精神。"

——生命至上，集中体现了中国人民深厚的仁爱传统和中国共产党人以人民为中心的价值追求。疫情无情人有情。人的生命是最宝贵的，生命只有一次，失去不会再来。在保护人民生命安全面前，中国共产党不惜一切代价。我们果断关闭离汉离鄂通道，实施史无前例的严格管控。作出这一决策，需要巨大的政治勇气，需要果敢的历史担当。为了保护人民生命安全，我们什么都可以豁得出来！从出生仅30多个小时的婴儿到100多岁的老人，从在华外国留学生到来华外国人员，每一个生命都得到全力护佑，人的生命、人的价值、人的尊严得到悉心呵护。这是中国共产党执政为民理念的最好诠释！这是中华文明人命关天的道德观念的最好体现！这也是中国人民敬仰生命的人文精神的最好印证！

——举国同心，集中体现了中国人民万众一心、同甘共苦的团结伟力。面对生死考验，面对长时间隔离带来的巨大身心压力，广大人民群众生死较量不畏惧、千难万险不退缩，或向险而行，或默默坚守，以各种方式为疫情防控操心出力。长城内外、大江南北，全国人民心往一处想、劲往一处使，把个人冷暖、集体荣辱、国家安危融为一体，"天使白""橄榄绿""守护蓝""志愿红"迅速集结，"我是党员我先上""疫情不退我不退"，誓言铿锵，丹心闪耀。14亿中国人民同呼吸、共命运，肩并肩、心连心，绘就了团结就是力量的时代画卷！

——舍生忘死，集中体现了中国人民敢于压倒一切困难而不被任何困难所压倒的顽强意志。危急时刻，又见遍地英雄。各条战线的抗疫勇士临危不惧、视死如归，困难面前豁得出、关键时刻冲得上，以生命赴使命，用大爱护众生。他们中间，有把生的希望留给他人而自己错过救治的医院院长，有永远无法向妻子兑现婚礼承诺的丈夫，也有牺牲在救治岗位留下幼小孩子的妈妈……面对疫情，中国人民没有被吓倒，而是用明知山有虎、偏向虎山行的壮举，书写下可歌可泣、荡气回肠的壮丽篇章！中华民族能够经历无数灾厄仍不断发展壮大，从来都不是因为有救世主，而是因为在大灾大难前有千千万万个普通人挺身而出、慷慨前行！

——尊重科学，集中体现了中国人民求真务实、开拓创新的实践品格。面对前所未知的新型传染性疾病，我们秉持科学精神、科学态度，把遵循科学规律贯穿到决策指挥、病患治疗、技术攻关、社会治理各方面全过程。在没有特效药的情况下，实行中西医结合，先后推出八版全国新冠肺炎诊疗方案，筛选出"三药三方"等临床有效的中药西药和治疗办法，被多个国家借鉴和使用。无论是抢建方舱医院，还是多条技术路线研发疫苗；无论是开展大规模核酸检测、大数据追踪溯源和健康码识别，还是分区分级差异化防控、有序推进复工复产，都是对科学精神的尊崇和弘扬，都为战胜疫情提供了强大科技支撑！

——命运与共，集中体现了中国人民和衷共济、爱好和平的道义担当。大道不孤，大爱无疆。我们秉承"天下一家"的理念，不仅对中国人民生命安全和身体健康负责，也对全球公共卫生事业尽责。我们发起了新中国成立以来援助时间最集中、涉及范围最广的紧急人道主义行动，为全球疫情防控注入源源不断的动力，充分展示了讲信义、重情义、扬正义、守道义的大国形象，生动诠释了为世界谋大同、推动构建人类命运共同体的大国担当！

【延伸阅读五】

彰显大国担当的中国贡献——成功抗击新冠疫情的启示

历史是最好的教科书。人类所经历的苦难与磨砺，能否成为进步的台阶，关键要看能否从历史中汲取智慧与力量。在波澜壮阔的抗疫斗争中,中国共产党和中国人民积累了重要经验,收获了深刻启示。其中一条,就是我们要坚定站在历史正确的一边、站在人类文明进步的一边,以勇毅行动诠释构建人类命运共同体的庄严承诺、践行携手开创更加美好未来的大国担当。

3 年前,疫情波及之广、危害之大、影响之深远,使之成为国际关注的突发公共卫生事件。病毒没有国界,疫病不分种族,这是对全人类的重大考验。没有哪个国家可以独善其身,国际社会比以往任何时候都更加需要团结合作。

"世界大同,天下一家""以义为先,义利并举"从来都是中国传统文化的价值标识,"造福世界各国人民"更是今日中国融入世界的鲜明指向。因此,病毒肆虐之时,"要践行人民至上、生命至上理念""要加强团结、同舟共济""要制定全面和常态化防控措施""要关心和照顾发展中国家特别是非洲国家"的中国倡议,传递着中国与各国共克时艰的诚意。

战胜病毒,要用有效行动说话。第一时间启动疫苗研发工作,同各方分享防控和救治经验,尽己所能为有关国家提供支持和帮助,中国援助、中国经验与中国制造为各国抗疫注入强劲动力。激发合力的中国倡议背后,始终有着携手并进的中国行动。积极参与病毒溯源和传播途径全球科学研究;最早承诺将新冠疫苗作为全球公共产品,向 120 多个国家和国际组织供应超过 22 亿剂新冠疫苗;向 153 个国家和 15 个国际组织提供数千亿件抗疫物资,积极推进国际抗疫合作,推动构建人类卫生健康共同体;以自身开放合作为维护全球产业链供应链稳定畅通作出重要贡献,为世界经济复苏注入强劲动力……说到做到的中国,拨开了世界疫情乱局的迷雾,也彰显了捍卫全球化的决心。

当今世界,类似的重大突发事件不会是最后一次。多重挑战和危机交织叠加,世界经济复苏艰难,发展鸿沟不断拉大,各种传统安全和非传统安全问题还会不断带来新的考验。经历一次全球磨难,人们更清晰地明辨了面对时代之问时该秉持怎样的态度。人类休戚与共、风雨同舟,只有团结合作,才能共建美好地球家园。

奋进在强国建设、民族复兴新征程上的中国,维护世界和平的决心不会改变、促进共同发展的决心不会改变、打造伙伴关系的决心不会改变、支持多边主义的决心不会改变。中国将一如既往地携手世界各国,去推动建设一个持久和平、普遍安全、共同繁荣、开放包容、清洁美丽的世界。(摘自:经济日报)

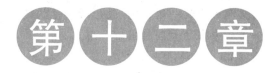

第十二章

特色文化　品牌建设

学习目标

1. 了解学校特色工作涉及的具体内容。

2. 熟悉班级双月对标竞赛办法，并支持和参与"班级双月对标"活动。

学习重点

1. 全面融入学校特色活动，做新时代合格大学生。

2. 积极参与"班级双月对标"活动。

第一节 本校特色工作内容

学校占地面积 1019 亩、投资近 20 亿元的新校区基本建成,新校区位于宜春中心城区,完全按照本科院校设置标准进行设计、建设,整体"西迁"梦已圆满完成。新校区的地理位置、占地面积、投资规模、教学设备、实训场所、美化绿化、后勤服务等在省内外同类院校中首屈一指,为升本打下了坚实基础。学校面向全国招收高中起点三年制大专生,面向江西省招收初中起点五年一贯制大专生,学校设有学前教育学院、初等教育学院、美术与设计学院、外国语学院、音乐舞蹈学院、体育学院、马克思主义学院、创新创业学院、继续教育学院 9 个学院和 1 个附属小学,设有学前教育、小学教育、早期教育、心理健康教育、音乐教育、美术教育、小学语文教育、小学数学教育、小学英语教育、婴幼儿托育服务与管理、商务英语、空中乘务、软件技术、社会体育、舞蹈表演、小学道德与法治教育、中文、网络规划与优化技术等 22 个专业。

学校坚持走特色发展之路,提出了"1226"发展主战略。"1",紧扣一条主线,即以习近平新时代中国特色社会主义思想和党的十九大精神为统领,贯彻落实全国教育大会以及中央、省、市关于加快教育发展的决策部署等精神。"2",落实两个责任,即落实党要管党、全面从严治党主体责任,尤其是党建、党风廉政建设、意识形态责任;落实学校高质量、跨越式全面发展重要责任。"2",实现两个梦想,即实现幼专整体"西迁"梦,梦圆大宜春;实现幼专"升本"梦,梦圆大学城。"6",取得六大突破,即思政工作有突破,淳化"三风"(师风、学风、校风)有突破,队伍建设有突破,品牌形象有突破,学校文化有突破,"三个感受"(荣誉感、获得感、幸福感)有突破。

根据办学历史和学科专业发展现状,学校及时调整完善学科专业布局,推进"五个定位"落实落细。做大做强学前教育,加大政策倾斜和人财物保障,改革招生录取办法,扩大办学规模,使学前教育学院在校生人数占全校学生总数的三分之一以上;成立赣西幼教联盟,增强学前教育专业在区域的辐射力、影响力。做精做优初等教育,秉承百年师范传统,强化师范生基本功训练,稳定办学规模,完善课程设置,改革教学方式,加强实践环节,强化教育实习,培养更多下得去、留得住、用得好的小学教师。做特做新"音体美外马"(音乐舞蹈学院、体育学院、美术与设计学院、外国语学院、马克思主义学院),围绕服务地方经济社会发展,对接战略性新兴产业需求,加强校企合作,办好空中乘务、舞蹈、社会体育、智能产品开发与应用、软件技术、商务英语、中文等非师范专业;用好用活宜春本土红色文化资源,以江西师范大学马克思主义学院对口帮扶为契机,不断加强马克思主义学院的建设,推进思政课改革创新。做实做旺创、继学院(创新创业学院、继续教育学院),利用好新校区的场地优势,争取上级部门更多创新创业的政策、项目和资金支持,力争将我校创新创业基地建设成为省级创新创业示范基地;不断拓宽继续教育办学渠道,开拓更多成人高等教育函授站点,建好宜春市考试中心、教师培训中心、学术交流中心,争取省级教师培训基地落户学校。做好做活联合办学,广泛开展校地、校企深度合作,组建幼教集团、资产运营公司等,盘活、用好现有办学资源,实现资源价值最大化,在校园外再造一个宜春幼专。

学校紧紧围绕"为谁培养人、培养什么人、怎样培养人"这个教育根本问题,坚持德育、智育、体育、美育和劳动教育"五育并举",落实立德树人根本任务,开展了"我是幼专人,我爱我幼专"、师生阳光关爱、"最美幼专人"评选、第一辅导员、班级之间双月对标竞赛等特色育人活动,构建了全员育人、全过程育人、全方位育人的"三全"育人体系,矢志不渝培育"幼红幼专"的品牌学生。坚持人无我有、人有我优、人优我特,持续深化以"16个幼专"为主要内容的特色发展和品牌创建,以特色工作引领高质量发展:持续加强党的建设,打造政治幼专;持续咬定升本目标,打造追梦幼专;持续深化"三爱三淳",打造红色幼专;持续开展"阳光关爱",打造爱心幼专;持续开展"晒谈比争",打造效能幼专;持续开展"反向测评",打造正气幼专;持续开展先进评选,打造最美幼专;持续唱响"百年师范",打造品牌幼专;持续落实"五个定位",打造质量幼专;持续开展"争先进位",打造荣誉幼专;持续组织"跑项争资",打造幸福幼专;持续构建"家和文化",打造团结幼专;持续推进改革创新,打造活力幼专;持续筑牢安全底线,打造平安幼专;持续完善新校设施,打造崭新幼专;持续开展反腐倡廉,打造清廉幼专。学校办学质量不断提升,育人水平不断提高。"百年师范,幼红幼专""读师范就读百年师范,宜春幼专就是百年师范""选老师就选宜幼学子"等品牌形象逐渐树立和提升。2021年12月30日江西省教育厅经省委、省政府同意已行文报送教育部审批,开启了宜春幼专升格为本科院校的"破冰"之旅。

第二节　特色工作引领高质量发展

当前,"00后"已成为大学教育的主要对象,他们身上有鲜明的时代特点。作为一所百年老校,更需要全面分析我国高等教育发展形势,准确把握新发展阶段,深入贯彻新发展理念,着力构建新发展格局。我校紧盯升本目标,紧扣高质量发展主题,树立"跳起来摘桃子"的超前意识和等不起、慢不得的进取意识,发扬"今日再晚也是早,明日再早也是晚"的工作理念,一步一个脚印往前跨,不断夯实发展根基,树立良好形象,扩大社会影响,打造特色品牌,努力取得卓越成绩,争取在全省幼儿师范中做示范、勇争先、走前列。

一是坚持创新工作观念和工作方法。学生工作坚持以人为本,以学生为本的理念,积极为学生搭建成长发展的平台,以学生为主体,发挥学生的主动性、能动性。把握时代发展的趋势与特点,认真分析总结新时期大学生群体的变化特点,包括他们的思想动态、学习特点、生活特点、业余爱好、兴趣专长等,确切把握工作对象的特性,建立了"五个一"的管理机制,即要求班主任、辅导员要叫出每一个学生的名字,了解每一个学生的背景,熟悉每一个学生的特点,掌握每一个学生的困难,把握每一个学生的走向。建立学生思想动态调研长效机制,每月进行学生思想动态调研分析,掌握学生整体情况、学生思想、学习、生活等存在的主要问题及解决方法。结合实际,我校积极探索适应时代要求的学生工作管理模式,转变观念,变"管理"为"引导"。一方面,树立为学生服务的思想观念,

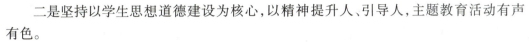

另一方面,要加强对学生的引导,引导学生把个人的成才目标与国家、社会的需要结合起来,努力实现个人与社会的和谐统一,既奉献社会,又完善自我。

二是坚持以学生思想道德建设为核心,以精神提升人、引导人,主题教育活动有声有色。

学校坚持以习近平新时代中国特色社会主义思想和党的十九大精神为指导,深入学习贯彻习近平总书记在全国高校思想政治工作会议、全国教育大会、学校思想政治理论课教师座谈会等重要讲话精神,全面落实立德树人根本任务,积极构建全员育人、全过程育人、全方位育人的"三全育人"体系,打造学校党建和学生管理特色,为提高人才培养质量提供坚强保障。

1.深入开展社会主义核心价值观、我的中国梦以及"网上祭英烈"、到铜鼓秋收起义纪念馆等地开展红色研学活动等红色文化主题教育,筑牢大学生思想教育防线,让大学生的思想观、价值观受到正确的引导,学习精神风貌积极向上,教育先进青年积极向党组织靠拢。

2.深入开展"三爱三淳"主题教育活动。通过思想搅动促行动,转作风。狠抓学风、师风、校风建设,以抓学生品德养成、习惯形成、心理健康教育为重点,狠抓学风建设,形成严谨、博学、尚能的学风;以政治教育、法制教育、爱心教育、责任教育为重点,狠抓校风建设,形成担当、奉献、奋进的校风。通过"爱党、爱国、爱校"思想的提升及"学风、师风、校风"的淳化,引导班主任辅导员及广大学生积极参与爱国主义教育活动,增进班主任、辅导员及广大学生爱党、爱国、爱幼专的情感,为实现我校高质量发展,早日实现"升本梦",提供强大的思想动力和行动保障。

深入开展"班级双月对标竞赛"活动。根据人才培养目标,班级与班级之间对标竞赛的内容主要包括德、智、体、美、劳等五个方面,从班级学生的思想品德、学业成绩、体育素质、美德美育、劳动成果等方面进行考核,采取计红旗的方式进行竞赛,总共10面红旗,红旗数多的班级为获胜班级,努力培养德、智、体、美、劳全面发展的社会主义事业建设者和接班人。

3.深入开展"我是幼专人、我爱我幼专"主题教育活动,依托"寝室文化主题教育活动"将寝室工作与思想政治工作结合起来,开展思想政治工作"进寝室"活动,开展"清洁寝室""优秀寝室""文明寝室"常态化评比工作。围绕"爱党爱国爱幼专爱室友"的中心思想,开展了以倡导文明生活、弘扬校园文化为宗旨的寝室文化节。一是以"拒绝使用大功率""拒绝使用一次性餐具""提倡垃圾分类"等为主题开展文明行为养成教育活动。二是继续开展以"弘扬寝室文化,构建文明寝室"为主题的公寓文化活动,围绕主题"莘莘学子、神采飞扬",营造神采奕奕寝室、围绕主题"全民防疫、你我参与",营造安全文明寝室、围绕主题"青春阳光、健康活动",营造运动达人寝室,开展"笔绘才艺,毛笔生辉"——毛笔字书法大赛,开展"集思广益,共记时光"——寝室创意合照大赛,开展"极速传递,争分夺秒"——乒乓球接力大赛等活动。为学生营造了健康、安全、舒适、温馨的宿舍环境,建立健全学生宿舍环境整治的长效机制,帮助和引导学生养成良好的卫生习惯,确保学生身体健康。同时,筑牢大学生思想教育防线,让大学生的思想观、价值观受到正确的引导,学习精神风貌积极向上,不断促使先进青年积极向党组织靠拢。

4.积极开展"身边故事教育人、身边典型引导人"活动。为弘扬中华民族传统美德,倡导社会主义核心价值观,展现当代幼专学子昂扬向上的精神风貌和崇德向善的良好情操,努力营造良好的学风、校风,培养广大学生爱党、爱国、爱幼专的美好情感,发掘一批品德高、学习好、才艺精、心灵美、气质佳的大学生,切实发挥先进模范在弘扬时代新风中的示范引领作用,我校制定了《宜春幼专"最美幼专人"评选实施办法》,每年在全体学生中评审出100位"最美幼专人"、20名"最美幼专人"提名奖,借助学校官方微信公众号,以在线投票的方式评选10名"最美幼专人"人气之星。评选出来的同学政治信念坚定,积极践行社会主义核心价值观,模范遵守国家法律法规和校规校纪,品德高尚,身心健康,尊敬师长,团结同学,热爱学校、社会公益事业,好学上进,品学兼优,勤奋刻苦,勇于探索,自我管理、自我服务、自我教育、自我监督意识强,事迹典型、感人,具有较强的代表性,切实起到了示范引领作用。

5.深入开展"新校落成·从心启程"暨党史学习系列活动。为庆祝我校新校园落成和整体搬迁的圆满完成,加强对我校学生爱党、爱国、爱校的主题教育,向建党100周年献礼,结合"四史"学习,我校开展了"新校落成·从心启程"暨党史学习系列活动。开展主题班会,学生集体送祝福,每人一句入驻新校园的感受或祝福语,传播正能量,体现当代大学生良好精神面貌;围绕"爱党爱国铭于心,爱校荣校践于行",开展新校园新气象,争做文明向上大学生主题朗诵活动;开展"新校园,新感受,心来说"演讲比赛,展示幼专学子爱党爱国、爱校感恩的赤诚之心,提升朝气蓬勃的精神风貌和锐意筑梦的青春风采。同时,组织全体学生积极参加"全国大学生同上'四史'思政大课"系列网络学"四史"课程,进一步引导学生学史明理、学史崇德、学史增信、学史力行。

6.深入开展资助育人系列活动,提升资助育人效果。我校严格按照国家资助有关政策,坚持严格、公正、公开、公平,确保做到资助精准,确保数据真实无误,"国家奖学金""国家助学金""中职国家免学费""中职国家助学金"全部按时成功发放至学生本人资助卡,并做好发放结果全告知工作,保证了建档立卡户子女100%享受资助政策,无一名学生因为贫困而辍学,确保毕业生中的建档立卡户家庭子女100%就业。与宜春市残联进行具体对接,为我校对有需求的残疾学生情况进行现场评估,并免费适配基本型辅助器具。设立勤工俭学岗位,并对其他贫困学生进行一定的校内资助。开通新生"绿色通道"报到窗口,落实国家绿色通道政策,保障学生顺利入校,让家长放心。通过校园网、校园宣传栏、召开主题班会等途径对应征入伍服义务兵役的大学生和退役士兵的教育资助进行宣传,确保应征入伍服义务兵役国家资助执行到位。做好生源地信用助学贷款毕业确认工作,普及征信和金融知识,促使学生树立诚信观念,帮助学生提高责任意识和履约意识,及时履行国家助学贷款还款义务。开展"明礼诚信,励志成才"感恩教育暨诚信教育主题活动,激励受助学生奋发自强、立志成才、感恩奉献,取得显著成效。组织国家奖学金、国家励志奖学金推荐学生到铜鼓秋收起义纪念馆等地开展以"自强不息,筑梦青春"为主题的"资助育人"红色研学活动,让受助学生实地接受红色文化教育,开展"筑梦·助学·铸人"资助育人主题活动,发布国家奖学金获奖学生风采公众号推文……我校资助工作真正做到了惠及每一个贫困家庭的子女,不让一个学生因贫困而辍学,把党和政府的关爱送到最需要的学生身边。

7.开展文明美丽校园创建活动,持续不断地进行大学生文明行为养成教育。开展全校"我爱我校"主题系列教育活动;组织校宿管干部开展"我爱幼专——幼专是我们共同的家"主题活动,让全体校宿管会干部学会关爱他人、关心社会,形成强烈的集体荣誉感和归属感,在自身做好的同时,做好同学们沟通的桥梁和纽带。各学院分别结合特色举行了以"我是幼专人,我爱我幼专"为主题的系列活动。开展拒绝快餐盒、拒带塑料袋进寝室、不带早餐入教室、"注意人身安全、乘车安全"等以促使大学生文明行为养成的教育活动;进一步落实《宜春幼儿师专学生宿舍环境卫生整治活动实施方案》,在全校范围继续开展了学生宿舍环境卫生整治活动;进一步落实《关于非教学需要不得在课堂上使用手机的通知》精神,对学生上课玩手机的现象进行约束。通过开展垃圾分类有关知识培训及实践工作,让垃圾分类工作深入人心成为校园"新风尚",开展"厉行节约,拒绝浪费"系列主题教育活动,让节约之风盛行校园。开展"四比四看"活动,通过开展清洁寝室、优秀寝室、文明寝室评比活动,促进学生寝室文化建设。建立"双进双联"工作制,通过优秀工作者、优秀班主任、优秀党员联系班级制及校领导、各院院长书记、教管办、学管办联系班级活动,促进了领导深入班级、深入基层了解学生的学习情况、思想状况,让日常管理工作更有实效、更有针对性,取得了良好效果。

8.深入开展心理健康教育系列活动,加强新形势下学生心理健康教育工作。搬入新校区,我校进一步完善了心理咨询中心建设,采购了心理测评管理系统(大学版)1套,智能多维互动击打宣泄系统1套、脑神经行为运动训练系统1套、音乐放松系统(标准型)1套、VR心理综合训练系统2套、团体身心反馈训练系统(5端口)1套等设备,并已全部投入使用,为提高工作效率提供了技术支撑。我校高度重视疫情期间学生的心理健康,通过开通心理热线、开设网络辅导等形式,加大身心健康教育力度,进行师生心理健康咨询和干预。进一步完善工作机制,先后制定了《宜春幼儿师范高等专科学校大学生心理健康预先警示制度实施办法(试行)》《宜春幼儿师范高等专科学校学生心理危机干预预案(试行)》《宜春幼儿师范高等专科学校班级心理委员管理办法(试行)》三个工作制度,促进了心理健康教育工作规范化;利用学生群体中普及率较高的微信、QQ等媒介,宣传心理卫生知识,倡导健康生活学习方式,提高学生的心理保健能力,定期在微信公众号(名称:幼专心理咨询)、QQ咨询热线上发布心理健康推广文章。定期出版《心灵之约》,刊出优秀的心理作品(绘画、折纸、花艺等)及心理原创文章、优秀影视作品解析等,让心理健康知识走进同学身边,与学生形成健康的互动和交流,提高他们正确认识和调节自我以及应对各种事件的能力,消除事故的萌芽。通过心理普查和四级心理防护系统,建立"寝室—班级—学院—学校"四级心理防护系统,落实学生心理预防干预。比如,每年端午节前后,我校都会针对全校学生(含实习生)开展主题为"爱眼日""感恩于心、诚信于行"、端午假期安全主题班会、一路"粽"有你陪伴等特色活动,围绕"5.25"心理健康日开展心理剧表演、百场沙盘进幼专、心理微电影等系列丰富多彩的思想政治教育、文体艺术、心理健康教育等活动,确保思想教育和心理教育不断线。

9. 深入落实"第一辅导员"工作制度。围绕立德树人根本任务,着眼提升思政教育的针对性、实效性这一目标,学校以党史学习教育为契机,借鉴中央精准扶贫"第一书记"做法,创造性实施"第一辅导员"工作制度,建立中层以上干部和党员教职工担任"第一辅导员"工作制度,为学生加强理想信念教育,赓续红色基因,凝聚磅礴力量。围绕学生、关心学生、引导学生、服务学生,把握学生成长成才规律,不断提高学生的政治觉悟、思想水平、道德品质、文化素养;引导学生在思想上、政治上、行动上始终与以习近平同志为核心的党中央保持一致,增强"四个意识",坚定"四个自信",做到"两个维护";引导学生正确认识世界和中国发展大势、正确认识中国特色和国际比较、正确认识时代责任和历史使命、正确树立远大抱负,成为又红又专、德才兼备、全面发展的中国特色社会主义建设者和接班人。

"第一辅导员"是学校党政对辅导员、班主任和各班级学生教育管理工作的再重视、再落地、再提升,不是简单做"加法",而是要做"乘法",主要是指导、促进提升作用,"第一辅导员"与班主任、辅导员在工作上既同频共振,又提质增效。其主要工作职责包括以下方面:(1)讲授主题党课。每学期至少为学生讲授一堂主题党课或形势政策教育课,及时向学生讲解党中央的重大方针政策,引导学生永远听党话、感党恩、跟党走。(2)加强思想引领。引导学生爱党爱国爱学校,帮助学生增强"四个意识",坚定"四个自信",做到"两个维护";帮助学生树立正确的世界观、人生观、价值观。掌握学生思想行为特点及思想政治状况,有针对性地帮助学生解决思想认识、价值取向、学习生活、择业交友等方面遇到的困难和问题。(3)开展谈心谈话。定期与派驻班级辅导员、班主任和学生骨干谈心谈话,深入了解班级工作开展情况,及时掌握班级工作动态,对班级工作中存在的困难提出针对性的意见建议。(4)进行安全教育。协助派驻班级辅导员、班主任开展安全教育,帮助学生树牢安全意识,做好交通安全、食品安全、人身安全、财产安全、用电安全、心理安全等安全防范工作。(5)帮扶特殊学生。重点帮扶班级学习成绩较差、家庭经济状况不佳、人际关系处理不好、生活习惯不良等特殊学生,确保班级学生整体全面协调发展。(6)解决学生难事。通过下班下寝调研、谈心谈话等形式,及时发现班级学生在学习、生活、班级活动等方面亟待解决的难题,及时采取有效措施帮助学生化解难题。(7)引导择业就业。重点引导大一新生确立职业规划和大学奋斗目标,并制定相应的行动计划;引导毕业班学生树立正确的就业观和择业观,实现充分就业、体面就业。(8)参加班级活动。定期参加派驻班级开展的重大活动,加强对班级活动的政治引导和业务指导,增进与班级学生之间的感情。(9)做好"青蓝"结对。与派驻班级辅导员、班主任签订青蓝结对协议,发挥"第一辅导员"的示范引领和指导帮扶作用,通过谈心谈话、现场指导等形式,帮助年轻辅导员、班主任提高学生管理工作能力和水平。(10)提交班情报告。在深入班级师生中调研和查阅班级有关资料、参加班级活动等基础上,每学期末撰写并向派驻班级所在学院提交一份不少于1500字的班情报告,分析班级学生德智体美劳等方面的发展情况,及时指出存在的问题和不足,并提出有针对性的改进建议。

一个党员就是一面旗帜,每逢学校重大活动,"第一辅导员"的身影总是出现在第一线,新校搬迁冲在一线、下班下寝冲在一线、帮困解难冲在一线,真正体现了党员先锋模范作用。通过他们的言传身教,学生们心中入党的意愿更强烈了,"第一辅导员"制度实施以来,新生递交入党申请书的比例从30%左右提高到近80%。"第一辅导员"已成为学生成长成才的人生导师和健康生活的知心朋友。同学反映,一遇到"疑难杂症",他们就会想到这些"最可爱的人"。

10.深入开展"师生阳光关爱"主题活动。建立学校领导联系非宜春籍青年教职工的长效机制,关心关注青年教职工思想动态、学习生活、工作状态、困难困境,促进青年教职工健康成长,巩固天南地北一家人的家和文化。通过县级干部联系4名青年教职工;党委委员联系3名青年教职工,其他正科级中层干部联系2名青年教职工等方式,提升青年教职工的获得感和幸福感,助推学校教学科研水平的提高。举全校之力开展"帮思想、帮学习、帮生活、帮困难、帮就业、扶立志""五帮一扶"活动,或从心理上疏导,或从就业、人生规划、社交方面提供引导,或从学业、专业上进行指导,或从经济上给予资助,让学生真正感受到党、国家、学校老师对他们的关爱和帮助,尽显幼专一家亲、幸福一家人的温暖和谐氛围,体现大爱幼专的精神。如2021年,学校安排250余名教职工主动帮扶了429名困难学生,确保了2021届毕业生中的建档立卡户家庭子女100%就业。在疫情期间,针对个别学生上网课流量不够问题,我校积极与移动、电信运营商沟通,落实了3元30G流量包优惠措施;线上教学期间与未到校的困难学生逐一联系,了解他们线上学习时遇到的困难,并为他们"送流量""寄课本";针对部分学生药物不足的问题,我校组织老师穿着疫情防护服到医院为学生挂号买药,为30多名同学送去贴心物资,对于个别患重病住院的同学,给予了20000元爱心帮助;疫情恰逢端午,我校开展免费送粽子、鸡蛋活动,为每位在校生发放一张免费餐券,疫情无情人有情,受到学生好评。

不让一个困难学子掉队
——宜春幼专"五帮一扶"关爱困难学生纪实
摘自党报头条网(有删改),作者:汤淑珍

"涂书记来看了我4次,每次都跟我亲切交谈,还送了我一盏台灯、一支英雄牌钢笔和一套《平凡的世界》,帮助我勇敢地面对逆境。"说起学校党委书记对自己的帮助,学校2018级数教三(2)班学生汪某圆的话语中满含感激之情。

近年来,宜春幼专认真落实"立德树人"根本任务,在全校开展"五帮一扶"活动,252名教职工结对帮扶429名困难学子,围绕帮思想、帮学习、帮生活、帮困难、帮就业、扶立志,通过钱物资助、谈心谈话、学习辅导等方式,让每名学子在学校感受到家的温暖。

帮思想引领明航向

"您就像一道彩虹,常出现在我心中,鞭策着我堂堂正正做人……"2018级小教五(1)班孟某红给结对帮扶教师的信中满怀感恩地写道。

孟某红曾经是位胆小自卑的农村姑娘,为了帮助她更好地认识自我,结对帮扶教师吴老师买了《人性的弱点》一书送给她,并时常与她交流读后感。"这本书帮助我认识自我、了解自我,从而完善自我,让我看清了前路。"孟某红说。疫情期间,吴老师还在线组织孟某红学习抗疫典型先进事迹,引导她心怀感恩、励志奋发,做一个有担当的时代新人。

帮学习众师尽其能

针对学生学习上遇到的困难,帮扶教师利用自身的专业知识为他们纾难解困。有一些学生,普通话水平测试达不到要求,初等教育学院组织本院6位国家级、省级普通话测试教师,利用晚上或周末,给他们进行针对性辅导;有一些学生,因为各种原因产生厌学情绪,学前教育学院组织本院心理学教师,给他们进行心理疏导,激发学习热情。

校长经常看望帮扶学生,在思想上、学习上为学生指点迷津;学前学院党支部杨老师每周给帮扶学生进行声乐、粉笔字书写等方面的指导;年轻教师刘教师结合自己的音乐知识,给学生提供视唱和声乐训练。疫情期间,为确保学生不落下课程,学校免费给学生送流量、寄教材,让在家学生能更好地在线学习。

帮生活"超人"齐上阵

"赖老师就像我的姐姐一样,冬天给我买保暖衣物,夏天给我送西瓜,有时还给我买牛奶和零食。"初等教育学院胡某运同学的父亲很早就去世了,母亲改嫁,从小和姑姑一家生活。为了让她生活上过得轻松些,赖老师经常默默地帮助她。"去年端午节,吴老师给我送了粽子和水果;冬天,她买了一条小熊围脖给我,戴着它既温暖又感动。"孟某红泪眼蒙眬地说。

去年受疫情影响,学校延迟开学,三四月阴雨天,学生的被褥潮湿了,学校30余名辅导员、班主任自发为学生晒被子,为防止出差错,他们还细心地为每床被子贴上标签。

帮困难真情暖心房

"一路上紧紧地抱着我……不知怎样才能表达对舒老师和付阿姨的感激之情!"一封饱含深情的感谢信,送到了付老师和舒老师的手中。

写信的是2017级英教三(1)班熊某轩同学。当时,因身体突发不适,她几欲晕倒。付老师一路紧紧抱住她微微颤抖的身体,不时为她擦去额头上渗出的汗珠。舒老师闻讯从家中赶来,陪着她挂号、拍片,寸步不离地照看她。

胡某雨同学不慎崴到了脚,学校教师一路背着她去诊治、回寝室;王某巍同学突发高烧引起心脏疼痛,付老师等彻夜不眠地在医院陪伴着他;杨某同学脚扭伤,帅老师深夜从家赶到学校,送他去医院并陪伴到天明……贴心抚慰和细心照顾温暖了学子的心。

帮就业筑梦创未来

"老师,我已经完成在杭州的实习了,现在准备回赣州找份事做。"一天,罗老师收到学生刘某琳的微信消息。由于刘某琳的养父身患疾病,需要常年住院治疗,所以她想回家乡工作,方便照顾养父。

了解到刘某琳的情况后,罗老师立即着手为她寻找合适的岗位招聘信息,先后两次向其推荐物流、电子商务等方向的多个就业岗位,叮嘱她应聘、面试的注意事项。经过多次尝试,刘某琳在家乡成功签约就业。

去年国家扩大专升本招生计划,罗老师第一时间将这个好消息告诉了全班同学。考虑到家庭经济现状,刘某琳一直犹豫着是否参加专升本考试。罗老师告诉她,不要过多担心学费和生活费,国家的助学贷款政策可以帮助解决部分学费,学校也会提供勤工助学岗位。经过他多次耐心细致地开导,刘某琳最终报名参考,并顺利考入南昌某大学,圆了大学本科梦。

扶立志自强勇奋进

"能在全国全民健身操舞大赛总决赛中获得街舞(自选动作)类特等奖,我感到很自豪。真的要特别感谢班主任龚老师的谆谆教诲。"何某凯说。

何某凯以前性格内向,学业不好,一度自暴自弃。在和何某凯的家长进行沟通,全面了解情况后,龚老师多次对其进行心理疏导,发动其身边朋友,组建"手搭手帮扶圈",了解其喜欢跳舞后,把他引进学校健身操队。一年来,何某凯"脱胎换骨",每天除了训练,就是在教室、自习室学习,不仅在健身操比赛中取得优异成绩,而且学习成绩也有了巨大进步。

"幼专一家亲,幸福一家人。"一个个暖心帮扶故事,一件件助学生成长实事,宜春幼专"五帮一扶"关爱困难学子行动,让爱在校园荡漾。

第三节 班级双月对标 落实五育并举

为深入学习宣传贯彻党的十九届六中全会精神、江西省第十五次党代会精神和宜春市第五次党代会精神,结合全省深化发展和改革双"一号工程"推进大会、宜春市抓落实活动年"三拼三促"工作动员大会精神,推动我校"深化'学精神,抓落实,促发展,当标兵'"主题活动落地落实,同时进一步增强全校广大教师教书育人、立德树人的责任感、使命感,进一步压实辅导员、班主任和任课教师在立德树人中的主体责任,进一步营造班级与班级之间、教师与教师之间比、学、赶、超的良好氛围,进一步提升学校办学内涵和人才培养质量,奋力实现专升本的第二个战略梦想,学校党委决定,开展班级"一对一"双月对标竞赛常态化活动,比拼争夺德、智、体、美、劳 10 面红旗,这是落实习近平总书记关于"培养德智体美劳全面发展的社会主义建设者和接班人"这一重要论述和要求的一项重要特色主题教育活动。

学校班级与班级之间开展对标竞赛,原则上在学院内部同一年级、同一专业不同班级之间进行,每年双月竞赛一次(寒暑假 2 月、8 月除外)。如果学院同一年级、同一专业只有一个班级,则该班级与本院同一年级相近专业的班级或者与其他学院同一年级的相近专业班级进行对标竞赛。对标竞赛原则上每两个班分为一组,同一教师担任辅导员、班主任的班级不能分在同一组。

班级与班级之间对标竞赛的内容主要包括德、智、体、美、劳等五个方面，从班级学生的思想品德、学业成绩、体育素质、美德美育、劳动成果等方面进行考核，采取计红旗的方式进行竞赛，总共10面红旗，红旗数多的班级为获胜班级。竞赛坚持公开、公平、公正的原则，坚持过程考核与结果考核相结合，坚持定量考核与定性分析相结合，坚持奖优与鞭后相结合。每年4月、6月、10月、12月底左右，由学工处牵头，商相关部门、各教学院对各班级在竞赛期间获得的红旗数进行统计，经学校研判研究后，进行公示，公示无误后，在学校网站、微信公众号、公告栏等公布竞赛结果。

毕业班和非毕业班的竞赛内容和办法略有不同，本节主要谈谈非毕业班竞赛内容和办法。

1. 思想品德(3面红旗)

（1）一心向党。班级学生积极向党组织靠拢，在递交入党申请书、入党积极分子、发展对象、预备党员、正式党员等方面比例高的得1面红旗，比例低的不得红旗。（考核牵头部门：党委组织部、机关工委；成员单位：各教学院）

评比方法：①班级中每提交一份入党（入团）申请书加0.5分，成为入党（入团）积极分子加1分，成为发展对象加1.5分，成为预备党员加2分，成为正式党员（团员）加2.5分。

②学习强国积极完成，平时成绩不低于每天40分，周三学习不低于60分。相比而言完成度较高的班级加2分。

③积极参加学生青年大学习、团课，上红榜加2分，上白榜扣2分。

最后累计得分高的班级得一面红旗，并附有照片、表格等佐证材料。

（2）爱国爱校。班级定期召开"爱党爱国爱幼专"主题教育班会，弘扬红色文化，践行社会主义核心价值观，积极向英雄人物、先进模范学习；爱校如家，传承幼专文化，爱护学校公共财产，创建文明校园；养成合理表达诉求的良好习惯，传递幼专正能量，不在各类网络社交平台发表不当负面言论。综合以上三方面，表现优秀的班级得1面红旗。（考核牵头部门：党委宣传部；成员单位：教务处、团委、学工处、招就处、各教学院）

评比方法：①开展"爱党爱国爱幼专"主题教育班会或团课，如文明习惯养成、节约用水用电、光盘行动，弘扬红色文化，践行社会主义核心价值观，积极向英雄人物、先进模范学习，每开展一次加1分（每月不超过3分）；不配合学校、学院工作（迟交材料/材料不合格等）每次扣1分。

②班级开展或参加爱国主题征文活动、红色经典诵读、"最美校园"主题摄影活动等爱国爱校主题活动，积极传播正能量，每次加2分。

③通过网络媒体积极传递幼专校园文化建设的班级加1分，不在各类网络媒体社交平台发表不当负面言论，一经发现存在不当言论的需进行教育引导，同时人次扣2分。

统计后得分高的班级得一面红旗，并附有班会照片、活动视频等佐证材料。

（3）遵章守纪。班级学生在学校和学院各类违纪通报中人数和比例低的得1面红旗，比例高的不得红旗。（考核牵头部门：学工处；成员单位：教务处、团委、各教学院）

评比方法：①通报表扬（卫生检查除外），1人次（1寝室次）加0.5（学院）～1（学校）

分,被评为"优秀寝室",每寝次加2分,评为"文明寝室",每寝次加3分;班级学生因违规违纪被学院通报批评,扣1人次0.5分,被学校通报批评扣1人次1分。

②因个人原因未遵循学校规章制度,被学校处分,按照处分程度扣除1人次1~5分;

③学生日常早晚自习、上课情况,班级中有学生缺勤扣1人次1分。无故未请假旷课学生,扣1人次2分。晚归未销假,扣1人次0.5分。

统计后扣分少、总分高的的班级得一面红旗,并附有相关佐证材料。

2. 学业成绩(3面红旗)

(1)学习成绩。班级学生在期中、期末考试中补考率更低或者综合成绩更好的得1面红旗,补考率更高或者综合成绩更差的不得红旗。比学习成绩时,既要与绝对平均分的高低进行比较,也要与其同时期的学习成绩升降率高低做比较。(考核牵头部门:教务处;成员单位:各教学院)

评比方法:①期中、期末考试。五年制中职学生班级分别以期中、期末的两个综合平均成绩作为参照标准,综合平均成绩高的班级加2分,三年制大专学生期末综合平均成绩高的班级加2分。

②期末考试中补考人数、积欠人数比例较高的班级扣1分。

③抽查2位任课教师对班级学生学习情况的反馈,相对反馈较好的班级,每位加1分。抽查一门课学习笔记进行比较,没有笔记每人次扣1分,笔记较少或者笔记凌乱每人次扣0.5分。

统计后得分高的班级得一面红旗,如若对标班级分值相同,倾斜于近两个月班级量化成绩高的班级。并附有相关佐证材料。

(2)综合发展。班级学生在教师资格考试、全国大学生英语四六级考试、普通话等级考试、全国计算机等级考试中各种证书获得(普通话等级考试为二级乙等以上)比例高的得1面红旗,比例低的不得红旗。(考核牵头部门:教务处;成员单位:各教学院)

评比方法:①获得普通话二级乙等以上、全国计算机等级考试证书等技能证书人数所占比例高的班级加2分。

②通过全国大学英语四级考试人数占比较高的班级加2分,班级中有通过全国大学英语六级考试的学生,每人次加2分。

③通过举办教师资格考试知识点竞赛的方式,让对标班级进行知识点抢答,获胜班级加1分。或自主开展知识竞赛,开展学习特色活动的班级加1分。

累计得分高的班级得一面红旗。

(3)奖励荣誉。班级学生获得国家奖学金、国家励志奖学金和学校学业奖学金的比例高的,班级参加各类竞赛活动,获得校级荣誉得1分,市级荣誉得2分,省级荣誉得3分,国家级荣誉得4分,累计总得分高的班级得1面红旗,得分低的班级不得红旗。(考核牵头部门:学工处;成员单位:教务处、团委、各教学院)

评比方法:①学生获得国家奖学金的,每人次加1分,获得国家励志奖学金人数比重较高的班级加1分。

②班级学生积极参加校、市、省、国家级等不同的比赛活动,按相关等级荣誉给班级

分别加 1 分、2 分、3 分、4 分(一等奖得满分,二三等奖分别乘以 0.5 及 0.3 系数)。

③班级学生参加学院活动,获得荣誉加 0.5 分,如出现多人荣誉为一个班的学生,则累计相加。

统计后得分高的班可得一面红旗,并附有相关佐证材料。

3. 体育素质(2 面红旗)

(1)体质达标。班级学生在学校组织的体质测试中成绩更好的得 1 面红旗,体质测试成绩更差的不得红旗。(考核牵头部门:教务处;成员单位:体育学院)

评比方法:①根据各班学生体育课上期末体测综合平均成绩,学期中的两个月从体测项目中任选一个测试,成绩较高的,加 5 分;补考每人次扣 1 分。

②各班学生因病请假,以每两个月统计,班级累计病假次数较少的加 0.5 分。

③对标班级组织体育相关活动,如以手语操传递体育精神等,加 1 分。成立体育运动队,每开展一次 40 分钟以上的集体活动,加 1 分。

(2)体育竞赛。班级学生在校级及以上级别的各类体育竞赛中获奖比例更高、竞赛成绩更好的得 1 面红旗,获奖比例更低、竞赛成绩更差的不得红旗。(考核牵头部门:教务处;成员单位:体育学院)

评比方法:①开展对标班级趣味体育比赛,如拔河、乒乓球接力等,胜出班级加 1 分;

②获国家级及以上体育比赛三等奖以上奖励(名次),加 4 分。各种非名次奖(如参与奖、精神文明奖等)加 2 分。获省级体育比赛奖励(名次):一等奖 3 分。各种非名次奖(如参与奖、精神文明奖等)加 1.5 分。获市级体育比赛奖励(名次):一等奖 2 分。各种非名次奖(如参与奖、精神文明奖等)加 1 分。获校级体育比赛奖励(名次):一等奖 1.5分。非名次奖(精神文明奖)加 0.5 分。获学院级体育比赛奖励(名次):一等奖 1 分。非名次奖(精神文明奖)加 0.2 分。

以上奖励分值累计,一等奖得满分,二三等奖分别乘以 0.5 及 0.3 系数。

③消极对待院、校组织的体育活动,1 人次扣 1 分。

统计后得分高的班级得一面红旗,并附有相关佐证材料。

4. 美德美育(1 面红旗)

班级学生积极参加精神文明建设活动,积极参加新时代文明实践中心各项活动,在志愿服务、爱心公益、助人为乐、好人好事等方面得到学校和各级政府部门表彰或证书,比例高的得 1 面红旗,比例低的不得红旗。(考核牵头部门:宣传部;成员单位:团委、各教学院)

评比方法:

①做好事。学生积极参加精神文明建设活动,积极参加新时代文明实践中心各项活动,积极参与"社区服务"活动,乐于帮助他人,每人次加 1 分,被学校、市、省、国家表扬或颁发证书的学生,所在班级再分别加 1 分、2 分、3 分、4 分;

②守公德。遵守网络文明公约,不泄漏国家机密、不发表反动言论、不转发违规帖子、不制造传播谣言。多转发、点赞、留言正能量帖子、新闻,每人次加 0.1 分。诚信考试、诚信做人,舞弊者每人次扣 2 分。穿衣打扮简洁、大方、得体,着奇装异服、留奇形怪

状的发型和发色,每人次扣1分。树立正确恋爱观,在公共场所过分亲密有碍观瞻者,发现一次扣1分。抽烟,每人次扣1分。

③懂感恩。开展资助育人、心理助人、教师节、父亲节、母亲节等各类感恩教育活动,组织校内义卖活动,每次有效活动,加2分。评选为"最美幼专人"每人次加2分。

统计后得分高的班级得一面红旗,并附有相关佐证材料。

5. 劳动成果(1面红旗)

班级积极参加劳动教育课,在学院和学校组织的教室、寝室、包干区等环境卫生评比和其他公益劳动中受到表扬或表彰次数多的班级得1面红旗,次数低的班级不得红旗。(考核牵头部门:学工处;成员单位:教务处、团委、总务处、各教学院)

评比方法:①学生宿舍、教室每次卫生检查,每个寝室被表扬加0.5分,每个寝室被批评扣0.5分;班级被通报表扬一次加1分,通报批评一次扣1分;

②开展劳动教育活动,如"废物利用"等活动,对标班级通过手工作品、绘画、手抄报等形式展示劳动成果,相比较好的班级加2分。

③开展公共卫生打扫、绿化区域拔草、校内捡拾垃圾等公益劳动,效果明显,集体活动有组织、个人活动常坚持者,每次加2分。

统计后得分高的班级得一面红旗,并附有相关佐证材料。

【领导寄语】

学校党委书记谈特色工作

一是感恩教育很有必要:高校是人才培养的主阵地,高校的主要任务就是立德树人,关键就是要解决"为谁培养人""培养什么人""怎么培养人"这一根本问题。要始终坚持贯彻落实习近平新时代中国特色社会主义思想,坚持爱党、爱国、爱校原则,持续开展感恩教育,持之以恒弘扬正能量,把学校打造成最讲政治、最讲感恩的地方。

二是家和文化很有必要:家和文化倡导的是教师之间、学生之间、师生之间强烈的凝聚力和强大的向心力。要紧紧围绕"学校一家亲、幸福一家人"主题,让大家把学校当作家来经营维护,让上到领导干部下到普通教职工都深入一线,点对点关注、关心、关怀学生,为学校发展提供强大的思想动力和行动支撑。

三是比学赶超很有必要:教师是学校的镜子,也是学生的镜子,教师怎么样,学校发展就怎么样,教师怎么样,学生就怎么样。开展班级对标竞赛就是为师生提供比学赶超的平台和"赛道",变看"马"为赛"马",变"年年过"为"年年争",让师生自觉接受大家的评价和鞭策,让教与学"跑起来"。

我校紧紧围绕立德树人根本任务,坚持育人导向、突出价值引领、勇于改革创新,持续开展爱党、爱国、爱校,淳师风、淳学风、淳校风"三爱三淳"主题教育,"师生阳光关爱""第一辅导员"及班级"一对一"双月对标竞赛等系列特色主题教育活动,不断夯实全员育人、全过程育人、全方位育人"三全育人"体系,推动学生德、智、体、美、劳协调发展,学校招生形势喜人、就业成绩优异,办学质量不断提升,育人水平不断提高,受到师生及社会广泛好评。2019年,学校再次被评为"全省文明单位",学前教育学院被评为"全省教育系统先进集体";2020年,荣获"全省文明校园创建工作先进学校"称号,荣获全省"节水型高校"称号;2021年,荣获"第二届江西省文明校园"荣誉(赣西片区高校中唯一获评高校)、全省共青团工作优秀单位等省级荣誉。近三年,学生在市级以上比赛中获奖600余人次,教师资格证考试笔试通过率位居全省前列,笔试、面试总通过率88.0%,与教育部师范类专业认证对小学教育、学前教育系列的三级认证(卓越)要求的"教师资格证通过率不低于85%"相比,已超出卓越级标准的三个百分点。毕业生就业率持续提高,2021年初步统计就业率在90%左右;毕业生留赣率留宜率稳居全省同类院校前列,2020年获得省政府10万元留赣就业奖励;毕业生就业质量稳步提升,毕业生考取幼教、小教岗位、专升本、应征入伍等人数逐年增多。以专升本为例,2020届毕业生464人考取专升本,占毕业生总数的18.9%;2021届毕业生561人成功考取专升本,比去年增加97人,增长21%,专升本毕业生占毕业生总数的22.5%,在全省同类院校名列前茅。